实用美学与审美鉴赏

第 4 版

主　编◎罗　莹　　彭明福　　王少军

副主编◎袁小春　　马春瑛　　任华龙

编　委◎钱才芙　　李玉琦　　邹　欢

　　　　朱春全　　邓　静　　张国露

　　　　黄　伟　　张　兰　　闫书兰

重庆大学出版社

图书在版编目(CIP)数据

实用美学与审美鉴赏 / 罗莹,彭明福,王少军主编.
4 版 . -- 重庆 : 重庆大学出版社,2025.8. -- ISBN
978-7-5689-5256-9

Ⅰ. B83

中国国家版本馆 CIP 数据核字第 2025U5P934 号

实用美学与审美鉴赏(第 4 版)
SHIYONG MEIXUE YU SHENMEI JIANSHANG

主编 罗 莹 彭明福 王少军
责任编辑:唐启秀　　版式设计:唐启秀
责任校对:王 倩　　责任印制:张 策

*

重庆大学出版社出版发行
社址:重庆市沙坪坝区大学城西路 21 号
邮编:401331
电话:(023)88617190　88617185(中小学)
传真:(023)88617186　88617166
网址:http://www.cqup.com.cn
邮箱:fxk@ cqup.com.cn(营销中心)
全国新华书店经销
重庆亘鑫印务有限公司印刷

*

开本:787mm×1092mm　1/16　印张:18.5　字数:403 千
2025 年 8 月第 4 版　2025 年 8 月第 1 次印刷(总第 14 次印刷)
ISBN 978-7-5689-5256-9　定价:49.80 元

本教材系四川省"十四五"职业教育省级规划教材立项建设项目,是教育部职业院校文秘类专业教学指导委员会统筹编写的新时代文化素质教育系列教材。

党的二十大报告明确提出,"育人的根本在于立德。全面贯彻党的教育方针,落实立德树人根本任务,培养德智体美劳全面发展的社会主义建设者和接班人"。美育承担着以美育人、以美化人的特殊使命。2020年中共中央办公厅、国务院办公厅联合印发的《关于全面加强和改进新时代学校美育工作的意见》提出"到2022年,学校美育取得突破性进展,美育课程全面开齐开足"的近期目标与"到2035年,基本形成全覆盖、多样化、高质量的具有中国特色的现代化学校美育体系"的远景规划。2023年教育部发布的《关于全面实施学校美育浸润行动的通知》进一步强化政策实施力度,着力推进美育工作高质量发展。

《实用美学与审美鉴赏》作为职业院校美育公共基础课教材,历经3版13次印刷的实践检验,已形成较强的教学影响力。本次第4版修订立足新时代职业教育发展需求,紧密对接职业院校大学美育、美学与美育等课程建设和人才培养的需要,在保持原有特色的基础上实现三大突破。

一、体系重构科学化。创新采用"基础理论+实践应用"的模块化架构,设置六大教学模块(含14个专题)。其中,模块一"理论之光——认识美"下设3个专题,系统阐释美的本质、特征、范畴及形式的基础理论,着力提升学生美学美育素养;模块二至六聚焦人之美、生活美、艺术美、科技美、传媒美等11个专题,着力于审美鉴赏,强化学生审美实践能力培养。体例设计首创"五维教学链":目标导学→要点一览→内容导航→审美实践→在线测评,每节内容形成"案例导入→解析深化→理论提炼→拓展延伸"的完整认知闭环,实现理论性与实践性、知识性与趣味性的有机统一。

二、育人功能立体化。深度挖掘课程思政元素,构建"传统文化浸润+中国审美表达"的教学范式:在服饰、饮食、园林、建筑、音乐、舞蹈、书画、戏剧等审美鉴赏中凸显东方美学特质,彰显文化自信;通过陶瓷、竹编、茶艺、剪纸等非遗专题强化文化认同,涵育工匠精神;设置"素质目标"专栏,将价值引领明晰化、具象化。配套开发系列"微课",增设"审美实践""在线测评"专栏,形成线上线下、课前课后协同育人新格局。

三、教学资源数字化。打造"纸质教材+数字课程"的立体化教学体系:新增思维导图(要点一览)、高清影像微课资料等,配套建设精品在线开放课程(开放平台为"学银在线",课程名为"实用美学与审美鉴赏"),构建包含教学PPT、试题库、拓展案例库等在内的

"五位一体"数字资源包,有效提升教学互动性与学生自主性。

新修订教材主要参与人员有:四川职业技术学院罗莹教授、彭明福教授,泸州职业技术学院王少军副教授、邹欢老师,廊坊职业技术学院马春瑛副教授,南京艺术学院艺术学理论博士任华龙,四川职业技术学院袁小春、李玉琦、张国露,四川文化产业职业学院钱才芙等。具体分工如下:绪论由彭明福、罗莹修订,模块一由罗莹、李玉琦修订,模块二由马春瑛修订,模块三由马春瑛、罗莹修订,模块四由任华龙修订,模块五由王少军修订,模块六由袁小春修订。罗莹领衔团队共同研讨确定修订方案;罗莹、彭明福、王少军负责统稿、审稿工作和教学资源的审核;袁小春、马春瑛、任华龙、李玉琦、张国露、邹欢、朱春全和廊坊职业技术学院黄伟、张兰、闫书兰老师主要负责微课的录制和配套教学资源的制作等。

在此,谨向参与前3版编写与修订的专家致以崇高敬意,正是他们奠定的坚实基础,才使本版革新得以实现。同时,本教材在修订过程中,吸收了本学科国内外有关研究成果,参考、借鉴了相关著作和文章,在此谨向有关作者表示诚挚的谢意。本次修订得到了四川职业技术学院、泸州职业技术学院、廊坊职业技术学院等学校和重庆大学出版社的大力支持,这里一并致谢!

虽然我们在修订过程中作了很多努力,但仍然难以避免疏漏和不足,恳请专家、学者和广大读者雅正,我们不胜感激。

所有意见请发往:350637090@qq.com。

本书编写组

2024 年 8 月 30 日

目 录

绪论　美学与美育 ･･ 1

模块一　理论之光——认识美 ･････････････････････････････ 13

专题一　寻溯美学之源：美的认知 ････････････････････ 14
第一节　美的本质 ････････････････････････････････････ 15
第二节　审美意识 ････････････････････････････････････ 21

专题二　析分审美之类：美的范畴 ････････････････････ 29
第一节　优美与壮美 ････････････････････････････････ 31
第二节　崇高与悲剧 ････････････････････････････････ 37
第三节　喜剧 ･･ 46

专题三　探究鉴赏之律：形式美论 ････････････････････ 52
第一节　形式美及要素 ･･････････････････････････････ 54
第二节　形式美的规律 ･･････････････････････････････ 59

模块二　天地至美——人之美 ･････････････････････････････ 63

专题四　解码万物之灵：人的美 ･･････････････････････ 64
第一节　人体美 ･･････････････････････････････････････ 66
第二节　人格美 ･･････････････････････････････････････ 72

模块三　人间真味——生活美 ·········· **83**

专题五　探寻霓裳之秘:服饰美 ·········· **84**
第一节　服饰美的原则 ·········· 86
第二节　服饰的搭配与审美 ·········· 91
第三节　首饰的佩戴与审美 ·········· 98

专题六　营造栖居之境:居室美 ·········· **104**
第一节　居室的装饰与美化 ·········· 106
第二节　办公室的布置与美化 ·········· 112
第三节　插花艺术与审美 ·········· 116

专题七　品鉴舌尖之味:饮食美 ·········· **124**
第一节　中国传统美学与饮食 ·········· 125
第二节　饮食美的核心表现 ·········· 130
第三节　茶文化、酒文化与审美 ·········· 134

专题八　畅游寰宇之奇:旅游美 ·········· **141**
第一节　自然景观的审美鉴赏 ·········· 143
第二节　园林景观的审美鉴赏 ·········· 152
第三节　人文景观的审美鉴赏 ·········· 159

模块四　美轮美奂——艺术美 ·········· **167**

专题九　凝筑空间之魂:建筑与雕塑 ·········· **168**
第一节　建筑艺术的鉴赏 ·········· 170
第二节　雕塑艺术的鉴赏 ·········· 176

专题十　挥毫丹青之韵:书法与绘画 ·········· **183**
第一节　书法艺术的鉴赏 ·········· 185
第二节　绘画艺术的鉴赏 ·········· 192

专题十一　舞动韵律之魅:音乐与舞蹈 ·········· **199**
第一节　音乐艺术的鉴赏 ·········· 201
第二节　舞蹈艺术的鉴赏 ·········· 206

专题十二　融汇光影之幻：戏剧与影视 213
　第一节　戏剧艺术的鉴赏 215
　第二节　影视艺术的鉴赏 223

模块五　强国之基——科技美 231

专题十三　走进智造之域：科技美 232
　第一节　科学美与审美鉴赏 234
　第二节　技艺美与审美鉴赏 242
　第三节　技术美与审美鉴赏 253

模块六　与时俱进——传媒美 261

专题十四　解析视听之潮：传媒美 262
　第一节　媒介融合与审美鉴赏 264
　第二节　广告艺术与审美鉴赏 271
　第三节　短视频艺术与审美鉴赏 278

参考文献 283

绪　论　美学与美育

一、关于美学

(一)什么是美学

"美学"一词来源于希腊语,音译为"埃斯特惕卡",最初的意义是"对感官的感受"。直到19世纪,美学在传统古典艺术的概念中通常被定义为研究"美"的学说。现代哲学将美学定义为探讨艺术、科学、设计和哲学中认知感觉的理论和哲学。

美学作为独立学科的发展始于18世纪德国哲学家亚历山大·戈特利布·鲍姆嘉通。他的《美学》一书的出版标志着美学成为一门独立学科。但这一学科的形成建立在自古希腊以来历代思想家对美的理论探讨之上,是以往美学理论的体系化、科学化。而古希腊以来的美学理论探讨又建立在人们审美欣赏和审美创造活动基础之上,是对人类审美实践的哲学反思。

那么,究竟什么是美学呢? 美学是哲学的一个分支,是对美的本质、意义及其规律进行研究的学科。美学作为一门社会科学,是在社会的物质生活与精神生活的基础上产生和发展起来的,是研究美、美感、美的创造及美育规律的一门科学。它从人对现实的审美关系出发,以艺术作为主要对象,研究美、丑、崇高等审美范畴和人的审美意识、美感经验,以及美的创造等。简单地说,美学是研究人与现实审美关系的学问。它既不同于一般的艺术,也不单纯是日常的美化活动。

(二)美学的产生与发展

1.胚胎阶段

自从人类开始区别于动物,便开始了审美欣赏和审美创造活动。在原始社会时期,初民在劳动中创造了原始的艺术。例如,旧石器时代的山顶洞人使用石珠、兽牙、海蚶壳等材料,染上红、黄、绿等各种不同的颜色佩戴在身上,这便是原始人类早期的审美活动,体现了对自然、社会及艺术的原始审美意识的萌芽。根据文字记载和遗留下来的图案推测,原始艺术包括诗歌、舞蹈、音乐等,但现大多已无迹可寻。唯洞穴壁画与陶器是我们今天所能够见到的最早的两种原始艺术记录。前者主要以各种动物为题材,形象生动细致,色彩绚丽;后者不仅造型优美、图案丰富,而且色彩对比鲜明,体现了美学思想的萌芽。

2.形成阶段

进入文明时代以后,随着生产力、生产方式、思维能力以及科学、艺术的发展,美学思想逐步明晰化、自觉化、理论化,并以文字记载于哲学、文艺学、伦理学、教育学等文献之中。中国的老子、孔子、孟子、庄子、王充、刘勰、苏轼、李渔、王夫之等,都提出了具有独创性的美学思想。在外国,古希腊毕达哥拉斯学派、柏拉图、亚里士多德,以及文艺复兴后的博克、休谟、笛卡儿等哲学家,布瓦洛、莱辛等文艺理论家,狄德罗等启蒙主义者,都为美学学科的诞生作了理论和实践的准备。但他们关于美的观点、见解常常和他们关于真、善的认识混在一起,只是他们哲学思想、道德思想、神学思想以及政治思想和文艺思想的附庸。他们的美学观点夹杂在政治、哲学、宗教、道德、艺术甚至史传、书札、批注等论著中,而没有一部美学专著。

18世纪以后,随着欧洲工业革命的发展,自然科学、哲学、伦理学、心理学和文艺学等近代学科逐步形成并进入发展时期。尤其是与美学密切相关的哲学,在近代发生了认识论转向,为美学学科的建立提供了必要的历史条件。正是在这样的历史背景下,鲍姆嘉通在其哲学体系中,第一次把美学和逻辑学区分开来。严格规定了逻辑学的研究对象是形成概念和进行推理的抽象思维,同时,也为美学确立了自己独特的研究对象。他还撰写了一部美学专著,初步构建了美学学科的基本框架,并探讨了美学的一些基本问题。由此,美学学科得以诞生,而鲍姆嘉通也因此被誉为"美学之父"。

3.系统发展阶段

从18世纪末至19世纪中叶,美学的发展经历了德国古典美学、马克思主义美学、西方近现代美学三个重要阶段。在这一时期,德国康德建立了主观唯心主义的美学体系。黑格尔构建了客观唯心主义的辩证美学体系,将德国古典美学推向顶峰,并成为马克思主义美学之前西方各美学思潮的集大成者。俄国车尔尼雪夫斯基将旧唯物主义美学发展到了最高阶段。马克思把实践的观点引入美学研究,从而把关于美的探讨建立在主客体辩证统一的基础上,为美学研究提供了一种全新的视角。马克思主义美学论证了劳动实践创造美、人化的自然、人的本质的对象化、审美意识和艺术是对现实的能动反映等美学的根本问题,使美学逐步建立起真正科学的体系,并日趋成熟。

4.现代发展阶段

从19世纪中叶到20世纪,美学更是形成一股强烈的反传统潮流。这一潮流一方面表现为对传统形而上学的反叛和对经验实证方法的推崇;另一方面则表现为对理性主义的反叛和对人的非理性的重视,并在此基础上逐渐形成了科学主义美学与人本主义美学两大思潮。美学研究进一步将宏观研究与微观研究、综合研究与分门研究、理论探讨与实际应用结合起来,衍生出了哲学美学、艺术美学、心理学美学、技术美学、生活美学等多个分支学科。主要代表人物和美学思潮包括:德国费希纳的"实验美学"、英国贝尔的"有意味的形式"、美国杜威的"经验美学"、意大利克罗齐的"形象直觉说"、英国布洛的"心理距离说"、德国李普斯的"移情说"、弗洛伊德的"里比多"理论,以及后来的分析美学、现象学美学、存在主义美学、接受美学等。与此同时,马克思主义美学也有了新的开拓和长足的发展。

(三)美学的研究对象

尽管鲍姆嘉通在历史上第一次明确了美学的研究对象,但他的观点并没有在学术界获得一致认同。自鲍姆嘉通之后,"美学究竟研究什么"一直是一个引起热烈争议的问题。到目前为止,基本形成了三种倾向性的观点。第一种观点认为,美学的研究对象就是美本身。持这种观点的人认为,美学要讨论的问题不是具体的美的事物,而是所有美的事物共同具有的那个"美"本身,即那个使一切美的事物之所以美的根本原因。第二种观点认为,美学的研究对象是艺术,视美学为艺术哲学。这个观点在西方美学史上获得了不少美学家的支持与认可。第三种观点认为,美学的研究对象是审美经验和审美心理。随着19世纪心理学的发展,这一观点提倡使用心理学的视角和方法来解释和研究所有的审美现象,并把审美心理和审美经验置于美学研究的中心。

总之,尽管以上关于美学研究对象的各种观点都有其合理性,但亦有各自的缺陷,因此都难以获得学术界的广泛认可。当代国际美学研究更多地倾向于艺术研究,甚至直接将美学称为艺术哲学,因为能否对当代艺术进行有效的研究或阐释,是验证当代美学有效性的标志之一。尤其是,当代艺术形式多样,已经远远超出了传统美学含义所能定义的范畴。"美"已不再是当代美学的核心概念,这已成为学界的共识,否则可能会将有生机的美学研究变成一种文字游戏。

美学的研究对象主要包括以下几方面:

第一,美。如美的产生、发展;美的本质、特征、功能;自然美、社会美、艺术美等美的形态;内容美、形式美等美的组成因素及其规律。

第二,审美。如审美心理,审美意识,美感的发生、发展、性质、特征及其规律。

第三,美的创造。如现实美、艺术美的创造规律、发展规律、鉴赏规律等。

第四,美学范畴。如丑、崇高、悲剧性、喜剧性等范畴的审美特性、发展规律及其同美的关系等。

二、关于美育

(一)什么是美育

美育,亦称美感教育或审美教育,是以美学为基础开展的教育形式,是美学与教育学的有机融合。具体地说,美育是运用自然领域、社会生活、物质产品与精神产品中所蕴含的各种美的形式,对人们进行耳濡目染、潜移默化的教育,起着美化心灵、塑造灵魂、完善人格、提升综合能力的作用。它涵盖了培养审美能力、发展情感和品格、提升创造力和想象力、陶冶精神境界等四个核心要素。美育是一个多层次、多角度的教育过程,旨在培养个体的审美感知、情感表达和创造才能,从而促进人的全面发展。

美育不仅能够拓宽人们的审美视野,提高人们的审美能力,激活人们的思维方式,还能塑造和发展人们的情感世界,进而影响社会文化的发展,提升社会文明程度,增强人们的创造力和创新精神,塑造和传承社会的文化价值,推动社会向更加美好的方向前进。

(二)美育的发展历程

1.西方美育的发展

在古希腊时期,雅典城邦的教育体系是将智育、美育和体育相结合的一个较早的案例。雅典城邦一方面设立文法学校和弦琴学校。文法学校主要教授读、写、算等基础知识;弦琴学校则教授音乐、唱歌、诵诗、乐器演奏等内容,这种教育形式被称为"缪斯教育"。缪斯是希腊神话中司文艺的女神,"缪斯教育"是指综合性的文学艺术教育。另一方面,雅典城邦还设有体操学校和国立体育馆,提供包括游泳、舞蹈、赛跑、摔跤、掷铁饼、投标枪在内的多种课程,旨在培养市民健美的体态、健全的体魄和顽强坚韧的精神品质。在理论建设方面,"希腊三贤"(苏格拉底、柏拉图、亚里士多德)贡献最大。苏格拉底提出了"美德即知识"的观点;柏拉图强调了音乐教育的重要性;亚里士多德主张学生应在德、智、体、美等方面实现全面和谐的发展。

中世纪的欧洲神学占据统治地位,虽然艺术没有得到足够的重视,但教堂建筑、音乐、圣像画、宗教雕塑仍然对人们进行着美育熏陶。文艺复兴以后,人文主义主张人的"和谐发展",主张培养"完人",包括智育、美育、德育、体育等各种因素。特别是"文坛三杰"(但丁、彼特拉克、薄伽丘)、"美术三杰"(达·芬奇、米开朗琪罗和拉斐尔)和文学巨匠莎士比亚等大批艺术家的涌现,人们对"美"的追求热情空前高涨。

18世纪,"美学"从哲学中分离出来,作为一门独立的学科成体系地发展,与之相匹配的"美育"亦正式被提出,强调个性解放和人的全面发展,并得到了高度重视。代表人物是德国著名诗人、哲学家席勒。席勒在其著作《美育书简》中首次提出了"美育"的概念,并构建了较为系统和全面的美育理论。他认为,审美教育是解决社会问题的重要途径。席勒将美育独立出来,不再把美育作为道德教育的补充,这一观点对全球美育思想产生了深远影响。我国早期美学家如王国维、蔡元培、朱光潜和宗白华等无不对此书推崇有加。随后,德国美学家朗格和闵斯特伯格、美国美学家门罗和英国美学家里德也纷纷提倡在学校和社会推广艺术教育,并进一步进行审美教育理论的研究,产生了广泛而有力的影响。如今,在欧美各国,审美教育已成为国民教育不可或缺的一部分。

2.中国美育的发展

（1）古代中国美育思想的萌芽

自古以来,中国从不缺乏对"美"的阐释和"美"的教育。中国的古代美育思想最早可追溯至先秦时期的"乐教"与"诗教",为后世美育的发展奠定了基础。

《尚书·舜典》记载了"先王乐教"的故事:"帝曰:'夔!命汝典乐,教胄子。直而温,宽而栗,刚而无虐,简而无傲。诗言志,歌永言,声依永,律和声。八音克谐,无相夺伦,神人以和。'"这段话的大致意思是,舜帝任命夔为"乐官",负责教导贵族子弟,使他们正直且温和、宽厚而严谨,刚毅而不粗暴,简约而不傲慢。"诗言志,歌永言,声依永,律和声"这里可统称为"乐",大意是诗是用来表达人的思想情感的,歌则是通过语言将这种思想情感咏唱出来,而咏唱出的歌需符合五声六律,并配合乐器有序地演奏,使人与神都能感到快乐和谐。这时的"乐"虽然与宗教紧密相连,但客观上具有了美育的性质。

周公旦通过"制礼作乐"实现尊卑有序、远近和乐的政治局面。周公强调"礼乐治国",认为礼乐可以陶冶人的情操,提升人的道德水平,还能促进人际关系的和谐。周朝建立了一套使用"六艺"(礼、乐、射、御、书、数)对贵族子弟进行教育的体系,在强调贵族子弟射箭、驾驭马车、书法、算术等技艺和谐发展的同时,将礼乐教化放在首要位置。

孔子是中国古代著名的思想家和教育家,他的"诗教"思想中也蕴含着美育思想,他提出的"兴、观、群、怨"论强调的是以《诗经》为代表的文学作品在涵育与教化方面的功能。孔子的"诗教"不仅倚重《诗经》,也同样倚重"礼"与"乐"的作用,因此他有"兴于诗,立于礼,成于乐"之说,认为三者共同起到涵育德行、规范行为、陶冶性情的作用。

之后,无论是楚之骚、汉之赋、六朝骈文、唐诗、宋词、元曲、明清小说,还是历代音乐、舞蹈、书画、雕刻、建筑、园林、工艺品等,均对人们产生了广泛的审美熏陶和涵育作用。

（2）近现代中国的美育探索

近代,随着西学东渐,西方美育相关理论被引入中国,受到了一些学者和教育家的高度关注,美育在中国快速发展起来。其中影响较大的有王国维、蔡元培等。

王国维是20世纪初我国思想界倡言美育的先驱者之一。他于1903年撰写的《论教育之宗旨》一文,是我国最早使用"美育"这一概念并对其进行界定的论文,首次从教育学角度对美育进行了论述。文中提到:"教育之事亦分为三部:智育、德育(即意育)、美育(情育)是也。"他还说:"(智育、德育、美育)三者并行而得渐达真善美之理想,又加以身体之训练,斯得为完全之人物,而教育之能事毕矣。"

明确将美育列入教育方针的是著名教育家蔡元培。他认为,"美育者,应用美学之理论于教育,以陶养感情为目的者也"。蔡元培是我国近代美育思想的集大成者。他提出"五育并举"(军国民教育、实利主义教育、公民道德教育、世界观教育、美感教育)、"以美育代替宗教"等思想,甚至还提出了"科学救国,美育救国"的口号。他将美育分为家庭美育、学校美育和社会美育三方面,这对我国美育的发展产生了深远的影响。

近现代中国,坚定倡导美育的学者除蔡元培外,还有鲁迅、梁启超等人。鲁迅曾大力支持时任教育总长蔡元培所倡导的美育理念。他在《摩罗诗力说》中极力推崇"精神界之战士"的艺术"美伟强力",认为这种艺术不仅可以影响人的性情和思想,其最终目的可以促成社会的变革。梁启超在其论著中特别强调情感陶养的重要性,并提出应将"情感教育放在第一位"。

（3）当代中国美育的发展

中华人民共和国成立后,美育被明确写进了教育方针,成为人民伟大教育事业的重要组成部分。1952年颁布的《小学暂行规程（草案）》和《中学暂行规程（草案）》明确规定了对学生进行德、智、体、美各方面全面发展的教育。党的十一届三中全会之后,国家《关于第七个五年计划的报告》再次明确提出:"各级各类学校都要认真贯彻执行德育、智育、体育、美育全面发展的方针,并根据各自的特点适当加强劳动教育。"1999年,中共中央、国务院发布的《关于深化教育改革全面推进素质教育的决定》明确提出了"造就'有理想、有道德、有文化、有纪律'的德智体美等全面发展的社会主义事业的建设者和接班人"的教育目标。这些都标志着美育作为独立的一育受到了党和国家高度重视,对推进美育的发展具有重大意义。

在学校教育中,美育是立德树人、培根铸魂的关键。党的十八大以来,以习近平同志为核心的党中央高度重视学校美育工作,并作出了一系列重大决策部署。2013年,党的十八届三中全会提出"改进美育教学,提高学生审美和人文素养";2015年,国务院办公厅印发《关于全面加强和改进学校美育工作的意见》,开始全面加强和改进学校美育工作;2020年,中共中央办公厅、国务院办公厅印发《关于全面加强和改进新时代学校美育工作的意见》（以下简称《意见》）,对加强和改进新时代学校美育工作进行了系统设计和全面部署。《意见》明确指出:"到2022年,学校美育取得突破性进展,美育课程全面开齐开足……到2035年,基本形成全覆盖、多样化、高质量的具有中国特色的现代化学校美育体系。"2023年,教育部全面深入贯彻党中央精神,发布《关于全面实施学校美育浸润行动的通知》,进一步强调体系化推进学校美育工作,强化学校美育的育人功能。

党对学校美育高度重视,使美育工作在当代中国得以蓬勃发展,涌现出一大批著名美学美育专家,如朱光潜、宗白华、蔡仪、高尔泰、李泽厚、蒋孔阳等。

（三）美育的内容

美是纯洁道德、丰富精神的重要源泉。美育不仅是审美教育、情操教育、心灵教育,也是丰富想象力和培养创新意识的教育,能提升审美素养、陶冶情操、温润心灵、激发创新创造活力。《意见》明确提出,学校美育应"以立德树人为根本,以社会主义核心价值观为引领,以提高学生审美和人文素养为目标,弘扬中华美育精神,以美育人、以美化人、以美培元,把美育纳入各级各类学校人才培养全过程,贯穿学校教育各学段,培养德智体美劳全面发展的社会主义建设者和接班人"。美育课程的主要内容是通过自然美、社会美、艺术美、科技美等多种类型的美的教育与鉴赏,全面提升学生认识美、发现美、欣赏美、创造美、传递美的能力,在潜移默化中影响学生的价值观念、情感意志和信念行为,助力学生全面发展,形成美好人格。本教材也是按照这一逻辑结构编写的。

1.认识美

引导学生学习美学与美育的基本理论与知识,了解美的本质、特征、范畴、形态等,掌握美的规律,提高学生对美的理论理解水平,树立正确的审美观念和高雅的审美趣味。

2.发现美

引导学生发现并挖掘生活中的美,例如围绕生活中的人及其在社会生活中的吃穿住行等方面认识人的美、饮食美、服饰美、居室美、旅游美、科技美等。培养学生对现实生活中美的敏感度和发现美的能力,从而提升生活的品质,激发生活的热情,充满对和谐美好生活的向往。

3.欣赏美

引导学生学习各类艺术样式,如音乐、舞蹈、绘画、雕塑、建筑、文学、戏剧、影视、摄影、短视频等,通过鉴赏古今中外经典作品,特别是中华艺术精品,拓宽学生审美视野,让学生陶冶情操,净化心灵,提升人文修养和审美鉴赏能力,丰富精神世界并追求精神的愉悦与自由;提供多样化、多维度的艺术体验,帮助学生理解艺术的多元化和国际化,增强学生对不同文化的理解和尊重,使其拓宽国际视野,提高社会认知能力。

4.创造美

引导学生通过丰富的审美实践活动,如创作、表演、设计、制作、探究、研发等,在沉浸式感受美、欣赏美的基础上激发学生的想象力和创造力。鼓励他们勇于尝试和创新,积极体验美的创造过程,培养学生的创新意识和审美创造能力。

5.传递美

引导学生将美创造性地转化为自身的言行举止、形象塑造和作品创造,积极运用于生活中,成为美的使者,感染并熏陶周围的人;同时,引导学生提高沟通与表达技巧,充分利用现代化手段,将对美的理解、感受、体验传递给他人,提升审美表达和交流能力,成为美的传播者。

总之,美育是"培根铸魂"的重要工作,是落实立德树人根本任务的重要途径,对中华民族伟大复兴具有重要的战略意义与价值。美育既具有区别于德育、智育和体育的独特功能,又与德、智、体、劳育相辅相成,以美引善,以美启真,以美健体,以美育劳。从一定意义上说,美育是通向人的全面和谐发展的必由之路。

三、学习美学与美育的意义

美学是人类社会实践、审美实践及创造美实践的产物,它对推动社会科学与自然科学的发展具有重要的理论意义。对大学生全面开展美育,促进学生树立正确的审美观,培养健康的审美趣味,提高欣赏美、创造美的能力,从而有助于改造社会、美化生活和完善人性,具有重要的实践意义。

(一)以美的熏陶优化人格素质

1.培养高尚的情感

人类的审美活动是一种高级精神活动,它是审美主体和审美客体之间通过情感系统建立联系,实现物我感应、物我交流的一种心理活动,是一种高尚化的情感。正如车尔尼雪夫斯基所说:"诗人领导人们追求对于生活的崇高理解和崇高的情操,读他们的作品,会使我们习惯于对于一切庸俗丑恶的东西感到厌恶,领会一切好的、美的东西的魅力,爱一切高尚的东西;读他们的作品,会使我们自己变得更好,更善良,更高尚。"真正的艺术家之所以疾恶如仇,在他们的作品中勇于披露卑鄙,剖析丑恶,撕破虚伪,揭穿权诈,正是希望人们从善如流,追求并趋向于自身的真诚、正直和高尚。

2.历练坚强的意志

"非学无以广才,非志无以成学。"人类的各种创造性劳动都是高度复杂的意志活动,是意志较量的结果。而审美艺术活动是历练意志品质的重要途径之一,它能够在潜移默化中培养克服困难、达到目标的顽强精神,以及不怕挫折、持之以恒的坚韧品质。例如,我们只有登泰山之巅,才能观日出之雄;只有攀天都之险,才能睹云海之奇;只有涉沙漠之远,才能眺草原之广;只有临万顷之波,才能见海涛之伟;只有入深谷之幽,才能尝峰林之乐……"无限风光在险峰",非有志者不能领略。

3.培养健康的情趣

人类的审美活动是圣洁而美好的心灵对美好事物的一种静观。当人的本质力量"自由地"凝结在审美对象或审美过程中时,人们就会感到由衷的喜悦或精神的温暖。如苏轼诗中所写:"水光潋滟晴方好,山色空濛雨亦奇。欲把西湖比西子,淡妆浓抹总相宜。"正因为他有着丰富的艺术修养,他眼中的西湖才犹如美丽的西施,不论是晴天还是雨天,都显得那样天姿国色,楚楚动人。当然,审美情趣是审美主体内在审美意识的外在表现,审美主体内在审美意识的崇高和审美艺术修养的程度,往往决定着审美意识的健康程度。因此,对美的现象与事物的敏感和喜爱,对一切真、善、美的关注和倾心,以及对丰富多样的审美创造活动的积极参与,能够培养出健康的审美情趣,使我们内含灵秀之气,外现高尚之趣。反之,如果对高尚而美好的事物表现出精神麻痹,缺乏修养,目盲耳塞,胸襟偏狭,那么其人生趣味必定庸俗不堪。

4.塑造良好的性格

对美好事物的追求是人类最圣洁的天性。人类正是在对美好事物的不断追求中,既创造着社会的灿烂文明,又塑造着自己的良好性格。在多姿多彩的美的形态中,最美的事物是人的美,而这种美又集中体现在人的性格美上。人的性格气质是人才成长的关键。美国科学家在"天才的发生学研究"课题中强调,在最成功和最不成功的人之间,差别最大的四种性格素质是:取得最后成果的坚持性;为实现目标不断积累成果的顽强性;克服自卑感和树立自信心;社会适应性和达到目标的内驱力。此外,对325名诺贝尔奖获得者的性格品质的研究表明,他们的共同特点是:选准目标,坚定不移;勇敢刚毅,无私无畏;思路开阔,高度敏感;注重实践,认真探索;富有幻想,大胆思考;坚韧顽强,勤奋努力;注意力集中,不失机遇;强烈的兴趣和无休止的好奇心。这些良好性格与美学息息相关,人们在审美对象的有力引导下,在赏心悦目和倾心移志的彻悟中,内心会萌发或怡然自乐或激越高昂的美感。在受到美的熏陶时,会潜移默化地塑造自身的性格,使自己的人格品位得到新的提升。

5.调节不良的情绪

科学研究表明,如果人长时间专注于某种工作或学习,过度沉浸于单调的动作或思索之中,就会导致情绪紧张,思维呆滞和动作迟缓。而审美活动作为一种积极而愉快的休息方式,可以消除这种紧张、困倦的情绪。因此,当人们遇到令人烦躁、懊恼或忧伤的事情时,可以通过审美活动将注意力从不良情绪中转移或解脱出来,让审美情绪占据心灵,从而有效地调节这些情绪。例如,可以听听音乐、看看电影、练练书法,或者是读书、唱歌、读诗、赏花,欣赏优美的风景……这些审美活动能够使人感到心情舒畅,心律舒缓,有助于疏导不良情绪,使快乐取代闷闷不乐,让赏心悦目驱散郁郁寡欢,营造出一种良好的心境。

(二)以美的鉴赏,帮助区分善恶

审美教育的首要任务是培养人们正确的审美观,强调精神美和情操美的重要性,使人们能够通过美学修养清楚地区分什么是真、善、美,什么是假、恶、丑。从而使人们热爱和支持一切美好、善良的事物,反对和抵制一切丑恶、虚假的现象。正如世界著名音乐家亨德尔所言:"假如我的音乐只能使人愉快,那我很遗憾,因为我的目的是使人高尚起来。"如果科学知识主要影响人的理性、智慧和才能,道德则主要作用于人的意志和行为,而美学则同时影响和渗透于人的思想、感情、意志、理想、兴趣、爱好、能力等多个层面,它将塑造人的整个精神世界,陶冶人的情操和人格。

在中外历史上,许多著名的教育家和美学家都非常重视美学的教化作用。孔子曾说:"兴于诗,立于礼,成于乐。"这里的"乐",即指通过音乐陶冶人的情操。孟子认为,美是一种比善更为高级的品质,即"充实善信,使之不虚,是为美人,美德之人也。"荀子则认识到,美既能深入人心,感人肺腑,又能春风化雨,催人奋进。即"入人也深""化人也速"。古希腊著名哲学家、思想家柏拉图认为,应寻找有能力的艺术家,将自然和社会中的优美方面描绘出来,使我们的青年们像生活在风和日暖的地带一样,四周一切都对健康有益,每天耳濡目染于优美的作品中,就像从清幽的环境中呼吸清风一样,不知不觉间吸收这些美好的元素到心灵深处,成为滋养心灵的养分,从而使得自己的性格变得高尚优美。

(三)以美的感受,培养综合能力

一个人能否成才、成功,取决于他是否具备观察、思维、想象、记忆、操作、创造等综合能力,而美感的培养能够加速这些能力的形成和发展,促进人的成功。

敏锐的观察能力被称为"智力结构"的"眼睛",这种能力可以通过欣赏鬼斧神工的大自然来培养。苏东坡的著名诗句"横看成岭侧成峰,远近高低各不同。不识庐山真面目,只缘身在此山中"说明了通过欣赏庐山异彩纷呈的美,可以锻炼人的观察能力,并通过对形形色色的事物现象的观察,抓住事物的本质。

思维能力包括形象思维、抽象思维、灵感思维能力。这些能力的提升与美学修养息息相关。通常,艺术修养丰富的人,其形象思维能力较为发达,尤其是想象力特别强。当一个人的全部心理功能都活跃起来去拥抱自然或艺术品时,人们的心境与大自然或艺术品完全合拍,就会产生共鸣,从而激发想象活动,达到"思接千载,视通万里"的效果。丰厚的美学修养还能诱发并激荡人们的灵感思维,成为创造性思维产生的契机。现代美学心理研究表明,当人们在欣赏壮阔崇高的自然景色或优美动听的艺术作品时,能沉浸在一种无比愉快的精神境界中,产生出一种既轻松自由又深沉博大的审美快乐。这种审美心态正是灵感思维得以闪现的最有利的心理条件之一。例如,大发明家爱迪生酷爱阅读雨果的作品,生物学家达尔文特别喜爱莎士比亚的作品,几乎读完了莎士比亚的所有戏剧和诗歌,这些丰富的文学体验对他们的创造性思维不无裨益。

对美的感受还能增强记忆能力。如果将语文、数学等知识通过音像形式呈现,变成生动形象的内容,便可做到深入浅出,一目了然,从而让人产生浓厚的兴趣,并在潜移默化中理解和记住相关知识,使记忆能力得以提高。现代"暗示学"研究表明,一边听优美动听的音乐,一边思考,利用音乐的配合可增强记忆力,记忆效果可提升至原来的2.5倍。

(四)以美的训练,塑造完美形象

从古至今,从东方到西方,人们都在追求完美的形象,期望达到身心健康,内外和谐。学习美学不但能净化我们的心灵、美化我们的行为、塑造我们的性格,而且有助于造就健全的体魄,塑造完美的形象。

人在"按照美的规律来塑造物体"的同时,也在"按照美的规律"塑造自身,使之符合美的形式。学会审美的人懂得,人体之美在于心灵的优美与身体的优美和谐统一,是健美的身体与健全的头脑、人格与灵魂的完美融合。人体的健美不但表现在身体各部分比例的和谐上,而且还表现在人体活动时,符合美的节奏和韵律。因此,英国著名哲学家培根说:"仔细考究起来,形体之美要胜于颜色之美,而优雅行为之美又胜于形体之美。"其中,"形体"指的是一个人的整体形象和体形;"颜色"指的是五官相貌,主要是脸部特征,属于局部的美;而"行为之美",则指举手投足间的动作神态,是后天培养的结果,是内在美的折射表现。在这三者中,能够体现内在美的"行为之美"是最高的美,是美的精华所在。

随着社会的进步,当代青年人的审美要求日益提高。他们不但希望拥有健康的身体,而且还希望能够按照美的规律来塑造自己的形象。例如,流行的健美舞蹈,就是伴随现代音乐节奏,使优美的动作造型与悠扬悦耳的音乐旋律相得益彰。音乐的节奏给人以美的享受,令人陶醉,将人带入美的意境;动作造型则轻快活泼、柔美潇洒,阳刚和阴柔兼而有之,激发起人们创造美的冲动。

综上所述,美学是推动人们心灵纯洁、人格完美、精神丰富和形象美好的强大动力源泉。它在潜移默化中引导人们进入一种新的人生境界,成为实现青年学生全面而自由发展的必由之路。

互动空间·自我评价

模块一　理论之光——认识美

质胜文则野,文胜质则史。文质彬彬,然后君子。

——孔子

天地有大美而不言。

——庄子

美是真理的光辉,而真理则是美的灵魂。

——柏拉图

丑在美的旁边,畸形靠近着优美,丑怪藏在崇高的背后,美与恶并存,光明与黑暗相共。

——雨果

生活中不是缺少美,而是缺少发现美的眼睛。

——罗丹

专题一
寻溯美学之源：美的认知

知识目标：

• 了解关于美的本质的论争。
• 掌握美的基本特征。

能力目标：

• 理解人类审美意识的产生及具体的审美心理结构。
• 理解美的鉴赏的三个基本层次。

素质目标：

• 认识不同国家、不同民族、不同文化背景对美有着不同的理解。引导学生
  了解国内关于美的讨论、美学派别及其代表人物，增强民族自豪感。
• 深化对美的认识，培养学生主动追求美的意识，不断提高审美素养，树立正
  确的审美观。

要点一览

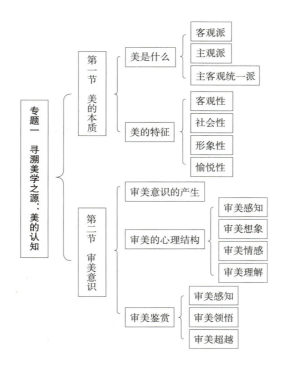

内容导航

> 罗丹说:"生活中并不缺少美,只是缺少发现美的眼睛。"确实,在我们的日常生活中,美无处不在,无时不有。美充满了神奇与魅力,给人们带来愉悦和希望,令人心驰神往。美,既可以是具体的美的事物,也可以是抽象的美的理念。不同的国家、民族及文化背景对美的理解和认识各不相同。然而,尽管人们对美的理解是多元的,但在某种程度上也表现出极大的趋同性。那么,究竟应该如何认识美呢? 让我们从了解美的本质、美的特征以及人类的审美意识开始吧。

第一节 美的本质

案例导入

柏拉图在《大希庇阿斯篇》中描述了哲学家苏格拉底与诡辩家希庇阿斯之间的一段对话。对话一开始,苏格拉底向希庇阿斯请教:"什么是美?"希庇阿斯回答说:"美就是一位漂亮小姐。"对此,苏格拉底提出了反驳,指出这种说法不能成立,因为许多事物,如一匹母马、一把竖琴,甚至一个汤罐,也可以被认为是美的。此外,赫拉克利特曾说过,最美的猴子与人相比还是丑的,最智慧的人与神相比也像一只猴子。那么年轻小姐与神仙相比,最美的汤罐与年轻小姐相比,不也就显得丑了吗? 那么这些事物到底是美还是丑呢? 似乎既可以是美的,也可以是丑的。所以问题的核心是要回答:使这许许多多具体的美的事物之所以美的那个"美本身"究竟是什么?

【案例解析】 "美的东西"和"美"本身是不相同的。"美的东西"是具体的、个别的,是现象;而"美"是一般的,是本质的规律。本质需通过具体的对象体现出来,因此即使美的现象千变万化,它们总是体现出一定的本质规律。

一、美是什么

美是什么? 什么是美? 美从何而来? 关于美的本质问题,在美学史上曾长期争论不休,历代美学家都提出过自己的见解。而这些观点大致可以归纳为以下几大流派。

美与审美

(一)客观派

客观论者认为,事物的属性本质上就是美的,独立于人的发现或感觉。例如,古希腊毕达哥拉斯学派提出的"美在和谐"的观点,强调美来源于形式的和谐,即"秩序和比例是美的"。柏拉图则认为,美是一种"永恒地自存自在"的"上界事物",即理念,现实世界的美只是对这一理念的模仿。19世纪初,德国美学家黑格尔修正了柏拉图关于美是脱离感性事物的自在物的说法,提出"美是理念的感性显现"。20世纪70年代,法国学者弗朗西斯·科瓦奇表示:"美是真正从那些客观对象上'出来'的。"[1]我国美学家蔡仪也主张"美在客观",他说:"我们认为美是客观的,不是主观的;美的事物之所以美,是在于这事物本身,不在于我们的意识作用。"[2]这些观点的共同之处在于,它们认为不存在美的生成问题。美无须人的感受便客观存在或先天存在。然而,这样的看法忽略了人的主体性地位及其在参与构建美中的积极作用,无法充分体现出审美的特征。

(二)主观派

主观论者认为,美不在于物而在于心,是人的意识、观念决定了事物是否能成为审美对象。在西方美学史上,主观论者人数众多,观点各异。例如,休谟提出的"快感"说、康德的"判断"说等。休谟明确指出:"美就不是客观存在于任何事物中的内在属性,它只存在于鉴赏者的心里。"[3]这是典型的主观论之一。在现代西方美学中,主观论仍然很有影

① 朱狄.当代西方美学[M].北京:人民出版社,1984:172.

② 蔡仪.美学论著初编(上册)[M].上海:上海文艺出版社,1982:237.

③ 李醒尘.西方美学史教程[M].北京:北京大学出版社,1994:186.

响。许多美学家，如意大利的克罗齐、法国的杜夫海纳、英国的鲍桑葵等都支持这一学说。不过，他们更侧重从知觉经验、情感效果等方面进行探讨。杜夫海纳曾说过："审美对象就是辉煌呈现的感性。"[1]在我国，吕荧和高尔泰也主张"美在主观"。吕荧认为："美是人的一种观念。"[2]高尔泰则表示："美，只要人感受到它，它就存在，不被人感受到，它就不存在。"[3]"美在主观"理论为理解美感及人的审美意识提供了启示，而审美心理的研究也成了美学研究的一个重心。然而。将美完全视为主观的产物是不够合理的，这种方法更无法解释人的审美意识究竟是怎样形成的。

（三）主客观统一派

早在18世纪，法国美学家狄德罗就提出了"美在关系"的命题，认为美存在于客体对象与主体的适应和交融之中；西方当代美学的重要人物兰菲尔德也指出，美"既不是主观的，也不是客观的""而是这两方面变化无常的关系，即人的机体和客观对象之间的关系"[4]。主客观统一论者试图调和客观派和主观派的观点，从主观与客观的结合中探寻美的根源。在中国，许多美学家都持这样的观点。但在这一派别内部又存在不同的分支。例如，朱光潜认为："美是客观方面某些事物、性质和形状适合主观方面意识形态，可以交融在一起而成为一个完整形象的那种性质。"[5]显然，这种观点在主客观结合中更偏向于主观方面。李泽厚对此评价道："所谓'主客观统一'这概念并不很清楚，原因是所谓'主'指的是什么？所谓'主'指情感、意识、精神、心理，那么这种'主客观统一'论便仍然属于主观派，如立普斯和朱光潜。"[6]另一个分支，有学者侧重客观性与社会性的统一，以李泽厚为代表。他提出："如果'主客观统一'中的'主'指的是人的实践活动，那情况就大不相同，人的实践是一种物质性的客观现实活动，即是说，这里的'主'实质上是一种人类整体作用于众多客观对象（如大自然）的物质性的客观活动，从而，它与客观世界的统一即这种主客观统一便不属于主观论，而属于客观论，它是客观论中的第三派，即一种现代意义的新的客观论，亦即主体性实践哲学的美的客观论。它既是'主客观统一'论，又是客观论。"[7]李泽厚的观点实际上是实践美学的观点，而这也是目前国内较为通行的看法。

实践美学观是以马克思的实践论作为哲学基础的。马克思坚持把实践概念理解为"人的感性活动"，即人类自我创造并变革世界的现实活动，也是整个社会生活世界的根本基础。实践美学认为，一般事物是在经由实践过程、被人的本质力量对象化，并蕴含社会

① 李醒尘.西方美学史教程[M].北京：北京大学出版社，1997：571.

② 吕荧.吕荧文艺与美学论集[M].上海：上海文艺出版社，1984：416.

③ 文艺报编辑部.美学问题讨论集：第2集[M].北京：作家出版社，1957：134.

④ 朱狄.当代西方美学[M].北京：人民出版社，1984.

⑤ 朱光潜.朱光潜美学文集：第3卷[M].上海：上海文艺出版社，1983：71-72.

⑥ 李泽厚.美学四讲[M].北京：生活·读书·新知三联书店，1999：54.

⑦ 李泽厚.美学四讲[M].北京：生活·读书·新知三联书店，1999：54.

内容之后才成为美的。正如李泽厚所指出的:"离开人很难谈什么美。我仍然认为不能仅仅从精神、心理或仅仅从物的自然属性来找美的根源,而要用马克思主义的实践观点,从'自然的人化'中来探索美的本质或根源。"[①]按照实践美学的观点,美源自人类主体的社会实践,只有当事物经由实践过程、被人的本质力量对象化、蕴含了社会的内容之后才能被视为美的。

二、美的特征

美的本质是抽象的,但美的现象却是具体可感、生动丰富的。它以各种各样的特征表现出来。概括地说,美具有以下几个基本特征。

(一)客观性

从美的生成来看,美产生于人类客观的社会实践活动,因此,人类实践的客观社会性决定了美的客观性。客观事物为人类的实践活动及美的存在提供了物质基础,没有具体的美的事物本身,就无所谓美。美既不是纯粹的客观理念或绝对精神,也不是单纯的主观意识或情感体验。美是一种物质性的存在,是"我们现实生活里直接体验到的、不以我们的意志为转移的、丰富多彩的、有声有色的、有形有相的世界"[②]。

美的客观性在于它根植于物质性,但这并不意味着所有的客观物质存在皆有美。正如自然美离不开自然物的自然属性,但这些自然物的自然属性本身并不等同于美一样。美在物,不在心,然而这里的"物"并非脱离社会与人而独立存在的物,不是"自在之物",而是"为我之物"。美始终是一种社会现象,它是人类生活和实践活动的产物。

(二)社会性

美作为一种社会性的存在,表现在它对社会生活的依赖上。人类社会生活中各种事物的美,都是人类社会活动的产物。

社会美对社会生活的依存性自不必说。反映在艺术作品中的美,凝结着艺术家的审美情感和审美理想,而这些情感和理想的形成离不开社会生活,这使得艺术美具有了一定的社会性。即使看似与社会生活距离最远的自然美,同样具备社会性。因为自然美的产生过程,实际上是人类社会实践改造与认识自然的过程。通过人类的社会实践,自然与人类社会生活之间建立了广泛的联系,使自然在人类社会生活中占据了特定的社会地位,并发挥了一定的社会作用,客观地成为人类生活中不可缺少的物质条件,这便构成了自然美的社会性。

(三)形象性

美的形象性,亦称具体可感性,堪称美的事物必须是具体的、形象的,能够通过欣赏

---

① 李泽厚.美学四讲[M].北京:生活·读书·新知三联书店,1999:54-55.

② 宗白华.美学散步[M].上海:上海人民出版社,1981:17.

者的感官直接感知。抽象的概念并不具备观赏价值。例如,面对"这是一朵花"的抽象判断无法让我们感受到它的美,只有当我们面对有形有色的具体花朵时,才能真正体会到它的美。

自然美总是通过自然事物的具体形象体现出来。以五岳之首的泰山为例,它以其雄伟著称。泰山之所以给人以雄伟的感觉,是因为其体量巨大、形态稳定持重、气势恢宏。泰山东临大海,雄踞齐鲁平原,在广阔而平坦的大环境衬托下,显得格外高大持重。再比如以幽静闻名的青城山,其地形基础是崇山深谷,辅以茂密的乔木,构成了一个半封闭的空间。这里的山、水、林木拥有一定的水平深度、开合变化以及视线的阻隔与开放、道路的曲折回转、明暗的交替等空间序列的变化,因此才显现出幽静之美。

社会美的体现不在抽象的概念,而在具体生动的形象。历史上的仁人志士、现实中的英雄模范、生产生活中的创造性产品、进步的社会活动、良好的道德风范和人际关系等,都是通过具体的形象展现出来的,具有直观的形象性。

艺术美是一种观念形态的美,但它需要借助直观的艺术形象来传达特定的观念。艺术是审美意识的表达,但它并未将审美意识抽象化,也没有舍弃其丰富的感性内涵。因此,普列汉诺夫指出:"艺术既表现人们的感情,也表现人们的思想,但是并非抽象地表现,而是用生动的形象来表现,这就是艺术的最主要的特点。"[1]可以说,没有生动具体、传神动情的艺术形象,就不存在所谓的艺术。

(四)愉悦性

美的事物能够给人带来审美愉悦。在观赏自然美时,人们会获得愉快的体验;在聆听英雄事迹时,会为之所感动,甚至热泪满面,胸中激荡起澎湃的情感;在欣赏高度凝练的艺术之美时,往往会达到忘我的境界,那扣人心弦的力量常常能激发我们产生多种美好的情感。

美所带来的愉悦是一种精神愉悦,它可以对人起到巨大的陶冶作用,净化心灵,升华情感。在审美中所获得的愉悦不同于品尝一杯葡萄酒或在炎炎夏日享用一块冰淇淋所带来的生理快感,两者之间的区别主要在于:生理上的快感源于人的生理欲望或冲动得到满足而产生的身心舒适感,它本质上是物质性的;而审美的愉悦是一种精神上的愉悦,其本质是精神性的。但这并不意味着美所带来的愉悦完全排斥生理上的快感。

拓展链接

宗白华"活力"说

宗白华以积年之功力探索中国艺术意境的奥秘,在这一领域独树一帜。在对意境的

---

[1] 普列汉诺夫.没有地址的信[M].曹葆华,译.北京:人民文学出版社,1962:4.

探求上，宗白华始终坚持艺术意境根源于生命真实的"活力"、生命根本的运动，"描写动者，即是表现生命，描写精神"。意境创构之"虚"与"实"的二元辩证性，就是生命运动本身的过程实质，就是生命运动的二元辩证性。宗白华坚定地追求"深情与活力"的新时代精神，并坚信"大自然中有一种不可思议的活力"。自然的调谐，人的精神生命的丰富与昂扬，在他看来都是生命活跃的果实：从心底深处永远潜伏着一种渴望——从渴望着热烈的生命、广大的世界，到爱艺术里永驻的光、热和生命；从爱光、爱海、爱人间的暖和、爱人类万千心灵里一直紧张而有力的热情，再到倡导"心似音乐，生活似音乐，精神似音乐"的艺术精神描写，其中正蕴含一种统一、一种连续，这种连续是从人格精神极端爱生命的"动"，渗进了艺术理想的弘扬和阐释里，使人格精神与艺术诠释获得了相互认同而达到微妙的相契相合。对于宗白华来说，离开了人格精神的"动"，也就没有对艺术意境表现生命运动的熟悉和对生命理想的追求了。

审美实践

我心中的最美

现实生活中，美无处不在，即使我们并不了解美的理论，但同样会有丰富的美的感受和体验。请同学们写出自己心中最美的事物，可以是一个人、一个动物、一个景点、一栋建筑、一幅画、一首歌、一首诗、一本书等。请分析这一事物美在何处，具有哪些美的特征，给你怎样的审美感受。在小组进行分享并讨论。

互动空间·自我评价

第二节 审美意识

案例导入

原始服饰起源于人类还处于茹毛饮血的猿人时期,当时人们开始使用兽皮和树叶来保护身体,遮蔽烈日或抵御严寒,这是最原始服装的雏形。在北京周口店山顶洞人(距今1.9万年左右)的遗址中,考古学家发现了1枚骨针以及141件钻孔的石、骨、贝、牙等装饰品。证实当时的人类已能利用兽皮等自然材料缝制简单的衣服。中华服饰文化史由此发端。

【案例解析】 原始社会时期,人们开始用兽皮遮羞保暖,同时还会佩戴石、骨、贝、牙等制成的装饰品。尽管这些饰品并不能增加衣物的保暖性,但我们的祖先仍然选择佩戴它们。这说明,自人类从动物中分化出来后,在实践活动中逐渐发展出了审美意识,并用这种意识来装扮、美化自己。

自19世纪费希纳提出了"自下而上的美学"与"自上而下的美学"的区分,主张美学应从哲学体系中独立出来以来,审美意识的研究便成为美学研究的一个重心。审美意识涵盖了审美理想、审美观念、审美趣味、审美判断等方面及其各种表现形态。审美意识是美学中的一个重要议题,深入探讨审美意识的根源与特征等问题,对于提升个体的审美修养和审美能力具有重要意义。

一、审美意识的产生

审美意识是社会意识形态中的一种特殊形态,是人对现实生活中具有审美价值的客体对象所进行的能动反映。这是一种人类所特有的意识状态,属于一种高级的情感活动。那么,这种意识由何而来呢?根据我们前面提到的实践美学的观点,美根源于社会实践,因此,审美意识自然产生于实践过程中主体内在自然的人化过程之中。

在人类刚诞生的时候,自然界对于人类而言无所谓美丑,人类的祖先居住在幽深的森林之中,面对狂风暴雨、雷电交加、山洪暴发、地震海啸等自然灾害,大自然完全是一种充满无限威慑力的恐怖对象。人们尊敬它、畏惧它,并将其视为神灵来崇拜。我国古代文献中描述的"冬穴夏巢之时,茹毛饮血之世,世质民淳斯文未作",正是反映了早期原始社会的情况,这一时期根本谈不上美,也不存在所谓人的审美意识。

然而,在漫长的岁月里,人类的祖先与自然进行了顽强的斗争,逐渐增强了适应自然的能力。在人与自然的关系上,随着人类制造生产工具技术的进步,人们从自然界获取的生活资料日渐丰富,江河可以捕鱼行舟,山火可以取暖煮食,土地可以耕耘收获,林木可以搭屋建桥。尽管大自然仍然对人类还存在诸多可怕的威胁,但人们越来越意识到自己的生活离不开它。大自然的力量越强大,就越能体现出它的适应者——人自身的力量。因此,曾经与人类完全对立的自然,渐渐成了人类社会生活不可缺少的一部分。它不再是与人类作对的异己力量,反而成为确认人类本质力量的对象。正如马克思所说,这就是"自然的人化"。

"人化的自然"既是人脱离动物界,从"自在的人"转变成"自为之人"的根本原因和基本标志,也是自然界成为人类的生产对象、生活对象,以及认识对象和审美对象的起点。通过对外界自然的加工改造,人类使一切对象都成为自身的对象化,成为人的本质力量的对象化。在人的本质力量不断丰富发展的过程中,人的心理逐渐发展为人格心理,知、情、意逐渐发展并交互作用而融合。正如马克思所说:"五官感觉的形成是以往全部世界史的产物。"[①]在这一过程中,五官感觉从生理感官向心理感官生成,也作为审美心理的感官而生成,马克思明确地论述了这一点,他说:"只是由于属人的本质的客观地展开的丰富性,主体的、属人的感性的丰富性,即感受音乐的耳朵,感受形式美的眼睛,简言之,那些能感受人的快乐和确证自己是属人的本质力量的感觉,才或者发展起来,或者产生出来。"[②]所谓"感受人的快乐和确证自己是属人的本质力量的感觉"便包括了人的审美快乐和作为人的本质力量得以确证的审美情感、审美意趣、审美认识等情、意、知各种审美意识的基因生成。这就可以解释为什么一位建筑师,按照美的规律设计、建造了一座美丽壮观的建筑物后,在欣赏它时会沉浸在精神愉悦中,体验到创造带来的喜悦、激动与欢乐。因为这座建筑物体现了他的智慧力量,成了能够确证并直观其本质力量的对象化产品。因此,人在对象上认识到自己,观照自己的本质力量,是审美愉悦赖以生成的根源。从这个意义上说,审美意识是实践主体在对象世界中的一种自我观照。

既然审美意识是实践的产物,它就会随着社会实践的发展和变化而不断演变。这解释了为什么不同历史时期、不同民族以及不同地域的人会有不同的审美观。即使同一时代、同一民族的人,由于各自的生活经历、文化教养等方面的差异,其审美观也可能不尽相同。由此可见,审美意识是一种具体的历史现象。

二、审美的心理结构

审美意识是一种动态的复杂结构,主要由感知、想象、情感、理解四种心理要素构成。这四种要素同时也是四种心理功能,它们相互交融组合形成一个网络结构。每一个心理要素都有不可取代的功能,它们彼此依赖,相互渗透,最终构成一种奇妙的审美体验。下面我们分别看看每一个要素的功能。

---

① 马克思.1844年经济学-哲学手稿[M].北京:人民出版社,1979:79.

② 马克思.1844年经济学-哲学手稿[M].北京:人民出版社,1979:79.

（一）审美感知

感知是指感觉与知觉的结合，它是通过感官接受对象感性特征的刺激并将其综合为整体形象的心理过程。审美感知主要靠视觉和听觉来完成，尽管触觉、嗅觉、味觉、运动觉等也发挥作用，但其重要性远不及视觉和听觉显著。这是因为视觉能够捕捉色彩、形体及其变化，而听觉则能感受到声音的运动，二者都具有鲜明的力度和节奏，不仅能最鲜明地呈现事物的感性特征和生命形式，也最容易引发主体的感应活动。感知是审美活动的起点和门户。只有当感官感知到对象的感性形式，并在感官面前呈现出有生命力的形式时，审美才可能开始。审美感知，参照叶朗在《现代美学体系》中提出的观点，具有如下特征：

1. 完整性

审美知觉是一种完整的、统合的心理组织过程。例如，当我们观察一幅画时，并不是简单地将色彩、线条、形状、节奏、运动等感知到的元素加起来达到知觉，而是一种完整的组织形式迅速构成某种完整的知觉心象，从而使我们能够感觉并理解对象的结构形态、情感基调和直接意蕴。因此，完整性是审美感知的第一个特征。

2. 主动性

这就是说，审美感知过程不是消极被动地接受对象的刺激，而是积极主动地去感受对象，并协调其他心理功能，有所选择地去感知。主体在感知客观世界时，其审美经验、知识结构和审美需求等制约或影响着这种选择性。如英国艺术心理学家贡布里希认为，知觉与审美主体心中的某些"图式"有关，他曾发现，对于同一个星座，不同的部落却从中看出不同的形象，有的看成一只羊，有的看成一头雄狮，有的看成一头公牛，而印第安人则将其视作一只龙虾。因此，人的知觉是一种主动的反映。所以，音乐家注意的是音响，画家关注的是色彩和线条，雕塑家留意的则是团块结构和材料质地，等等。敏感地捕捉对象整体上最具特征性的元素，正是这种选择性的表现。

3. 情感性

心理学证实感知过程中伴随着情感。尤其是在审美知觉中，其情感特征更为突出。这种在审美知觉中产生的情感，我们称之为知觉情感，它与后续的审美想象中所产生的想象情感共同构成审美认知情感。知觉情感具有鲜明、具体的感情色彩，如喜悦、哀怨、忧郁、闲适、惆怅等。这种情感色彩一方面取决于特定审美客体所表现和传达的感情性质，另一方面又取决于审美主体感知时的情感状态，即取决于主体的心境。在欣赏自然风景时，主体心境对知觉情感的影响尤其显著。"思苦自看明月苦，人愁不是月华愁。""夕阳能使山远近，秋色巧随人惨舒。"这些诗句正说明了主体心境对知觉情感的影响。因此，审美感知中的情感是在主客体双方的共同作用下形成的，体现了独特的审美内涵。

（二）审美想象

审美想象是一种高级且复杂的审美心理活动，可分为知觉想象和创造性想象两种类型。知觉想象表现为主体在直接把握对象形式结构时的联想过程,即由一个事物联想到另一个事物的心理过程。例如,从菊梅之迎霜雪而怒放联想到君子不畏谗言、独立不迁的傲骨;从竹之挺拔中空联想到君子谦虚但不随俗的情操;从兰处荒野幽谷仍秀洁清香联想到君子贫贱不能移的洁行等。创造性想象是指在审美过程中,审美主体不依赖现成的客体对象去再造形象,而是基于头脑中原有的记忆表象进行加工和改造,从而创造出具有新颖性和独创性的新形象。相比知觉想象,创造性想象复杂得多,它将各种知觉心象和记忆心象重新组合,孕育出全新的心象,并激发起更深层次的情感反应。例如,工程师设计新产品或艺术家构思新的艺术形象时,都需要运用创造性想象。审美想象具有如下几个特征:

1.形象性

想象并非仅存在于审美活动中,但在审美想象中,形象的感性特征特别鲜明生动。科学想象往往只着眼于形式结构的功能和意义,对形式本身的感性特征、生命特征不太在意。相比之下,审美想象则具有非常鲜明生动的感性特征,如色彩、音响、形体等,都各具特色且生动鲜明。同时,审美想象也更注重展现和感受形象的力度和气势、节奏和旋律。前面提到从书法中想象出动势,这正是这种特性的表现。为了强化效果,还可以通过类比联想和对比联想等方式来丰富其感性特征,使意象能全方位地包围主体。

2.自由性

陆机的"观古今于须臾,抚四海于一瞬"这正是对审美想象能够自由跨越时空界限这一特征的精妙描述,须臾瞬间,通观古今,游及四海,是人所不能的,但想象可以做到。想象是一种可以填补我们日常生活贫乏的慰藉,艺术作品之所以具有强烈的感染力,一个重要的原因就在于它能激发审美想象。

3.鲜明的个性

鲍桑葵说:"美首先是一种创造,一种新的独特表现,使一种新的情感从而获得存在。"①可见,审美想象具有鲜明的个性特征。相同的对象在不同的艺术家手中幻化出不同的形象,这是独特的个人情感、个人体验的投射。同样地,面对相同的艺术作品,不同的欣赏者会在自己心中形成不同的意象,因为艺术欣赏是对作品的再创造,而在这个再创造的过程中,每个人的体验不同,因而形成了各种不同的解读。所以才有"有一千个读者就有一千个哈姆雷特"的说法。

(三)审美情感

审美情感是人类在审美活动中产生的一种独特情感,它与日常生活中的情感有着本质上的不同。正如我们观看一部悲伤的电影时流下的眼泪,与平时受委屈时所流的眼泪并不相同。审美情感的独特之处在于它并非由审美主体个人的利害关系引发,因此带有某种幻觉性质。正是这种虚幻性,把审美情感与日常生活的情感区别开来。也正是这种

---

① 鲍桑葵.美学三讲[M].上海:上海译文出版社,1983:57.

虚幻性,使得全人类各种各样的复杂情感,都能融入审美主体的心中。正如卡西尔在谈到贝多芬《第九交响曲》时所说:"我们所听到的是人类情感从最低的音调到最高的音调的全音阶;它是我们整个生命的运动和颤动。"[①]这些情感不涉及个体的实际利益,所以和主体保持一定的距离,不会让主体陷入其中无法自拔。然而,这些情感进入主体心中之后,主体又对这些情感进行个人认同,即把自身的情感及经历投射到这些幻觉情感之中,从而使自己真切而强烈地被这些幻觉情感打动。

审美情感是审美得以实现的最关键动因,同时,它也贯穿于整个审美活动中。在审美活动中,情感能起到一种激发的功能,它可以强化主体的知觉,激励主体的想象,成为意象构成的亲和力与中介力。情感推动想象和理解,想象和理解则可以打破现实的束缚,进行重新组合、重新创造,从而形成新的意象和意境。然而,情感也有可能抑制和干扰主体的审美活动。特别是在审美认知阶段,如果主体产生了某种消极的情感,如淡漠、失望、缺乏兴趣等,这些情绪会显著抑制,甚至中断主体的审美活动。

(四)审美理解

审美理解是指在审美活动中,主体对客体意蕴以及整个审美活动意蕴的整体把握和领会。它是审美活动中不可或缺的理性因素。虽然审美不等同于认识,但它确实包含了某种程度的认识或理解。事物的意义总是在复杂的关联中显现出来的,只有把握了这些联系,才能真正理解事物的意义。而把握这些联系,就需要发挥理性的作用。例如,我们可以通过感知捕捉音乐中的旋律、绘画中的色彩和线条,但要领悟旋律之中,色彩、线条之间所蕴含的情感,就需要理解的因素。尤其是在欣赏具有深刻哲理的艺术作品时,审美理解显得尤为重要。如画家普桑的《阿卡狄的牧人》,画中描绘了三个牧人和一个神女正在猜测墓碑上铭文"在阿卡狄也有我"的含义,这幅画因难以解读而著名,对其含义至今仍在争论。要真正读懂它,就必须通过理解去参与,甚至还需要理论思维的帮助。日本美学家今道友信指出:"有没有人的思想反省,在对于风景的美的体验上,其内容是大不相同的。""无论对任何作品,如果没有理性的理解阶段,就不能称其为欣赏。在这个意义上,美具有必须为理性发现的一面。"[②]可见,审美中理解因素存在的必然性。

同时,审美理解融入感知、想象和情感之中。我们可以从三方面来说明。第一,审美理解渗透在审美知觉中。此时的理解相对较为表层,通常涉及对对象形态、结构、风格和直接显露的意蕴进行把握。例如,在欣赏莫奈的《干草垛》时,观众在知觉的瞬间,不仅可以把握画面的光影变化、色彩跃动,而且会领悟到一种自然的宁静和恬淡的情调。第二,审美理解渗入想象之中,在这种情况下,理解是对对象深层意蕴的把握。通过理性对想象的规范,表象逐渐走向明晰和确定。第三,审美理解融合于情感之中,给予情感以理性

---

① 恩斯特·卡西尔.人论[M].甘阳,译.上海:上海译文出版社,1985:191.

② 今道友信.关于美[M].鲍显阳,王永丽,译.哈尔滨:黑龙江人民出版社,1983:13,16.

的调节,使情感从盲目的欲望冲动走向具有特定意向的情感。

三、审美鉴赏

(一)审美感知

审美鉴赏的起点是审美感知,它通过感官与外界对象直接接触获得。人的耳、眼、鼻、舌、身和大脑神经系统共同构成了听觉、视觉、嗅觉、味觉和触觉等感官分析系统,用以接收和传达外界的各种信息。当人们因感受到某种色彩、声音、线条、质地而产生愉快时,这种愉快即源于我们的感觉。审美主体可以直接接触客观的审美对象,而是无须任何中介环节即可获得美感。

比如要欣赏一朵花的美,我们不需要先通过植物学知识了解这朵花是属于哪个科、哪个属,有什么性质和特征,而是直接通过眼睛去观察,用鼻子去嗅闻,在直接接触这朵花的过程中感受到它的美。

(二)审美领悟

审美领悟是在审美主体基于对客体感知的基础上产生的一种全面领会。被观照的审美客体首先应具有让人感悟的空间,并包含超越客体感性的人生哲理。审美主体随后进行富有创造性的审美想象,通过顿悟过程达到妙得,从而在深层次上领悟审美客体的意蕴。在这个过程中,审美想象扮演着重要角色。它是指审美主体从当前所感知的事物出发,通过回忆其他有关事物而引发的由一个事物对另一个事物产生联想的心理活动。审美联想和想象的实质就是在记忆的基础上进行表象的再现、组合和改造,它不仅能够超越时空的限制,还能获得一定程度的感受自由,以及更深、更高层次上的审美感受。

罗丹大理石雕塑《沉思》

例如,当我们欣赏罗丹的《沉思》时,似乎能从大理石中感受到少女的呼吸、体温以及她的冥想,我们似乎能感受到她秀美的脸和沉入梦乡中的纯洁心灵。眼睛以上,从眉弓推向前额,这是人类精神生活的重要领域,艺术家将这一部分塑造为最"突出"的部分,而下颚到脖颈再到双肩则几乎"沉没"在石座里。"突出"和"沉没"体现的是梦想与现实,也是精神世界与物质世界的矛盾体现。这是一位非常年轻、神态端庄、面目俊美的女性头像。她低垂着头,周围萦绕着梦想的气息,额头上帽子的边缘,宛如梦想的羽翼。然而,她的颈项、额角却仿佛沉陷于一块精美的石头中,如同被困于无法摆脱的枷锁之中。她似乎丝毫无法挣脱现实的沉重束缚。这就是《沉思》这座雕像传递给我们的审美经验,即对再现形象的深刻感受以及由她唤起的对客观物质世界的情感体验与联想。无论从思想上还是心理上,通过审美,我们都认同她的美。

（三）审美超越

审美超越是指审美主体在审美感知和领悟的基础上,反复体验审美客体的内在意蕴,发挥审美能动性,对景外之景、言外之意、意外之境进行总体把握,达到"超以象外,得其环中"境界。这种境界呈现出对客观事物必然性的瞬间感悟和对人生、理想的执着追求——"悦神悦志"的高级美感,似乎使心灵运动受到震撼和洗涤。这种美属于哲思存在层、精神存在层之美。超越性的审美经验是纯精神层面的审美体验。这种体验需要人不断开拓理性思维能力,并不断提升自身的知识素养及身心境界,使自我的生物属性与精神属性平衡发展并且不断开发内在的那个"神我",也就是真、善、美这些高层品质。审美超越的独特性质在于开启人生内在的心灵自由。审美的本质即超越。作为生存超越的本质类型,通过对日常生存意义的幻化,审美超越实现了无限的本真意义生成和生存的终极关切。首先,达到对对象"出乎其外"的最深层的理解与反思。当我们欣赏一幅优秀的书法作品时,先因其外在美引起视觉上的快感,再深入其内在美引起心灵的快适。到了忘物阶段,则完全突破了存在于时空中有限书法客体,达到无限理想的心灵时空的美本体。其次,以一种超然的心态感受到人生的真谛和永恒的价值,完成自我超越。最后,达到心灵与宇宙的融合,中国传统美学的"天人合一"即此。

不朽的作品都达到了哲思层次。"问君能有几多愁,恰似一江春水向东流"蕴含的内在悲情是一种美,"采菊东篱下,悠然见南山"的散淡之心也是一种美。我们常讲的"天人合一""物我两忘""心旷神怡""心花怒放""如醉如痴""乐而忘返"等都属于这种境界和情感。

拓展链接

长颈族

长颈族,是由泰国北部与缅甸边界的一个少数民族喀伦族(Karen)的一支巴东族(Padaung)所组成的,只能在湄宏顺镇见到。实际上,"长颈女"的颈部长度和普通人并没有什么不同,而是她们的锁骨和肩骨因铜圈的压迫而下陷。

按照他们的风俗,女孩在5岁时就要在颈部及四肢套上铜圈,戴上约1千克重的铜环,10岁开始每年在颈部多加一个铜环,一直到25岁为止。长颈族认为女子的颈部越长便越美,所以她们从5岁开始,这些环只能往上添,不能往下拿,终生都要佩戴。晚上睡觉时只取下后面的竖环,其他环也不取下来。每隔几天洗澡时,几个人互相帮助,用布在环和脖子间搓洗。

很多书上说,因为这些环的支撑作用会慢慢把脖子拉长,这其实是错误的。事实上,脖子的长度并没有太多变化,这些环的作用是通过重力将肩膀压低,从而显得脖子较长。所以当她们需要看医生等不得不临时摘下铜环的时候,她们的脖子也会缩回去,而不像有些书上所说的那样会导致生命危险。

一旦戴上铜圈,这些女性就如同一辈子戴上了枷锁,因为她们的颈部肌肉会变得十分脆弱,离开铜圈后颈部会有断裂的风险。他们相信人类的祖先中,男人是龙,女人是凤,认为龙和凤代表最尊贵和至高无上的存在,因此世上的人都应追求做龙做凤。

长颈族在过去多数是因为传统习俗去拉长颈部,并认为颈子越长越美。而现在除了遵循传统风俗之外,更多是因为生计考虑——为了吸引游客前来观赏。

审美实践

"代沟"的理解

现实生活中,我们总认为父辈和我们之间有"代沟",两代人在很多方面都表现出差异性。请举例说明父辈和我们在审美趣味上的不同,并结合社会的发展变化说明造成这些不同的原因。小组讨论并写下来。

在线检测

练一练,更优秀

互动空间·自我评价

专题二
析分审美之类：美的范畴

知识目标：
- 掌握优美、壮美、崇高、悲剧、喜剧的美学特征及其美育价值。
- 掌握悲剧与喜剧的分类。

能力目标：
- 能够运用优美、壮美、崇高、悲剧、喜剧的美学特征，判断自然领域、社会领域、艺术领域中各种审美品格的具体体现，提升审美能力。
- 理解崇高与悲剧之间的关系。

素质目标：
- 通过优美、壮美的美育，引导学生形成和谐的审美观。
- 通过崇高、悲剧、喜剧的经典案例进行美育，引导学生进一步区分善恶、辨别美丑，形成正确的价值观。

要点一览

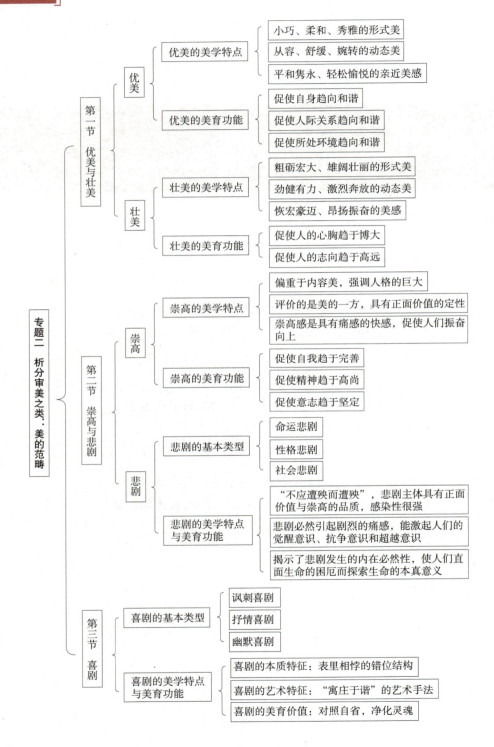

专题二 析分审美之类：美的范畴

第一节 优美与壮美

优美
- 优美的美学特点
  - 小巧、柔和、秀雅的形式美
  - 从容、舒缓、婉转的动态美
  - 平和隽永、轻松愉悦的亲近美感
- 优美的美育功能
  - 促使自身趋向和谐
  - 促使人际关系趋向和谐
  - 促使所处环境趋向和谐

壮美
- 壮美的美学特点
  - 粗砺宏大、雄阔壮丽的形式美
  - 劲健有力、激烈奔放的动态美
  - 恢宏豪迈、昂扬振奋的美感
- 壮美的美育功能
  - 促使人的心胸趋于博大
  - 促使人的志向趋于高远

第二节 崇高与悲剧

崇高
- 崇高的美学特点
  - 偏重于内容美，强调人格的巨大
  - 评价的是美的一方，具有正面价值的定性
  - 崇高感是具有痛感的快感，促使人们振奋向上
- 崇高的美育功能
  - 促使自我趋于完善
  - 促使精神趋于高尚
  - 促使意志趋于坚定

悲剧
- 悲剧的基本类型
  - 命运悲剧
  - 性格悲剧
  - 社会悲剧
- 悲剧的美学特点与美育功能
  - "不应遭殃而遭殃"，悲剧主体具有正面价值与崇高的品质，感染性很强
  - 悲剧必然引起剧烈的痛感，能激起人们的觉醒意识、抗争意识和超越意识
  - 揭示了悲剧发生的内在必然性，使人们直面生命的困厄而探索生命的本真意义

第三节 喜剧
- 喜剧的基本类型
  - 讽刺喜剧
  - 抒情喜剧
  - 幽默喜剧
- 喜剧的美学特点与美育功能
  - 喜剧的本质特征：表里相悖的错位结构
  - 喜剧的艺术特征："寓庄于谐"的艺术手法
  - 喜剧的美育价值：对照自省，净化灵魂

内容导航

审美范畴是指人们在审美活动中形成的一些基本概念和认知范畴,它们反映了人们对不同审美对象的感受和评价。审美范畴为人们分类和评价审美对象提供了基础,同时也是人们进行审美判断和评价的重要依据。例如,欧根·希穆涅克曾列出庄严、英勇、崇高等10多项审美范畴,杨辛先生列出优美、崇高、悲剧、喜剧4种范畴,曹廷华先生列出朴素与华丽、优美与壮美等8种范畴。在本专题中,我们将对优美、壮美、崇高、悲剧、喜剧这几种基本类型的范畴及其美育价值进行简要探讨。

第一节 优美与壮美

案例导入

一名小学低年级的学生,性格执拗,性情急躁,有打人行为并经常逃学。父母、老师无论怎样教育都无济于事,孩子的逆反心理反而日益增强,甚至对父母表现出敌意。这种情况使父母伤心欲绝,最终求助于某幼教中心的专家。该专家建议之一是让孩子父母购买一套精选的世界经典音乐光盘,并对父母提出要求:只要孩子在家,无论是做作业还是玩,都把世界经典音乐作为背景音乐轻声播放。一段时间后,孩子的性情有所改善,与父母的关系也日趋缓和。

【案例解析】 父母买回去的世界经典音乐,都是专家精选的优美舒缓的经典名曲。从审美风格的角度看,这些音乐属于优美风格。科学研究表明,优美悦耳的音乐环境可以改善人的神经系统、心血管系统、内分泌系统和消化系统的功能,并促使人体分泌一种有助于身体健康的活性物质,调节体内血管的流量和神经传导。另一方面,音乐声波的频率和声压能够引发心理上的反应,能提高大脑皮层的兴奋性,从而改善情绪,激发感情,振奋精神。同时,音乐还有助于消除心理和社会因素导致的紧张、焦虑、忧郁、恐怖等不良心理状态,增强应激能力。具体来说,优美风格的音乐不仅可以促进身体健康,还可以塑造人的美感,使情绪趋向和谐。

优美与壮美是最纯粹的美,侧重于审美对象外在形式的评价,引发的美感比较直接。二者既相对又互补,是两种最基本的美感类型。

一、优美

优美,又称为秀美、柔美,是一种以协调和谐为基本特征的美,从表现形态和运动形式来看,它具有小巧、柔和、婉约、舒缓的特性,给人以轻松愉悦的美感,这相当于传统美学中的"阴柔之美"。优美是最常见的一种美,广泛存在于自然、社会、艺术各个领域。如微风细雨、小桥流水、江枫渔火、古典舞、小夜曲、少女的"美目盼兮,巧笑倩兮",《蒙娜丽莎》的微笑、苏州园林的曲径通幽等,都体现了优美的风格。

(一)优美的美学特点

优美是一种以协调和谐为基本特征的美。所谓和谐,指的是对象的构成要素之间相辅相成,相互协调,外部形态表现为柔润、冲淡、浑然一体,给人以心情舒畅、轻松愉悦的感觉。车尔尼雪夫斯基曾用"赏心悦目的快乐"和"温柔的喜悦"来形容这种美感。清代画家沈宗骞曾这样描述优美:"柔如绕指,轻若兜罗,欲断还连,似轻而重……飏天外之游丝,未足方其逸;舞窗间之飞絮,不得比其轻。"(《芥舟学画编》)这番描述精准地捕捉了优美所具有的"柔""轻"等特点。18世纪英国著名美学家博克在其著作《论崇高与美两种观念的根源》一书中,对优美特性进行了细致分析:"就大体说,美的性质,因为只是些通过感官来接受的性质,有下列几种:第一,比较小;其次,光滑;第三,各部分见出变化;第四,这些部分不露棱角,彼此像熔成一片;第五,身材娇弱,不是突出地现出孔武有力的样子;第六,颜色鲜明,但不强烈刺眼;第七,如果有刺眼的颜色,也要配上其它颜色,使它在变化中得到冲淡。"[1]博克从经验主义的角度出发,阐释了优美情态中包含的一些基本特性,如小巧、柔和、协调、均衡等。综上所述,优美的美感特点可以概括为以下三点。

1.小巧、柔和、秀雅的形式美

优美偏重形式美,其特点之一是"小巧"。如小河、小树、小雨、小猫、小狗、小鸟等,这些都给人以优美之感;又如巍峨的高山与精巧的盆景相比,雄伟壮丽的皇家园林与江南精致典雅的苏州园林相比,显然后者更为"小"且"巧",而这种小巧带给我们的是优美的感受。特点之二是"柔和"。质地柔润,色彩鲜明而不刺激,搭配协调和谐,如山间的明月、嫩绿的小草、鲜艳的花朵等。"余霞散成绮,澄江静如练""春色满园关不住,一枝红杏出墙来"就体现了这种鲜明而不刺激、搭配协调的优美境界。"柔和"还表现在线条多采用曲线而非棱角分明的折线,如山林曲涧、细波微澜、曲径通幽等多具有这种特质。特点之三是"秀雅",即秀丽、优雅,给人恬淡自如的审美情趣。"明月松间照,清泉石上流""梨花院落溶溶月,柳絮池塘淡淡风",皆是对秀雅境界的生动描绘。

2.从容、舒缓、婉转的动态美

从动势上来说,优美更倾向于静态的表现形式,即便涉及"动",也是呈现出舒缓轻盈、起伏不大的特点。如依依的杨柳、绵绵的细雨、潺潺的小溪、华尔兹、古典舞、小夜曲等,都体现了婉转舒缓的动态美;黄峨在《闺中即事》中写道:"金钗笑刺红窗纸,引入梅花一线香。蝼蚁也怜春色早,倒拖花瓣上东墙。"把春天来临、梅花飘香、蝼蚁觅食的动态美生动地展现了出来。从本质来看,优美趋向于静只是一个相对概念,实际生活中往往是静中有动,动中有静。如"蝉噪林逾静,鸟鸣山更幽",描绘了静中有动的意境;"竹喧归浣

---

① 北京大学哲学系美学教研室.西方美学家论美和美感[M].北京:商务印书馆,1980:122.

女,莲动下渔舟",则表现了动中有静的画面;动静结合,浑然一体,密不可分。

3.平和隽永、轻松愉悦的亲近美感

柔美的对象平和隽永,让人在轻松愉悦中不由自主地生发出一种亲近感,一种"爱"的情感。例如,面对可爱的婴儿,人们都会产生抚爱与关注的心态;面对绵绵的细雨、潺潺的小溪,自然而然就会引发雨中漫步、赤足蹦水的浪漫情怀;在春暖花开的季节,人们总有一种融入大自然怀抱的强烈渴望。博克指出,柔美感并非来源于人类"自我保存"的情欲,而是来源于"互相交往"的情欲,这类情欲主要是与爱的情感联系在一起。法国美学家顾约在他的《现代美学问题》中也曾提到:"在生物中'秀美'的动作总是伴着两种相邻的情感,一是欢喜,一是亲爱。"①由此可见,优美对象的"和谐"引发了主体内在情感的"和谐",显著表现为顺应、融洽的心理状态,使心情处于相对宁静、和缓、轻松、愉悦的状态。

(二)优美的美育功能

优美是柔婉和谐的。优美感的熏陶与培养,让人在怡情悦性的同时形成和谐感,从而促使人与自我、人与人、人与社会、人与自然之间的关系更加趋于良好,在现实生活中具有积极意义。

1.促使自身趋向和谐

在现实社会中,任何一个人的生命状态和心理状态都需要保持起码的和谐平衡,否则生命和精神可能会陷入混乱甚至崩溃。从这个角度来看,优美感是人的基本需求之一,它使个体能够体验到宁静愉悦、身心舒适、轻松自如的状态。例如,当一个人感到身心疲惫紧张时,听一听轻音乐,哼一哼小夜曲,或在环境清幽之处赏赏景、散散步,或许都有助于达到心理上的平静与和谐。受到优美的熏陶影响,人们的感受力会变得更加细腻,想象力会更加丰富,情感也更加柔婉,对事物、大自然和他人都充满挚爱之情,更善解人意,富于温柔之情,从而有助于促进自身趋向和谐。

2.促使人际关系趋向和谐

优美感是温柔、细腻、优雅的。它不仅利于促进社会个体身心的和谐,更利于构建和谐的人际关系,这在物欲横流的现代社会中具有重要意义。在群体生活及更广泛的社会结构中,优美感能够加深人与人之间的和谐,增强相互理解与互助关系,沟通心灵与协调行为,使人与人之间和睦相处、友善往来,形成和谐的人际关系,从而使社会更加安定团结。

3.促使所处环境趋向和谐

环境和谐能够愉悦精神,陶冶性情。人处在山清水秀、鸟语花香的秀丽景色中,面对"江上清风,山间明月",仿佛身心都融入了自然,喧嚣都市中的纷争烦恼顷刻间烟消云散,回归"天人合一"的怡然境界。这会促使人们更加热爱并保护自然,也使人与自然的

---

① 朱光潜.朱光潜美学文集:第1集[M].上海:上海文艺出版社,1981:241.

关系更加和谐。人类通过人工修建园林假山,种植奇花异草,养几尾鱼、几只鸟等方式来营造和谐环境,以达到内心的宁静、温馨与和谐。

追求人与自然、人与社会、人与人、人与自我的和谐关系,其终极目的是追求一个安居乐业、融洽无间的人文环境,实现社会的和谐。由此而言,优美感对于构建和谐社会具有重要的积极价值。

二、壮美

壮美是一种通过巨大粗糙的外表和激烈奔放的运动态势,在剧烈的冲突中形成的一种激动人心的美感,能够唤起欣赏者极为畅快的自豪感和胜利感,这相当于传统美学中的"阳刚之美"。壮美广泛存在于自然、社会和艺术的各个领域。例如,狂风暴雨、悬崖峭壁、赤日烈火等景象体现的是壮美;苏轼的"大江东去,浪淘尽,千古风流人物",岳飞的"怒发冲冠,凭栏处,潇潇雨歇",也都表达了壮美的情感。

(一)壮美的美学特点

优美以"和谐"为基本特征,而壮美同样以"和谐"为基础,但两者表现的和谐有所不同。优美的和谐体现在对象各要素间的相互协调、相辅相成;壮美的和谐则通过各要素间的相互冲突构建而成,展现出更为巨大强烈的力度和气势。例如,女性身体线条流畅柔滑,体现了优美,这是由肌体的肌肉和脂肪之间的协调造成的,肌肉间块状结构的凹凸较小,经适量的脂肪润滑而消失;相比之下,男性人体所展示的壮美,则体现在肌肉块状结构的凹凸较大,鲜明地表现出肌肉间的张力冲突以及肌肉与皮肤间的张力冲突,这种张力结构呈现出生命的力度。因此,壮美的"和谐"是一种富有内在张力的和谐,是一种具有冲击力的和谐。沈宗骞在《芥舟学画编》中是这样描述的:"挟风雨雷霆之势,具神工鬼斧之奇,语其坚则千夫不易,论其锐则七札可穿。"博克认为壮美具有如下特征:"在它们的体积方面是巨大的""凹凸不平和奔放不羁的""喜欢采用直线条""阴暗朦胧""坚实""笨重"[①]。显然,这些描述都是关于壮美的特征。概括起来,壮美具有如下特征:

1.粗砺宏大、雄阔壮丽的形式美

壮美偏重形式美,其突出的形式特点是"宏大"与"粗砺"。"宏大"具体表现为形大、力大以及精神的坚强有力。如辽阔的草原、巍峨的高山、苍茫的大漠,是形体的壮美;搏击长空的雄鹰、响彻天宇的雷声、惊涛拍岸,是力量的壮美;为人类社会的进步、国家民族的命运而英勇斗争及百折不挠的意志行为显示的是精神的壮美。"粗砺"具体表现为凹凸不平、有棱有角、不光滑、不规则,或含有怪异的因素,给人以奇特、峥嵘、粗犷的美感。米开朗琪罗雕塑中故意保留的粗糙顽石,中国书法艺术中的瘦硬、拙朴、不平衡等风格,都通

---

① 北京大学哲学系美学教研室.西方美学家论美和美感[M].北京市:商务印书馆,1980:122.

过打破平衡、违反常规、棱角分明的表现手法,体现出壮美的审美价值。总之,在形态上,壮美以其铺张扬厉的姿态与纵横交错的构造透露出强悍的美学韵味。此外,壮美的又一形式特点是"壮丽",具体表现为色彩鲜艳而炽烈,斑斓夺目、璀璨壮丽,如熊熊燃烧的烈火、划破暗夜的闪电等。

2.劲健有力、激烈奔放的动态美

从运动态势来看,壮美更倾向于动态,往往表现出一种剧烈且不可遏制的态势,即所谓"行神如空,行气如虹,巫峡千寻,走云连风"(司空图《诗品》)。这种运动态势的具体表现如下:一是速度快,一泻千里,疾驰而过,如飞瀑、激流、闪电等;二是力度大,势如破竹,雷霆万钧,刚烈劲健,如山洪、海啸等。诗歌中的"飞流直下三千尺,疑是银河落九天""轮台九月风夜吼,一川碎石大如斗,随风满地石乱走",体现的都是激烈奔放的运动美,具有极强的壮美感。

3.恢宏豪迈、昂扬振奋的美感

从境界上看,壮美雄阔壮丽,大开大合,不同于"杨柳岸,晓风残月"之类的"优美"。它以巨大体积形之于外,雄伟力量灌注于内,包举宇内,席卷八荒,是"星垂平野阔,月涌大江流"的开阔与恢宏,是"黄河之水天上来,奔流到海不复回"的速度与气势,是"前不见古人,后不见来者"的气概与胸襟。壮美可谓气魄宏大,昂扬激越,劲健豪放。是一种既令人惊心动魄,又令人排除万难、振奋进取的美。如果优美促使人趋于平静,那么壮美则给人力量,使人昂扬振奋,积极向上。

(二)壮美的美育功能

壮美感是一种雄伟感、奋发感、进取感,促使主体趋向完善,具有积极的价值意义。

1.促使人的心胸趋于博大

壮美的境界阔大,以自身的雄伟、壮丽、威武、坚强使人不随波逐流,不目光短浅,并培养出一种"会当凌绝顶,一览众山小"的高瞻远瞩的眼光和胸怀。壮美激发人的气质趋向豪迈,以宽阔的胸怀和进取的精神面对生活与未来。它能激发人生中一种巨大的伦理情感,促使人们讲责任,讲担当,讲使命,讲境界,排除万难,奋发进取,从而建功立业。在壮美感的熏陶下,主体胸襟与气度趋于博大,具有更宽容的人生态度。

2.促使人的志向趋于高远

壮美作为和谐的审美形态,不含恐惧、压抑的痛感,主要带来激昂、奋发、豪迈、乐观的快感。壮美形态虽然形体雄阔、力量强盛,但并非威胁性的暴力。宇宙之壮阔、人格之伟大,给人以景仰、高昂、豪迈等积极的审美体验。"天行健,君子以自强不息",在面对壮美事物时,欣赏者会产生脱离渺小狭隘而迈向宏阔高远之境的道德情怀。壮美使人心胸开阔,豁然开朗,志存高远,进而推动人生追求更高更远的目标。

壮美感的熏陶,促使人得到精神激励和心灵震荡,并形成个人的壮美追求,于奋发进取中创造辉煌的人生。

清代姚鼐的"阳刚阴柔"说

清代著名文学理论家姚鼐是桐城派的集大成者,他提出的"阳刚阴柔"说是对桐城派古文家在散文风格美学理论方面的总结,具有重大的理论意义和现实价值。他将文章风格分为"阳刚"和"阴柔"两大类,在《复鲁絜非书》中是这样描述的:

"鼐闻天地之道,阴阳刚柔而已。文者,天地之精英,而阴阳刚柔之发也。……其得于阳与刚之美者,则其文如霆、如电、如长风之出谷,如崇山峻崖,如决大川,如奔骐骥;其光也,如杲日,如火,如金镠铁;其于人也,如凭高视远,如君而朝万众,如鼓万勇士而战之。其得于阴与柔之美者,则其文如升初日,如清风,如云,如霞,如烟,如幽林曲涧,如沦,如漾,如珠玉之辉,如鸿鹄之鸣而入寥廓;其于人也,漻乎其如叹,邈乎其如有思,暖乎其如喜,愀乎其如悲。"

姚鼐从文章的角度把美分为"阳刚"和"阴柔"两大类,实际上代表了中国传统美学的分类方法,相当于现代美学中的壮美和优美。

依诗作画

苏轼《念奴娇·赤壁怀古》有诗句"乱石穿空,惊涛拍岸,卷起千堆雪";王维《山居秋暝》有诗句"明月松间照,清泉石上流"。请你依据诗的意境作画,在小组内展示,同时评论两幅画哪一种风格属于优美、壮美。结合优美、壮美审美特点解析如下:

_____

_____

_____

互动空间·自我评价

_____

_____

_____

第二节　崇高与悲剧

案例导入

　　加尔大桥位于法国南部加尔省,是一座三层结构的石头拱桥,由每层分别拥有6个、11个和47个大小各异的拱形桥孔重叠组成,总高度为49米,全长360米,这座桥是古罗马帝国时期建造的高空引水渡槽。加尔大桥跨越了那尔河,将水源引至尼姆市,再分送至公共澡堂、喷泉以及私人住宅中。它曾极大地促进了罗马文明的发展,并改善了当地的卫生条件,是罗马时代建筑艺术的杰

加尔大桥

出代表。据记载,卢梭在参观罗马古迹加尔大桥时,完全被其征服,甚至"迷惑",他在《忏悔录》中真实地记录下了自己的内心感受:

　　这是我看见的第一个古罗马人的伟大工程。我正希望看到一个无愧是罗马建筑者手中创造出来的建筑物,走近一看,它竟超过了我的想象,这是我这一辈子中唯一的一次。只有罗马人才能在我身上产生这样的效果。这一朴素宏伟的工程的壮丽气派引起我的惊叹,特别是由于这个建筑物正是建筑在广漠无人的荒野中,这一片寂静荒凉的景象使得这个古迹更显得奇突和令人赞叹不已。这座所谓的大桥原来只不过是古代的一个输水道。人们不禁在想,是什么力量把这些庞大无比的巨石从遥远的采石场运到这里来的呢?是什么力量把无数人的劳动集中在这个没有一个居民的地方呢?我把这个雄伟建筑的三层都游览了一遍,一种景仰的心情使我几乎不敢用脚践踏。我的脚步在这些宽阔的穹窿之下所发出的响声使我觉得好像听到了建筑者的洪亮嗓音,我觉得自己就像一个昆虫似的迷失在这个气势磅礴的庞大建筑中。我虽然感到自己渺小,同时却又觉得有一种无以名状的力量把我的心灵提高到另一种境界,不由得感叹道:"要是我是一个罗马人该多好啊!"我在那里待了好几个钟头,沉溺在令人心旷神怡的默想里。我回来的时候精神恍惚,好像在想什么心事似的,这种魂不守舍的样子是于拉尔纳热夫人不利的。她十分关心我不要被蒙佩利埃的姑娘所勾引,但她却忘记告诫我不要被加尔大桥所迷惑……

　　【案例解析】　卢梭的这段内心感受实质上描述了由加尔大桥这一宏伟工程引发的崇高感。崇高是指主体在受到巨大力度的冲击和压抑之后,通过高扬自身力量而产生的振奋昂扬的身心体验。这种美感体验需要经历一个从冲击感到快感转化的激烈过程,先是压抑、净化,然后是振作、奋发,最后达到提升、超越,从而实现更高的人生境界。卢梭在这段内心感受中

清晰地描绘了崇高感所经历的由冲突而升华的心灵轨迹:他参观加尔大桥时,首先感受到的是"它竟超过了我的想象",心理上受到了巨大的冲击;接着是惊叹、赞叹大桥的"宏伟"与"壮丽";油然而生的是对建筑者——古罗马人的敬仰之情;最终,卢梭感觉自己变得像昆虫一样渺小,"同时却又觉得有一种无以名状的力量把我的心灵提高到另一种境界",并表达了希望自己能成为一位罗马人的愿望。

———————

崇高与悲剧是两种联系密切的美感类型。如果说优美与壮美更多地侧重于形式的评价,那么崇高与悲剧则更倾向于内容的评价。曾永成和董志强先生在论述二者关系时指出:"从审美对象的内容与形式的关系来看,它们都偏重于内容;从对象的审美品格来看,它们都是处于美丑两极之间而偏重于美的一极。从它们所揭示的审美实质来看,两者都是在美丑因素的尖锐的对立冲突中所表现出来的审美品格,区别在于崇高是以美的直接胜利而告终,悲剧则以美的失败而告终。而具有悲剧品格的审美对象往往同时也表现出崇高的品格。因此,人们有时将两者归为一种品格,把悲剧作为崇高的一种特殊表现形态。"①

一、崇高

在主客体、美丑、善恶的对立冲突中,当主体征服客体,美善战胜丑恶,这显示出主体力量的巨大,并表现出肯定的正面价值,使人豪情满怀,这种美感被称为崇高。崇高主要是一种侧重于内容与精神层面的审美评价。如神农氏尝百草定五谷;大禹治水"三过家门而不入";诸葛亮、周恩来"鞠躬尽瘁,死而后已";李时珍、哥白尼不畏艰难,献身科学等,都是崇高精神的具体体现。

(一)崇高的美学特点

1.偏重于内容美,强调人格的巨大

康德认为崇高的特征是"绝对大",一是"数量的崇高",二是"力量的崇高"。但从道德意义上讲,崇高更是人格的巨大。崇高是主体在面对巨大客体对象(或丑恶势力)压倒之势的情景下显示的对客体(或丑恶势力)的突破和超越的人格精神,体现了精神对形式的抗争与高扬。正如孔子所说:"大哉!尧之为君也。巍巍乎!唯天为大,唯尧则之。"(《论语·泰伯》),强调的是治世之人君的个体人格的巨大。其后,孟子提出了:"充实之谓美,充实而有光辉之谓大,大而化之之谓圣,圣而不可知之之谓神。"(《孟子·尽心下》),孟子所谓的"大""圣""神",实质是"人格崇高"的不同境界。

崇高的"大"与壮美的"大"各有侧重,不应混为一谈。壮美更注重外在形式,强调对外在形式的评价,如高山、大海、星空等自然景观所展现的力量与广阔。而崇高则更关注内在精神力量的伟大,并不一定依赖于巨大的体积。例如,石缝中的小草、大雪下的青

———————

① 曾永成,董志强.美学原理教程[M].成都:电子科技大学出版社,1993:154.

松、秋风中的菊花、高尔基笔下的海燕、屠格涅夫笔下的麻雀等,这些都是相对较小的事物。然而,在与巨大客体对象的冲突中,它们都表现出了内在精神力量的伟大,展现了崇高的品质。

2.评价的是美的一方,具有正面价值的定性

无论是自然界、社会生活中的崇高,还是艺术作品中反映的崇高,归根结底都是崇高人格的显现或象征。作为社会实践的主体,在面对巨大客体对象(或者丑恶势力)压倒之势的情景下,从行为目的、过程坚持到行为结果,都体现出了崇高的特性,具有正面的价值。

从行为目的看,实践主体的动机是博大而正义的,体现出“先天下之忧而忧,后天下之乐而乐”的精神,功在当代、利在千秋的特点。例如神农氏为了天下苍生尝百草,甚至危及生命;大禹治水三过家门而不入;无数先烈为了免除子孙的苦难,“愿把牢底坐穿”等,这些都是博大之举、正义之为。在与巨大势力冲突的过程中,主体表现出临难不苟、矢志不渝的坚定性与刚强性。如屈原历受种种陷害,惨遭放逐之苦,但他虽九死犹未悔,直至抱石沉江,终不改变其人格信念和爱国之诚;普罗米修斯为了给人间带来火种,惨遭宙斯的处罚,但他不畏强暴、敢于斗争,被马克思誉为“哲学日历中最高尚的圣者和殉道者”;岳飞、文天祥、谭嗣同等无数民族先贤,为了国家、民族的利益和崇高的理想,穷达荣辱,以壮烈的生命写下崇高的篇章。实践主体行为结果和崇高精神往往具有永垂不朽的特点,对后世的影响是无限的。例如,神农氏尝百草发展了中医、惠及后代;普罗米修斯盗火给人类带来了光明;革命先贤们“愿把牢底坐穿”,给子孙带来了安定的生活等,彰显了崇高的不朽和无限价值。

3.崇高感是具有痛感的快感,促使人们振奋向上

壮美境界阔大,带给人快感,但这种快感往往是单纯的、直接的;崇高也给人以快感,但这种快感通常不是直接的,往往是由痛感转化而来的。因此,崇高感是具有痛感的快感。

崇高美感是在主体受到巨大力度的冲击和压抑之后,通过高扬自身力量而产生的一种振奋昂扬的身心体验,这种美感在激烈的冲突中得以显现。例如,面对浩瀚的大海,曹操发出了“日月之行,若出其中;星汉灿烂,若出其里”的惊叹!这惊叹既表现了大海带来的“威压”,使得日、月、星、汉(银河)仿佛都渺小起来;同时,这惊叹又蕴含了诗人博大的胸襟,以及对前途充满信心的乐观气度与气势,瞬间,“威压”激发了“霸气”转化为雄心与壮志。这是一个由痛感转化成快感的过程。再如,小草承受巨石的压力,菊花承受肃杀秋气的洗礼,革命者则承受各种陷害与打击,这些情景均体现了痛感,这种痛感最终都转化为坚忍不拔、顽强不屈的崇高感。席勒说过:“敌人越是凶险,胜利便越光荣;只有遭到反抗,才能显出力量。由此我们可以得出结论:只有在暴力的状态中、在斗争中,我们才能保持住我们道德本性的最高意识,而最高度的道德快感总是有痛苦伴随着。”[①]

---

① 古典文艺理论译丛编辑委员会.古典文艺理论译丛:第6册[M].北京:人民文学出版社,1963:78.

无论是由恐惧转化为愉悦,还是由震惊转化为振奋,抑或由畏惧转化为坚定,崇高感总是需要经历一个由痛感向快感的剧烈转化过程。这个过程首先是压抑、净化,然后是振作、奋发,最后达到提升、超越,从而进入更高的人生境界。因此,崇高感蕴含着巨大的驱动力,它激励推动主体振奋精神,冲破障碍,克服困难,把自己提升到对象的高度,促使主体更真切地感受到人生的更高境界,努力生成坚强意志和神圣使命。

(二)崇高的美育功能

人们面对崇高的对象,会产生庄严敬畏、亢奋激动、超越向上的情感反应,此谓崇高感。崇高感的熏陶促使人趋向崇高,对人格的完善具有积极的意义。

1.促使自我趋于完善

崇高是在主体与巨大客体对象(或者丑恶势力)的矛盾过程中体现出来的。在这一过程中,正反两方面诸因素的抗争与较量,客观地形成美丑、善恶、贤愚、正邪的对比,促使人们做出肯定或否定的认识取舍,进而走向抑丑扬美、弃恶向善的人性自觉,实现自我完善。正如布拉德雷所言,"飞向崇高的事物,并在理想中把自己与它等同起来,分享着他的伟大"①。朗吉弩斯也曾提到,仰观伟大人物,暗起竞赛之情,会把我们的心灵提到理想的境界。

2.促使精神趋于高尚

崇高多体现在人们的社会实践和斗争行动过程中。这一过程是严峻的,冲突是激烈的。在正反力量的较量中,执着坚定、顽强不屈的精神是高尚的。例如,夸父逐日、精卫填海、愚公移山的执着精神,海燕、麻雀与暴风雨的斗争精神,秋菊、青松的抗争精神,都展现了崇高的美感。通过接受这种崇高感的熏陶,有助于人们确立正确的价值观,具有励志、立德的作用。康德曾说:"崇高会把我们的灵魂力量提升到远远超出庸俗的平凡的高度。"②当人们在感知崇高的同时,常常会产生强烈的心灵震荡,激发出景仰崇高并趋向崇高的意志力量,从而摆脱往昔的怯懦和平庸。

3.促使意志趋于坚定

正面的、肯定的力量同落后的、邪恶的势力之间进行激烈的搏斗,是长期而艰苦的。面对凶残且顽固的腐朽势力,进步力量往往要付出巨大的代价,甚至牺牲生命。然而,在这种勇往直前、义无反顾、临难不苟、坚韧不拔的执着精神与坚定意志的感召下,人们在敬仰的同时还会对这种情感产生强烈的追求,从而促使自己的意志变得更加坚定。正如李泽厚所说,崇高"可以激起自己的勇敢和意志,要求征服对象,战胜对象;也可以激起自己的志气和上进心。要求学习对象,赶上对象……总之是要求摆脱、克服、净化自身的渺小、卑琐、平庸而向上飞跃"③。

---

① 朱光潜.悲剧心理学[M].北京:人民文学出版社,1983:86.

② 康德.判断力批判:上卷[M].宗白华,译.北京:商务印书馆,1964:101.

③ 李泽厚.美学论集[M].上海:上海文艺出版社,1980:203.

二、悲剧

从美学角度来看,悲剧的特性是一种崇高的美,是崇高的一种特殊表现形式。这种崇高的性质是在美与丑、善与恶的对立冲突中显现出来,特别是在美好和善良遭受挫折或毁灭的过程中得以体现。即使美善遭受挫折或毁灭,它也展示了主体力量的巨大,执着坚强的意志以及勇于抗争的精神,蕴含着严肃而深沉的社会内容,能够激荡人心,使人处于一种积极振奋的状态。例如,屈原被奸臣陷害而被流放,岳飞因莫须有的罪名被处死,窦娥被冤杀等,这些事件都是美与善遭到毁灭的例子,但主人公坚强的意志显示出人格力量的伟大,体现了崇高美。鲁迅先生曾说:"悲剧是将人生有价值的东西毁灭给人看。"这种毁灭能激起人们的悲愤之情,促使人们遵循历史发展的必然趋势积极努力去改变现状,这正是悲剧所具有的积极意义。

悲剧体现的是崇高美,但它与崇高给人的美感又各有侧重。悲剧着重于揭示人的悲剧性,而崇高则着重于表现主体的伟大。因而崇高给人的是自豪,悲剧给人的是沉痛;崇高激励人向上提升,悲剧则促使人向心灵纵深处挖掘。

(一)悲剧的基本类型

悲剧的实质根源于人类内在的悲剧性,悲剧的具体表现形态随着人类历史的发展而丰富多样。从导致悲剧的直接原因来看,可将悲剧划分为命运悲剧、性格悲剧和社会悲剧。

1.命运悲剧

命运悲剧是悲剧最早的表现形态。在人类早期,生产力极其低下,悲惨事件频繁发生,人们对自然力和"命运"感到迷惑不解且充满"恐惧",认为命运被操纵在神的手中,是人所无法抗拒的。命运悲剧着重表现的是人对自然力和"命运"的抗争,尽管这种抗争是徒劳的,但人们始终不懈地努力着。古希腊悲剧多为命运悲剧,如埃斯库罗斯的《普罗米修斯》和索福克勒斯的《俄狄浦斯王》便

悲剧《俄狄浦斯王》剧照

是典型的代表。在《普罗米修斯》中,普罗米修斯将天火带给了人类,使人类摆脱了愚昧和苦难,他却因此遭到了宙斯的惩罚,尽管普罗米修斯顽强不屈,但他始终无法逃脱由宙斯主宰的命运所带来的苦难。而在《俄狄浦斯王》中,俄狄浦斯刚出生,其父王得到神示,他将"杀父娶母",于是狠心地钉住他的双脚将他遗弃。由养父母抚养长大的俄狄浦斯,诚实、正直,但也受到同样的神示:"杀父娶母"。为了逃避这一厄运,他做出了主观上的最大努力,即离开所谓的父母。然而,两代人的努力最终未能使他逃脱命运的制裁。真相大白后,他刺瞎了自己的双眼并自我流放。在面对神和命运时的无力感,反映了人类

幼年时期对自然力的神秘感。但这些悲剧主人公敢于抗争,勇于奋斗,力图改变自己的命运,力图突破神的意志,显示了积极主动的进取精神。这正是命运悲剧的价值所在。

2. 性格悲剧

性格悲剧着重揭示的是人的灵魂的自我分裂、挣扎与斗争,将悲剧产生的原因归结为人物性格的内在弱点或分裂。莎士比亚时期的悲剧多属于性格悲剧,《奥赛罗》《麦克白》《哈姆莱特》等作品中的主人公的悲剧命运,一方面与重大的社会冲突相关;另一方面也与主人公的某些性格弱点紧密相连,如奥赛罗的多疑、麦克白的贪婪、哈姆莱特的延宕等都是导致他们悲剧结局的重要原因。奥赛罗是威尼斯公国一员勇将。他与元老的女儿苔丝狄梦娜相爱,二人克服了种族和年龄的差距终成眷属,然而,他们的爱情最终却毁于奥赛罗的多疑、不自信与本性的迷失。由于世俗的种族歧视和伊阿古的奸计,让奥赛罗——一个摩尔人——开始怀疑自己是否能真正赢得白人姑娘的爱,并逐渐丧失信心。强烈的嫉妒心吞噬了他,使他失去了理智,最终杀死了善良纯真的苔丝狄梦娜。得知真相后,奥赛罗在悔恨中选择了自刎,以此解脱精神上的痛苦,酿成了令人遗憾的悲剧。这类悲剧描写的是人物自身的性格冲突,却映射了当时的社会现实,反映了人们思想上所承受的压抑以及新旧意识之间的剧烈搏击,因此,性格悲剧往往与社会悲剧交织在一起。

3. 社会悲剧

社会悲剧将探寻悲剧根源的目光转向了社会生活,认为人的悲剧主要是由不合理的社会制度造成的。人与社会之间的抗争是这类悲剧矛盾冲突的焦点。社会就像一张有形与无形的巨网,紧紧束缚着主人公,使他们想要挣脱却无力回天。到了19世纪初期,随着西方资本主义的发展,其腐朽性逐渐显现出来,等级制度以及赤裸裸的金钱关系成为导致悲剧的主要缘由。这一时期,欧洲出现了许多批判现实主义作品,其中大多数属于

越剧《梁山伯与祝英台》剧照

社会悲剧。如司汤达《红与黑》、小仲马《茶花女》、易卜生《玩偶之家》等作品都是这一时期社会悲剧的杰出代表。在中国古代文学中,也存在大量的社会悲剧,如《梁山伯与祝英台》《牡丹亭》等揭示的是追求爱情自由的主人公与社会伦理之间的斗争;而《窦娥冤》则揭露了元代高利贷盛行、流氓无赖横行以及吏治腐败等社会问题。

命运悲剧、性格悲剧、社会悲剧最初是戏剧理论中的概念,用于概括西方悲剧创作实践中三种不同类型的悲剧。同时,它们也代表了西方悲剧发展史的三个相承相继的阶段。由于这些概念具有较大的概括性,后来演化成为美学上悲剧品格的表现形态概念。这种悲剧表现形态的发展过程,表明了人们对悲剧的认识愈来愈深刻。从不可知的命运,到可知但难以把握的性格,再到人可以通过自我改变的社会生活,这一过程展示了人类主体力量的历史发展过程,即从命运的奴隶转变为能够消除悲剧根源、把握自己命运的强大主体。在实际作品中,很多悲剧并非单一属

于某一种类型,而是两种或三种类型的融合,如《奥赛罗》《麦克白》《哈姆莱特》等作品既是性格悲剧,也是社会悲剧。而中国的《水浒传》《红楼梦》等既是社会悲剧,同时也带有命运悲剧、性格悲剧的色彩。

(二)悲剧的美学特点与美育功能

1."不应遭殃而遭殃",悲剧主体具有正面价值与崇高的品质,感染性很强

在悲剧中,常常会有某种灾祸或不幸降临于悲剧人物,即所谓的"不应遭殃而遭殃"。悲剧的主人公通常是正面主体,具有正义、美好的正面素质与崇高品质。然而,越是有价值的美好事物遭遇不测、不幸与苦难,就越能引起人们深切的理解、同情与崇敬。正因为如此,悲剧蕴含了一种崇高感。虽然崇高感不一定是悲剧感,但真正的悲剧感必然包含着崇高感。当我们在欣赏悲剧时,不仅为悲剧主人公所经历的苦难、不幸乃至死亡而感到悲哀、沉痛与恐惧,同时也必然为悲剧主人公正义的行为、高贵的品格、斗争的意志所感染、感动,从而产生出惊奇、赞美、崇敬的情感。例如,屈原的伟大在于他那激励后人的民族精神、爱国情怀;夏明翰以"砍头不要紧,只要主义真"的豪言壮语展现了"威武不能屈,贫贱不能移"的崇高人格,令人敬仰。正如黑格尔所说:"悲剧人物的灾祸如果要引起同情,他就必须本身具有丰富内容意蕴和美好品质,正如他被遭到破坏的伦理理想的力量使我们感到恐惧一样,只有真实的内容意蕴才能打动高尚心灵的深处。"[1]

我们之所以对悲剧人物充满同情和哀怜,是因为我们对他们的美好品质充满了热爱;我们之所以对悲剧人物的灾难和死亡感到恐惧,是因为我们对他们伟大而正义的行为充满了崇敬。因此,悲剧唤起的沉痛、悲悯、恐惧,不是把人引向悲观、消沉,而是使人得到激励和振奋,得到美好感情的陶冶,得到精神境界的提高,从而产生美感的愉悦。

2.悲剧必然引起剧烈的痛感,能激起人们的觉醒意识、抗争意识和超越意识

悲剧是"有价值的东西"被"毁灭",这必然引起人们的"哀怜和恐惧",产生强烈的痛感。然而,悲剧的终极目的不仅仅在于引发"哀怜和恐惧",而是要通过揭示重大而真实的社会人生问题来展现人生的价值和意义,表现出对社会历史和人类命运的关注,进而激发人们的激情,引导人们认识世界,迈向更壮丽的人生。正如爱情可以使人成为诗人一样,死亡的临近也可以使人成为哲学家。

悲剧主人公选择面对灾难,迈向死亡,并非出于盲目冲动,而是基于对人生价值、生存意义深沉思索后的一种觉醒意识。如诗句所言:"生命诚可贵,爱情价更高;若为自由故,两者皆可抛!"这不是一时冲动,而是理性的清醒。谭嗣同"我自横刀向天笑,去留肝胆两昆仑"也不仅仅是激情的宣泄,更是清醒的理性。这种觉醒意识自然又激发了人的抗争意识。面对强大凶悍的邪恶势力,悲剧主人公表现出来的不是调和或妥协,而是旗帜鲜明、不屈不挠的抗争。普罗米修斯受尽折磨却宣称:"我宁肯被缚在岩石上,也不愿作宙斯的忠顺奴仆。"受尽牢狱之苦的革命先贤仍然高唱:"我们是天生的叛逆者,我们要

---

① 黑格尔.美学:第3卷(下册)[M].朱光潜,译.北京:商务印书馆,1979:288.

把这颠倒的乾坤扭转。"这些誓言正是抗争不屈精神的写照。

正是这样的抗争精神赋予悲剧一种明显的超越意识。这超越不仅是个体对苦难、平庸的超越,更是在追求整个人类的超越。革命先烈抛头颅洒热血成就了精神的不朽,给后世子孙带来了和平;梁山伯祝英台化蝶的故事,激励了世世代代青年男女对自由爱情的勇敢追求。悲剧的超越意识实质上是要以个体奋争进取的努力,从整体上推动人类趋向黑格尔所谓的"永恒正义"的境界。因此,尽管悲剧的结局是悲惨的、消极的,但其揭示的意义却是肯定的、积极的,对后世的影响更是深远的。如果说觉醒意识引发"悲",抗争意识产生"壮",那么超越意识则导引出乐观进取的心理意向,使得悲剧充满了内在的乐观主义色彩。

3.揭示了悲剧发生的内在必然性,使人们直面生命的困厄而探索生命的本真意义

强烈的痛感和深刻的理智清醒互相融合,是悲剧美感心理的突出特点之一。悲剧主体的厄运、苦难或死亡,并不是纯粹偶然的原因,而是人类在实践中从幼年走向成熟的过程中难以避免的牺牲和曲折,体现着一定历史条件下的社会必然性,体现了现实生活既严肃又严峻的一面。纯属偶然事故造成的不幸,符合自然规律的死亡,一般都难以成为具有美学意义的悲剧。美学意义的悲剧的矛盾冲突根源于两种力量、两种趋势的尖锐对立,以及这一矛盾在一定历史阶段的解决方法,因而必然导致体现着历史必然要求的悲剧人物的失败或灭亡。如俄狄浦斯的悲剧缘于具有主体意志的人与无所不能的"神"的尖锐对立;奥赛罗的悲剧缘于自身性格中理智与邪恶的对立;屈原的悲剧缘于屈原的革新与强大的保守派的对立。

从"命运悲剧""性格悲剧"到"社会悲剧"都体现了这种不可逃避的厄运与苦难,揭示了特定历史条件下的社会必然性。正因如此,悲剧就像是人类生活的镜子和象征,它以严肃而深刻的方式引导观众直面生命的困厄,感受精神的苦痛,探寻生命的本真,从而使悲剧具有撼动人心、推动人类进步的美学价值。

拓展链接

古希腊悲剧:索福克勒斯的《安提戈涅》

《安提戈涅》是古希腊悲剧作家索福克勒斯的一部杰作,被公认为是戏剧史上最伟大的作品之一。剧情大致如下:忒拜城的俄狄浦斯王因"杀父娶母"而自我流放,他的两个儿子波吕涅克斯和厄忒俄克勒斯(即悲剧主人公安提戈涅的两位兄长)彼此不和,为争夺王位展开激战,最终同归于尽。舅父克瑞翁继承了王位,并宣布曾流亡国外试图借助外国力量来争夺王位的波吕涅克斯为叛国者,命令将其尸体抛弃荒野,让飞禽走兽吞食,禁止任何人埋葬其尸骨,违者处死。按照古希腊神律,暴尸不葬者阴魂不能进入冥土,且会触怒神灵、祸及城邦。波吕涅克斯的妹妹安提戈涅出于对哥哥的爱和宗教信仰,不顾禁令,毅然决然地埋葬了波吕涅克斯。最后安提戈涅在狱中自缢身亡,其未婚夫海蒙(克瑞翁的儿子)殉情自杀,克瑞翁的妻子也因悲痛自尽,只留下克瑞翁一人孤独地面对自己的错误。

剧中,安提戈涅被塑造成维护神权、不向权势低头的女性形象,这一形象激发了后世许多思想家如黑格尔、克尔凯郭尔、德里达等人的哲思。

审美实践

谈谈你心目中的英雄

中国历史悠久,涌现出无数的英雄人物,他们以卓越的胆识、智慧和无畏的牺牲精神,铸就了中华民族的壮丽史诗,如屈原、霍去病、卫青、岳飞、文天祥、郑成功、戚继光、林则徐、邓世昌、夏明翰、刘胡兰、董存瑞、黄继光等,请任选一位谈谈他们的事迹和你对其精神的理解,并书写如下:

互动空间·自我评价

第三节　喜剧

案例导入

　　西周时周幽王,宠爱褒姒,褒姒艳若桃李,却冷若冰霜。幽王想尽一切办法,可褒姒仍终日不笑。为此,幽王悬赏千金求计。有个佞臣名叫虢石父,提议用烽火台一试。昏庸的幽王采纳了他的建议,随即带着褒姒,由虢石父陪同登上了骊山烽火台,命令守兵点燃烽火。一时间,狼烟四起,烽火冲天,各地诸侯一见烽火警报,以为犬戎来犯,纷纷带领兵马急速赶来救驾。到了骊山脚下,却不见一个犬戎兵,只见幽王和褒姒高坐台上饮酒作乐。幽王派人告知诸侯们,这只是他与王妃取乐的方式。诸侯们意识到被戏弄后,怀怨而回。褒姒见千军万马召之即来,挥之即去,如同儿戏,终于嫣然一笑。幽王大喜,立刻赏虢石父千金。之后,幽王又数次戏弄诸侯,渐渐地,诸侯们不再相信烽火预警,也就不再前来救援。后来,犬戎真的发兵攻打,幽王再次命人燃起烽火,但这次无人前来救驾。犬戎攻破镐京,杀死了周幽王,西周遂告灭亡。

　　【案例解析】　"烽火戏诸侯"的故事展现了历史中的滑稽一面。烽火原本是古代敌寇侵犯时的紧急军事报警信号。从国都至边境要塞,沿途设有众多烽火台。西周为了防备犬戎的侵扰,在镐京附近的骊山(位于今陕西临潼东南)一带修筑了烽火台,每隔几里就设有一座。一旦犬戎进袭,即相继点燃烽火,向附近的诸侯发出警报。诸侯见了烽火,必须起兵勤王,赶来救驾。因此,点燃烽火是一件极为严肃的事情;然而,为了博得褒姒一笑这一荒唐、极不严肃的目的,周幽王竟然下令点燃烽火,招引诸侯前来白跑一趟,以此逗引褒姒发笑。这个故事讽刺了周幽王的昏庸与荒唐。

　　美学意义上的喜剧,又称为"滑稽",是一种通过审美对象内容与形式之间的相互错位及相互否定所构成的一种审美品格。其根本特点是通过内容与形式间的错位结构,揭示对象内在的虚假性,从而实现对象的自我否定。这种错位结构可以表现为内容与形式的错位,也可以是现象与本质、目的与手段的错位。例如一个年逾六旬的老翁穿着超短裙,一个成人大胖子身着婴儿的红肚兜,形成了内容与形式的错位;莫里哀的《伪君子》中,答尔丢夫正人君子的形象与其贪财好色的本质形成了现象与本质的错位;而"烽火戏诸侯"中,周幽王为了博得褒姒一笑这一荒谬的目的,采用了燃起烽烟调集诸侯这一严肃的手段,体现了目的与手段的错位。正是这些错位结构,引发了强烈的喜剧效果。

一、喜剧的基本类型

喜剧的喜剧效果主要是由内容与形式的错位结构引起的,因此根据错位结构的不同表现,我们可以把喜剧分为三类。

(一)讽刺喜剧

讽刺喜剧以社会生活中否定性的事物为对象,即那些用美好的形式和表象来掩盖内在丑陋与虚伪的内容和本质的现象,暴露其真实面目,引发人们的嘲笑与讽刺,从而产生喜剧性的效果。这类喜剧被称为讽刺喜剧。讽刺喜剧通过错位结构,着重揭露内容与本质中的丑陋与虚伪。例如,"东施效颦"的故事中,东施试图效仿西施优雅的动作以期让自己看起来同样美丽,结果却适得其反,使其原本不美的形象更加滑稽可笑。在莫里哀的《伪君子》中,答尔丢夫表面上宣称信仰"苦行主义",实质上却贪图享受,一餐就要吃两只鹌鹑和半条切细的羊腿;在教堂里假装不接受奥尔贡的施舍,暗地里却觊觎他的全部家产;大庭广众之下不敢正视女性袒露的胸、臂,暗中却千方百计勾引奥尔贡的妻女。这些现象与本质之间的错位,揭示了其内在的虚伪性。此外,果戈理《钦差大臣》和陈白尘《升官图》等作品亦属此类。

莫里哀《伪君子》

(二)抒情喜剧

抒情喜剧一般以社会生活中的正面美好事物为对象,指对象美的内容与本质被丑的现象与形式掩盖起来,从而导致内容与形式、现象与本质之间的不和谐,同样使人感到滑稽可笑。这类喜剧是人们透过丑的外表看到的则是美的内容与实质,产生一种特异的审美情趣,称为抒情喜剧。例如豫剧《七品芝麻官》中唐知县是以小丑的形象出现的,外形猥琐,坐于公堂之上东倒西歪,不像当

豫剧《七品芝麻官》

官的样子;但他审案却异常精明,而且坚持正义,不畏权势,秉公执法,是一个诙谐机智、刚正不阿的清官形象,深受百姓的称赞与爱戴。唐知县表面上的"丑"并未掩盖其内在的"美",相反,这种外表上的"丑"更突显了他内在的"美",这就是抒情喜剧表达的侧重。另外如关汉卿的爱情喜剧《救风尘》中妓女身份的赵盼儿,并不能掩盖其聪明机智、见义勇为的内在美好品质,也属此类。

(三)幽默喜剧

处于前二者之间的一类喜剧是幽默喜剧。即内在的美被外在的丑所掩盖,由于美丑的渗透转化,使其美的内容与本质也显示出某些缺点来,并带有一种轻松的幽默感和滑稽情趣。这类喜剧仍然以现实生活中的正面事物为主要对象,如川剧《评雪辨踪》里的主人公吕蒙正就是一个例子。吕蒙正身为一介寒儒,居寒窑、食周济;但他本性善良,聪明而富有才气,因此赢得了退休宰相之女刘翠萍的爱情。然而,刘父不赞同这门亲事,于是翠萍跟随吕蒙正回到破窑生活。穷苦的困境与书生的清高使吕蒙正显得迂腐执傲,甚至信心不足、多疑猜忌。一日,吕蒙正赶斋未果,怏怏回窑时,发现雪地上有男子足迹(实为翠萍母亲遣仆送柴米时所留),怀疑妻有不贞,借题发挥,与翠萍争吵。剧中,吕蒙正本性

是善良的,只是长期处于穷苦的环境而遭受他人轻视,再加上文人的迂腐,导致他对自己乃至翠萍忠贞的爱情也多疑猜忌起来。该剧对吕蒙正这一性格弱点进行了批判,显示出了轻松幽默的快感与谐趣。这类喜剧人物多是正面的,只是其美的本质又具有某些缺点,从而又构成一个内层次的错位结构,引起滑稽情趣。

川剧《评雪辨踪》剧照

二、喜剧的美学特点与美育功能

(一)喜剧的本质特征:表里相悖的错位结构

喜剧的效果源于错位结构,因此内容与形式之间的表里相悖性是喜剧最本质的特点。在喜剧的错位结构中,外在的"形式、现象、手段"被称为表层结构,而内在的"内容、本质、目的"则称为里层结构。喜剧强调的是表层结构与里层结构之间的错位,从而产生滑稽感和幽默情趣。主要体现为两种:

1.内在的丑对外在美的否定

这类喜剧多采用讽刺手法,以夸张而巧妙的方式,极其简练而又辛辣地揭露人生无价值的东西,引起人们批判否定的情感愉悦。如《钦差大臣》《儒林外史》《官场现形记》等作品所描绘的喜剧性群丑图,将黑暗腐朽、伪善迂腐的世道人心暴露无遗。

2.内在的美对外在丑的否定

此即积极肯定的内容因素,由于采用了不合时宜、不协调的外在表现形式而导致的滑稽效果,如阿凡提、堂吉诃德、唐知县、赵盼儿等形象,他们外在形象或手段上显得夸张、可笑甚至"丑陋",但内在却充满了睿智与聪慧,具备美好的品质。这类喜剧强调的是内在的美,通过与之不和谐的外在丑来引发幽默感和滑稽情趣。这类喜剧通常运用幽默和滑稽的表现手段,让人们在欢笑中领略主体的智慧以及深层的社会内容。

（二）喜剧的艺术特征："寓庄于谐"的艺术手法

"庄"指的是喜剧中包含深刻的社会内容，"谐"则是指这种主题思想通过诙谐可笑的形式来表现。在喜剧中，"庄"与"谐"是辩证统一的。如果失去了深刻的主题，喜剧便失去了灵魂；反之，若没有诙谐可笑的表现形式，喜剧也就不成其为喜剧了。因此，喜剧对丑的事物的批判总是间接而又诙谐的，在笑声中实现其社会价值，彰显正义的力量。

喜剧常用倒错和自相矛盾的技巧，来揭示人物性格的乖谬错讹与自相矛盾，从而展现出事物本质的真实面貌。例如，元代无名氏的作品《射柳捶丸》一折："若论我腹中的兵书，委的有神鬼不测之机，有捉鼠拿猫之法。我曾一箭射死一个癞蛤蟆，一枪扎死一个屎蚵螂！"言过其实、自相矛盾，极具滑稽效果。再如，《红楼梦》中宝玉、薛蟠等人行酒令的一幕，呆霸王胸无点墨、举止粗俗，却偏要附庸风雅，结果急得抓耳挠腮，最终闹出了"绣房里钻出个大马猴"之类的笑话。这一情节巧妙地讽刺了这个恶少装模作样、欲盖弥彰的滑稽行为。

喜剧人物本身幽默诙谐的言行与夸张的外形也是构成喜剧"谐"的重要方面。喜剧对象的外形特征通常比较夸张、奇特，区别于一般的正常形态，从而使人感到滑稽可笑。例如，在中国传统戏曲中，喜剧人物往往由丑角扮演，并配有特定的脸谱，其中最显著的标记就是在鼻梁上部涂一块白色。像《皇帝的新装》里愚蠢的国王，他不管其他任何事，每天每个小时都要换一套衣服，这种行为本身就显得愚蠢而可笑。《救风尘》中赵盼儿为了营救陷于困境的风尘姐妹宋引章，利用风月手段引诱、哄骗恶棍周舍上当，让人在会意的笑声中感受到赵盼儿"以其人之道反制其人之身"的快感。此外，喜剧对象的语言更是幽默风趣、妙趣横生。如唐知县宣称的"当官不与民做主，不如回家卖红薯"，既贴近人民生活，又形象生动、幽默风趣。在《西厢记》中，张生面对红娘自我介绍时说："小生姓张，名珙，字君瑞，本贯西洛人也，年方二十三岁，正月十七日子时建生，并不曾娶妻"，表现出一种迂腐可爱、幽默风趣的性格特点。

（三）喜剧的美育价值：对照自省，净化灵魂

面对喜剧对象，会引起主体鄙夷不屑、自感荣耀、轻松欣喜的心理反应，此谓滑稽感。滑稽感的熏陶使人脱离丑行和愚行，趋向完善与颖慧。滑稽所涉及的丑，虽然是不能对主体构成威胁与伤害的某种错讹、悖谬与荒唐，或笨拙、机械与僵化，但毕竟属于丧失了历史合理性、已无存在根据的陈腐过时的东西，是无助于人类生存进取的负面因素，是人们力求摆脱淘汰的对象。当其一旦不安本分地勉强挣扎而出乖露丑时，人们在对其揶揄嘲笑中也会对照自省，力避那种可笑的丑行和愚行。这意味着在感知滑稽对象的过程中，人们能逐步养成告别愚行丑行以力求自身完善的道德意识。他嘲笑滑稽对象，就使自己不至于成为滑稽对象，不至于将卑琐、空虚、荒唐伪装起来，失去真诚而变得滑稽。如果说崇高重在正面垂范，使人道德精神升华，趋向崇高，那么喜剧则侧重反面激发，对照自省，同样能使人道德意识净化，趋向完善与颖慧。就这一点而言，喜剧对人精神的升

华和净化效应与崇高是殊途同归的。

阿里斯托芬的喜剧《鸟》

首演于公元前414年的《鸟》是阿里斯托芬的杰作之一，也是他现存的唯一一部以神话幻想为题材的喜剧。该剧故事简单、情节丰富、幻想奇瑰、抒情浓厚、结构完整，堪称阿里斯托芬最优秀的作品之一。作品讽刺雅典城市中的寄生生活方式，并被视为欧洲文学史上最早描写理想社会的作品之一。剧作想象力丰富，虚构的戏剧情节虽流于荒诞，但其主题却十分现实；笔触夸张，犹如一面哈哈镜映照生活，折射出生活的本质。故事情节大致如下：

剧中，两个年老的雅典人——珀斯忒泰洛斯和欧厄尔比得斯，由于厌恶城市的苛捐杂税和诉讼风气而离开雅典，四处奔走，希望寻找一个可以逍遥自在的地方，安身立业。

他们来到鸟林，请教戴胜鸟世上是否有这样的乐土，戴胜鸟几番推荐都不能令他们满意。于是，珀斯忒泰洛斯提出了一个在空中建立鸟国的想法，这样可以向下控制人类——如果人类得罪了他们，就叫麻雀之类的小鸟吃掉他们的粮食；向上则可以辖制天神——如果天神得罪了它们，就能在空中阻断人间送往天上的食道。戴胜鸟兴奋地招来群鸟商议此事，经过一番周折，众鸟才相信这两个雅典人，听取了珀斯忒泰洛斯关于建国的主张，接纳他们成为鸟类的意愿，并根据他们的描述建立了"云中鹁鸪国"——一个理想社会。

国家建立后，来投奔的人络绎不绝：甜言蜜语的诗人、危言耸听的预言家、废话连篇的历史家、光拿钱不做事的视察员、卖法令的人、违背人伦的逆子、专门蛊惑人心的讼棍等。面对这些人，珀斯忒泰洛斯痛斥他们，甚至不惜大打出手，最终将他们赶走。这一幕幕展现出来的恰是雅典城中寄生的庸众的真实写照：城市与国家正在经历变乱，那里挤满了蛀虫，物欲横流。

这时，普罗米修斯避开宙斯的监视来到鸟国，偷偷将天上的情况告诉了珀斯忒泰洛斯：由于鸟国的出现，天上不再有烤肉的馨香传来，导致了混乱；神将派遣使节来与鸟国谈判。他告诫珀斯忒泰洛斯，除非宙斯同意将王权归还给鸟，并把掌管一切的女儿巴赛勒亚嫁给珀斯忒泰洛斯，否则不要与众神讲和。

普罗米修斯离开后，神界的使节赫剌克勒斯、海神波塞冬、异族神天雷报罗斯来到鸟国进行谈判。赫剌克勒斯在鸟国提供的酒肉、美食的反复诱惑下，答应了珀斯忒泰洛斯提出的全部条件。异族神也表示同意。波塞冬势单力孤，只好默认这一结果。

鸟国终于获得了王权。珀斯忒泰勒斯和巴赛勒亚在众鸟的颂歌声中举行了婚礼。

审美实践

官读白字

　　古有花钱买县官做者，不识字，常闹笑话。一次审案，书吏呈上文书，上写原告"郁工来"，被告"齐卞丢"，证人"新釜"。县官盯着原告的名字威严地喊道："都上来。"三人都上来了。县官很恼火："本官单叫原告一人，为何全上台来？"书吏知其念错，又不便当众指正，圆场道："大人，原告名字还有一种念法叫郁工来。"县官又拿手指着被告名字声色俱厉地喊道："齐下去。"三人一块下去了。县官怒了："本县只叫一个人下去，为何全下去了？"书吏赶紧解围说："被告人名字还有一个念法，叫齐卞丢。"县官感到不好，刚想唤证人名字，又怕出错，问道："既是如此，证人名字咋叫？"书吏应道："新釜。"县官转怒为喜："我估量他一定另有念法，不然我一定管他叫亲爹了。"

（据清小石道人《嘻谈录》编述）

　　请利用错位结构的知识分析这则故事的喜剧性，并写在下面。

_____

_____

_____

在线检测

练一练，更优秀

互动空间·自我评价

_____

_____

_____

_____

专题三
探究鉴赏之律:形式美论

知识目标:
- 理解形式美与美的形式之间的关系。
- 掌握形式美的构成要素及其规律。

能力目标:
- 能运用形式要素及规律欣赏解析具体作品,提升审美鉴赏能力。
- 能将形式要素及规律运用于日常生活,培养审美创造能力。

素质目标:
- 通过形式美构成要素和规律的学习,提升学生的审美素养和审美判断力。
- 能理解不同民族、不同国家色彩文化意义的多样性,重点理解中华民族赋予色彩的文化意义及其在生活中的应用,增强审美素养,传承中华优秀传统文化。

要点一览

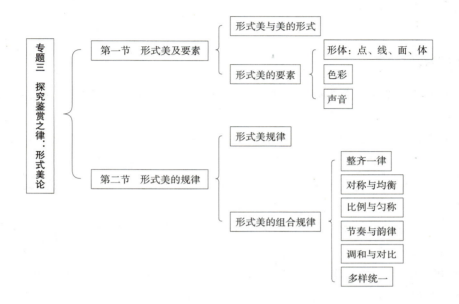

内容导航

　　一般来说,人们对美的感受往往是直接由形式引起的,人们常常在接触到那些美的形式时就感受到了美感,而忽略了这些形式所表现的内容,仿佛美就是形式本身。确实,形式美通常与内容美相对立存在,尽管它并不是一种独立的美的形态,但它却无所不在,渗透并融合于自然美、社会美、艺术美等各类美的广泛领域中,并成为它们美的结构中的重要组成部分。同时,在长期的审美实践中,人们已对许多美的形式进行了总结,概括出一些形式美的特征和规律。这些特征和规律在审美创造与鉴赏活动中都具有特殊价值。此外,形式美在当今美学实践中的作用也日益显著,与我们的生活紧密相连。因此,进行具体的审美创造与鉴赏活动时,对形式美的学习、研究是非常必要的。

第一节　形式美及要素

案例导入

　　二十世纪三四十年代的音乐史上，曾发生过一桩著名的"国际音乐奇案"：接连有人因听一首乐曲而自杀。

　　事件发生在比利时的一家酒吧，当时人们正一边品尝美酒，一边欣赏音乐。当乐队演奏完法国作曲家鲁兰斯·查理斯创作的《黑色的星期天》这首管弦乐曲时，突然听到一声歇斯底里地大喊："我实在受不了啦！"随后，一名匈牙利青年一口气喝光了杯中酒，掏出随身携带的手枪，对准自己的太阳穴扣动了扳机，"砰"的一声就倒在了血泊中。

　　一名女警察负责调查此案，尽管费尽了九牛二虎之力，依然无法查明这名青年自杀的原因。最终，她抱着一丝侥幸心理买了一张那天乐队演奏过的《黑色的星期天》的唱片，心想或许能从中找到一点破案的蛛丝马迹。然而，在听完这首曲子之后，她也选择了自杀。人们在她的办公桌上发现她留给警察局局长的遗书："局长阁下：我受理的案件无需继续侦查了，'凶手'就是乐曲《黑色的星期天》。我在听这首曲子时，同样无法忍受它那悲伤旋律带来的强烈刺激，只好谢绝人世了。"

　　无独有偶，在美国纽约市，一位性格开朗活泼的女打字员在与人闲聊时，听说《黑色的星期天》如何令人感到悲伤。出于好奇，她借了这首乐曲的唱片回家听。第二天，她没有去上班，人们发现她在房间里自杀身亡，唱机上正放着那张《黑色的星期天》的唱片。她在遗书中写道："我无法忍受它的旋律，这首曲子就是我的葬礼曲目。"在华盛顿，有位刚崭露头角的钢琴演奏家应邀参加一个沙龙聚会，并为来宾演奏。聚会中，一位来宾突然接到她母亲因车祸去世的长途电话。由于那天正好是星期天，这位来宾请求钢琴家为其母亲演奏《黑色的星期天》以示哀悼。尽管极不情愿，钢琴家还是弹奏了这首曲子，但演奏结束后，他因过度悲伤导致心脏病发作，扑倒在钢琴上，再也没有起来。

　　据传，至少有100人因听了这首曲子而选择了自杀。鉴于此，美、英、法、西班牙等国家的电台特别召开了一次会议，号召欧美各国联合抵制《黑色的星期天》。此后，全球范围内开始销毁所有与此曲相关的资料。

　　【案例解析】　这是一个真实的案例，其中某些细节在人们的传播过程中或许有夸大的成分，但从中我们可以看出音乐对人的情感具有重大的影响。我们常说音乐是世界性的语言，即使面对的是非本国语言的歌曲，即便听不懂歌词，我们也往往能够感受出乐曲所传达的情感。这正是形式美的要素之一——声音的表情功能的体现。不仅声音具有这种表情性，形式美的其余要素也同样具有表情性。

一、形式美与美的形式

形式美这一概念,通常有两种含义。广义的形式美是指审美对象的外在形式所具有的相对独立的审美特征。也就是我们通常所说的美的形式,它是具体的、感性的。狭义的形式美是指各种形式因素(色彩、形体、声音等)的有规律(如整齐、平衡、对称等)的组合所具有的美。狭义的形式美才是严格意义上的形式美,它是从无数具体的、感性的美的形式中所抽象概括出来的。

由此我们也可以看出,形式美的两种含义,即抽象的形式美同具体的美的形式。两者既有联系又有区别。一方面,抽象的形式美是从无数具体的美的形式中概括归纳出来的共同规律,是美的形式的提炼和升华。另一方面,抽象的形式美又渗透于各类具体的美的形式中,通过它们表现出来。因此,形式美和美的形式的关系实际上是一般与个别、抽象与具体、普遍与特殊的关系。形式美只能通过许多具体的美的形式表现出来,而具体的美的形式又无不包含着抽象的形式美因素。比如音乐作品的形式美就是借助音色、旋律、节奏来表现的;大自然中的山水的形式美则凭借具体的山水的形状、色彩等来表现。

二、形式美的要素

形式美的要素包括形、色、声、光、质等,其中形、色、声被称为形式美的三要素。

(一)形体

形体是物体存在的空间形式,是构成事物美的不可或缺的感性因素,自身也可以成为独立的审美对象,给人以美的感受。构成形体的基本元素是点、线、面、体。

1.点

点可以组成线或面,并有疏密、聚散等不同的组成方式。不同的组成方式给人以不同的视觉效果。例如,在图案设计中,"雪花"状的点可以给人一种柔和、轻盈的感觉,在画面中使用少量点作为点缀,可以使画面更加生动活泼。点的聚散还可以产生闪光的视觉效果等。因而,在造型艺术中,特别是在装饰艺术中,点的运用极为普遍。

2.线

线是点移动的轨迹,它是构成事物形体的基本元素。线条的基本形态不外乎三种,即直线、曲线和折线。这三种不同形态的线条都各自承载着不同的审美意味。一般来说,直线表示坚硬、刚劲、挺拔等特性;曲线表示柔和、流畅等特点;折线往往传递出生硬的感觉。此外,线条的这三种基本形态又可细分出小的类别,分别给人不同的感受。如直线中的垂直线能够带给人高耸感,水平线给人稳定感等。

线条的这些独特的审美意味体现在许多美的领域中。比如在建筑艺术中,美学家朱光潜在论述西方建筑风格演变时指出:"希腊式建筑多用直线,罗马式建筑多用弧线,哥特式建筑多用相交成尖角的斜线。"再比如在书法艺术中,书画家吕凤子曾说过:根据他的经验,凡属表示愉快情感的线条,无论其状是方、圆、粗、细,其迹是燥、湿、浓、淡,总是一往流利,不作顿挫,转折也是不露圭角的。凡属表示不愉快情感的线条,就一往停顿,呈现出一种艰涩状态,停顿过甚的就显示焦灼和忧郁感。

希腊建筑:帕特农神庙

罗马建筑:斗兽场

3.面

面又称平面,是指位于同一平面上的轮廓线固定不变的物体形状,起着分割空间的作用。同样地,不同的面也会给人不同的审美感受。如正三角形给人以稳定感,倒三角形则给人以危机感,正方形有刚直方正之感,圆形有周密封闭感等。

哥特式建筑:科隆大教堂

4.体

体是点、线、面的有机结合,其中面与体的关系最为密切。通过面的移动、堆积、旋转等操作,二维平面可以转变为三维立体。体基本上可以分为球体、方体和锥体,它们的审美属性和面是近似的,即球体给人的感觉同圆形近似,方体给人的感觉同方形近似,锥体给人的感觉同三角形近似。不过,相较于面,体给人的审美体验更为强烈。

(二)色彩

美的世界缺少不了色彩,色彩给人的眼睛和心灵带来的激动和愉悦是巨大和深入的。色彩的审美意味比形体更加直接,更加强烈。

从现代心理学的研究来看,色彩首先造成人的生理反应。心理学家弗埃雷在试验中发现,在彩色灯光的照射下,人的肌肉弹力加大、血液循环加快,其增加的程度以红色为大,然后按照橘黄色、黄色、绿色等排列顺序逐渐减小。精神病学家古尔德斯坦在治疗精神病人的医疗实践中也得出了同样的结论。他发现一个患大脑疾病而丧失了平衡感觉的病人,当让他穿上一件红色衣服时,就会变得头晕目眩,甚至有跌倒的危险,而当他换上绿色衣服时,这种症状就消失了。为了进一步观察这种现象,古尔德斯坦还在一个患同类疾病的病人身上做了观看彩色纸带的试验。在试验中他们要求病人在观看的时候必须伸直胳膊,并且用木板遮住,不让病人看见自己的胳膊,然后让病人观看各种颜色,病人的胳膊会因颜色变化,不同程度地偏离水平位置。当病人看到黄色,其胳膊偏离55厘米;当他看到红色,其胳膊偏离50厘米;当他看到白色,其胳膊偏离45厘米;当他看到蓝色,其胳膊偏离42厘米;当他看到绿色,其胳膊偏离40厘米;当他闭上眼睛,其胳膊就偏离70厘米。古尔德斯坦得出结论:凡是波长较长的色彩,都能引起扩张性的反应;而波长较短的色彩,则会引起收缩性的反应。在不同的色彩的刺激下,整个肌体或是向外界扩张,或是向有机体的中心部位收缩。[①]

可见,色彩在客观上是对人的一种刺激,但同时,人的知觉、情感、记忆、思想等又会对这种刺激产生主观反应,即对色彩的心理联想。不同的色彩让人产生不同的情感。色彩作为一种美感形式,其独立的审美特性主要表现为传情性。一定的色彩能传达一定的情感意味,并引起相应的情绪倾向。例如:红色是热烈、兴奋的颜色,让人联想到火和血,带有热烈、兴奋的情绪;黄色是明朗、欢快的颜色,让人联想到灿烂的阳光,感到明朗和温暖;绿色是安静、自然的颜色,让人联想到绿色植物盎然的生机,产生欣欣向荣的感受;蓝色是忧郁、冷清的颜色,使人联想到天空和海洋,带来宁静的情绪。因此,不同色彩的刺激往往会使人产生不同的情绪。

歌德曾把色彩划分为积极的和消极的两类。他认为,积极的色彩(如红、黄)能激发人产生一种积极向上、努力进取和富有生命力的情感态度,而消极的色彩(如:蓝、灰)则表现出温柔和向往的情绪。凯特查姆也曾举过一个有趣的例子,有个足球教练"总是让人把足球队员中间休息时去的更衣室刷成蓝色,以便创造出一种放松的气息;但当他对队员们作最后的鼓励讲话时,则让队员们走进涂着红色的接待室,以便创造出一种振奋人心的背景"[②]。

同时,由于长期历史形成的民族心理、文化积淀和传统习惯,不同民族对色彩的感受往往具有某种差异性。例如,白色既可以象征纯洁、素净、宁静,又可能代表肃穆、恐怖、悲哀。因此,西方人将白色用于喜庆的婚纱,而东方人则用它作为丧服的颜色。在中国,黄色是帝王之色,象征着皇权的高贵;而在基督教文化中,黄色被用来表示出卖耶稣的犹大的服装色彩,因而在欧洲,黄色被视为低等的颜色。

总之,特定色彩往往具有丰富甚至是相互对立的含义。因此,在分析和考察色彩美时,必须充分认识其丰富性和复杂性。

(三)声音

从物理属性上看,声音是由物体振动引起的一种声波,当它作用于人的耳膜时便形成了听觉。声波有振幅、频率、波形三要

中国古建筑的造型美

中国古建筑的色彩美

[①] 鲁道夫·阿恩海姆.艺术与视知觉:视觉艺术心理 学[M].滕守尧,朱疆源,译.北京:中国社会科学出版社,1984:462.

[②] 鲁道夫·阿恩海姆.艺术与视知觉:视觉艺术心理 学[M].滕守尧,朱疆源,译.北京:中国社会科学出版社,1984:469.

素。振幅的大小决定了声音的强弱,频率的高低决定了音高的不同,波形的不同则决定了音质的差异。

与色彩、形体一样,声音也具有一定的情感意味。例如,高音显得激昂亢奋,低音显得深沉凝重;强音坚定有力,令人振奋,弱音柔和细腻,富于抒情性;纯正的音质圆润优美,悦耳动听,而噪声繁杂吵闹,令人不快。古希腊人早已注意到音调的感情色彩,他们认为E调安定,D调热情,C调和蔼,B调哀怨,A调发扬,G调浮躁,F调淫荡。

声音丰富的表情性是音乐艺术产生的基础,音乐美正是建立在声音美的基础之上的,同时,声音丰富的表情功能也在音乐中得到了最集中的表现。

声音包括的范围很广,由于自然界存在的声音的复杂性和丰富性,使得声音的表现力及其意味比色彩、形体更为丰富和复杂。

拓展链接

色彩在不同民族
中的不同意义

审美实践

乐曲欣赏

欣赏古曲《春江花月夜》和民族乐曲《金蛇狂舞》,谈谈这两首音乐分别给人怎样的感受。

_____

_____

_____

_____

互动空间·自我评价

_____

_____

_____

_____

_____

第二节　形式美的规律

案例导入

中国南朝时期的戴颙,是著名雕塑家戴逵的儿子。他自幼随父亲学习塑造佛像,精通人体的造型与比例。据传,宋世子曾命人在瓦棺寺铸造了一尊佛像,佛像造成后,他总觉得面容显得消瘦,而工人又不知如何修整。于是,他邀请戴颙前来查看,戴颙看过后指出:"并非面容消瘦,是臂胛部分太宽。"随后,戴颙削减了臂胛部分,使佛像整体比例显得非常匀称。当时在场的所有人都对他的技艺深感佩服。

【案例解析】　宋太子命人造的佛像,面部实际上并不瘦,但给人的感觉却是瘦削的。这主要是因为臂胛的部分过于宽阔,相比之下面部才显得瘦。在进行调整、削减了臂胛的宽度之后,佛像的比例变得更为协调匀称了。这实际上体现了一个重要的美学原则:比例是形式美的一项基本规律。

一、形式美规律

任何有形物质的构成材料,都必须按照一定的规律组合起来,才会具有一定的审美特性,杂乱无章是无所谓美的。这个规律,就是形式美规律,即构成形式美的物质材料的组合规律,也就是色彩、形体、声音这些感性材料的组合规律。形式美的组合规律是人类按照美的规律进行美的创造和鉴赏的经验总结。这些形式美的规律并不是凝固不变的,其发展经历了一个由简单到复杂,从低级到高级的历史过程。

二、形式美的组合规律

到目前,人们基本总结出了以下几种形式美的规律。

(一)整齐一律

整齐一律,也称为单纯齐一,是最基本的形式美规律之一。它表现在物质材料量的方面的重复一致、整齐划一,即同一形状、同一色彩、同一声音重复出现而无变化。整齐一律在日常生活和艺术中十分常见,其特点在于一致和重复(或反复)。如服装、动作一致的军队、仪仗队,教室里整齐的座椅,道路两旁延伸向远方的电线杆,反复吟唱的歌谣等。整齐一律能体现出一种统一有序的洁净美、严肃美,给人以单纯感、庄重感、规整感,有时还能表现出一定的气势。但由于缺乏变化,也可能使人感到单调和呆板。因此,在形式美的应用中,整齐一律很少单独使用。

(二)对称与均衡

对称是以一条线为中轴,使得左右或上下两侧呈现镜像对称。在现实世界中,对称的例子比比皆是,比如脊椎动物的四肢、眼睛、耳朵,鸟的翅膀等。对称赋予了事物安静、稳定的特性,给人以一种平衡感和稳定感,这反映了人在实践中的普遍心理要求。普列汉诺夫就分析过原始民族产生对称感的根源,指出人的身体结构和动物的身体结构是对称的,这体现了生命的正常发育。而残疾者或畸形者的身体是不对称的,体格正常的人对这种畸形的身体总是产生一种不愉快的印象。同时,对称还有衬托中心的作用,如天安门两侧对称的建筑,可以衬托天安门的中心地位。对称这一形式美的规律在现实中的运用是十分广泛的,如墙上的对联是左右对称的,中式客厅在摆设上是左右对称的,很多大型建筑、民居等在结构、部件上都是左右对称的。

均衡与对称非常相似,但又有所不同,可以说是对称的一种变体。其特点是两侧的形体不必等同,质量上也大体相当。均衡与对称相比更加灵活,有一种静中有动的效果。比如天安门广场左右两侧,东边是历史博物馆,西边是人民大会堂,所占空间以及建筑风格大体相似,但二者形状不同、质量不一,从而给人对称中有变化的均衡感。再比如上海龙华盆景《五针松》,左侧松枝略低于右侧并向外延伸,右侧为两重松枝略高。左右松枝虽不同形,在量上却很接近,给人以均衡感。均衡避免了完全对称的重复,又有整齐、稳定之美,符合人心理平衡的需求,所以均衡的运用比对称更加广泛,尤其在造型艺术中,为了求得构图或形体的生动,常常采用均衡的造型手法。

(三)比例与匀称

比例指的是事物整体与局部以及局部与局部之间的关系。我们平常所说的匀称,实际上就包含了一定的比例关系。古代宋玉所谓"增之一分则太长,减之一分则太短"指的就是一种完美的比例关系。

在众多比例中,最为著名的是黄金分割律。虽然这一概念最早是由古希腊的毕达哥拉斯学派发现,但是作为一种严格精确的比例理论,则是1854年由西方实验派美学家蔡沁提出的。所谓的黄金分割,即大小(宽长)的比例相当于大小(宽长)二者之和与大(宽)者之间的比例。其公式表达为:$a:b=(a+b):a$,也就是1.618:1。依据这一比例构成的形体被认为是最美的。一般书籍、报纸大多采用这种比例进行排版设计。蔡沁还把黄金分割的定律运用到说明人体各部分的比例关系。他认为,以肚脐为界可以把人体分为上下两部分。上部从头顶到咽喉,从咽喉到肚脐;下部从肚脐到膝盖,从膝盖到脚掌。这两部分中所包含的比例关系,都体现了黄金分割的比例关系。不仅是体现在人体中,黄金分割在其他方面的运用也十分广泛。据说古希腊著名的帕特农神庙的大理石柱就是按此比例设计的。同样,举世闻名的巴黎圣母院也展现了这一特性,有人对其进行了测量,发现其正面高度和宽度的比例是8:5,每一扇窗户长宽比例亦然。人们日常生活用具如镜框、挂历、电视屏幕、家具、台座等,凡是长方形结构的,大多遵循了黄金分割率的原则。

当然,黄金分割率虽然一直被认为是最美的比例,但并非所有事物的造型都一定要符合这个比例。事实上人们在制造许多产品的时候,都是和人的特定目的、要求结合在一起的,强调实用性。比如,在住宅中门的长宽比例就不一定符合黄金分割率,而是和人体比例大体相适应的。人在设计门的时候自然要考虑人的活动要求,门太窄或太矮出入就不方便。还有像常见的方桌、大衣柜等也都没有采用黄金分割的比例。

(四)节奏与韵律

节奏是指运动过程中有规律的连续,速度的快慢和力量的强弱是构成节奏的两个重要因素。节奏广泛存在于我们的生活之中,比如寒来暑往、日升月落、花开花谢、海潮涨落等,无不体现出大自然的节奏。人的饮食起居、生命运动也都充满节奏,一旦节奏紊乱,人的生理、心理就会失衡。在艺术中,节奏表现得尤为充分,尤其是在音乐和舞蹈当中。在音乐里,由音响运动的轻重缓急所造成的节奏是其本质特征;舞蹈则是最富有节奏感的艺术形式,其节奏主要表现在形体动作上。离开了节奏,音乐、舞蹈可以说就不复存在了。此外,诗歌也要讲究抑扬顿挫的音韵美,绘画在形象的排列与组织上也要体现出节奏感,建筑艺术要讲究整齐、统一的节律美,常被称为"凝固的音乐"。

韵律是在节奏的基础之上形成的,但韵律赋予了节奏一定的情调,是一种富有情感的节奏。例如,我国古典诗词通过押韵、平仄、对仗等方式营造出音乐美,构成了诗的韵味。在音乐中,节奏的律动形成不同的旋律,产生不同的调式和情感韵味。

(五)调和与对比

调和与对比分别反映了矛盾的两种状态。调和是把几个相接近的东西相并列,是非对立因素之间的统一。比如色彩中的相邻色,或同一色中深浅、浓淡的层次变化。

调和在变化中保持大体一致,使人感到融合、协调。对比是把几种极不相同的东西并列在一起,使人感到鲜明、醒目、振奋、活跃。如色彩中的红与绿、黄与紫就是对比色,还有光线的明与暗,线条的粗与细,体积的大与小,位置的高与低,声音的强与弱等都是对比。把两个明显对立的因素组合在一起,往往会收到相反相成的审美效果。

(六)多样统一

多样统一又叫寓变化于统一,它是形式美规律中最高级的表现形式。"多样"体现了事物千差万别的个性,统一体现了不同事物间的共性。多样统一是客观事物本身所具有的属性。事物本身的形体有大小、方圆、高低、长短、曲直等;质量有刚柔、粗细、强弱、轻重等。这些对立的因素统一在具体事物上面,就形成了和谐。布鲁诺认为整个宇宙的美就在于它的多样统一。他说:"这个物质世界如果是由完全相像的部分构成的就不可能是美的了,因为美表现于各种不同部分的结合中,美就在于整体的多样性。"[1]

多样统一是在变化当中求统一,实际上概括了上面所有形式美的规律,既包含了对

---

[1] 杨辛,甘霖.美学原理[M].北京:北京大学出版社,2003:1983.

称、均衡、调和、整齐一律等统一的方面,又包含了对比、比例、节奏、韵律等多样的方面,它避免了只讲究整齐统一的呆板、单调,又避免了只讲变化多样的杂乱,使双方完美地结合在一起。比如我国的古典园林就充分体现出了多样统一的规律。

拓展链接

形式美规律在服饰
色彩搭配中的应用

审美实践

依论作画

我国古代画论中有"立七、坐五、盘三半"的说法,请结合形式美规律谈谈你的理解,写在下面,并按照此理论画人物简笔画,上传到学习通。

在线检测

练一练,更优秀

互动空间·自我评价

模块二　天地至美——人之美

君子义以为质，礼以行之，孙以出之，信以成之。

——孔子

不乱于心，不困于情。不畏将来，不念过往。如此，安好。

——丰子恺

人体美是美中之至美。

——刘海粟

人的面孔常常反映他的内心世界，以为外表与内心毫不相干，那是荒谬的。

——雨果

漂亮的脸蛋太多，有趣的灵魂太少。

——王尔德

专题四
解码万物之灵：人的美

知识目标：

• 熟知人体美的标准、仪态美的内涵。

• 掌握人格的类型及健全人格的特征。

能力目标：

• 掌握人体美、人格美的特征，提升学生对人体美、人格美的鉴赏能力。

• 能理论联系实际，实践人体美、人格美的塑造。

素质目标：

• 引导学生充分认识自我，提升自我品位与修养，完善人格；培育学生热爱生命、崇尚真善美的优秀品质。

要点一览

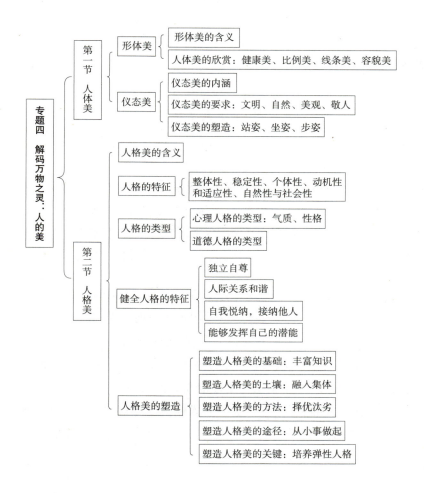

内容导航

　　人,是世界上最高级的动物,也是最美的动物。人是宇宙间最完美、最健全的生命形体。人自身美的发现既标志着人类从蒙昧走向觉醒,也是对自身审美价值的认可。所以歌德曾说:"不断升华的自然美的最后创造物就是美丽的人。"人体肌肉饱满且富有韧性,线条柔美流畅;人体的肤色在光线照射下,呈现出微妙而丰富的色调变化;人体的姿态中充满了韵律和节奏的变化。所以,莎士比亚借《暴风雨》中米兰达之口赞美道:"神奇啊! 这里有多少好看的人,人类是多么美丽啊! 大好的新世界,有这么出色的人物。"总而言之,人的美可以归纳为两个方面:外表美和内在美。本章将从人体美、人格美两方面进行探讨。

第一节　人体美

　　小慧27岁,她的第一次相亲对象是一位银行工作人员。她担心对方认为自己不够时尚,因此选择了一身非常前卫的服装:长长的吊带上衣、短裤,还背了一个夸张的大包。然而,这套装扮却让相亲对象感到十分惊讶,甚至有些不知所措。实际上,小慧长相不错,性格也很单纯,只是那身装扮给人留下了错误的印象。

　　【案例解析】　人们在初次见面时,往往来不及深入了解对方的内心世界,而是根据外在形象来做初步判断,这就是我们所说的第一印象。第一印象非常重要,因此我们应该重视自己的外在形态。这里所说的外在形态并不仅仅指面貌和身材,它是形体美和仪态美的统一。我们要把握好两者的关系,才能完美地展现出人的外在美,否则,就如同小慧那样,可能会产生适得其反的效果。

　　人体美是指作为物质存在的人体所展示出的外部形态之美。人是自然界进化的高级产物,因此人体美可视为自然美的高级形态,毫无疑问,它应当属于自然美的范畴。同时,人的进化和发展是人类劳动实践的结果,劳动不仅改造了自然,也重塑了人类自身。在长期的进化过程中,人的身体和精神不断获得解放与提升,因此人体美中蕴蓄着一定的精神内涵,具有社会美的属性。由此可见,人体美是自然美与社会美的有机统一。根据其偏重自然美还是社会美的不同角度,人体美可以分为形体美和仪态美两部分。

一、形体美

(一)形体美的含义

形体美的评判标准

　　人的形体美是指人的身材和容貌的美,是人的生理形态呈现的美。人体所具有的生理学、遗传学、生物学特征是客观存在的,不以人的意志为转移的,体现了自然因素的属性。法国雕塑家罗丹曾说:"'自然'中任何东西都比不上人体更有性格。人体,由于它的力,或者由于它的美,可以唤起种种不同的意象。有时像一朵花:体态婀娜仿佛花茎,乳房和面容的微笑,发丝的辉煌,宛如花萼的吐放。有时像柔软的长春藤,劲健的摇摆的小树。……有时人体向后弯曲,好像弹簧,又像小爱神爱洛斯射出无形之箭的良弓。有时又像一座花瓶。"[1]可以说,人的形体到处都充满美的魅力,匀称的四肢、光洁的肌肤、灵巧的手、修长的腿、端正的五官等都能给人以美的享受。

---

① 罗丹.罗丹艺术论[M].沈琪,译.北京:人民美术出版社,1978:62.

关于什么样的形体才是美的这个问题,历史上出现过多种认识,各国家、各民族都有不同的审美标准,即使同一国家在不同时期也有不同的标准。之所以出现这样的现象,是人体美的社会属性所致,人体美或多或少总是带有时代、种族、民族和地域的烙印。不过,尽管没有一个放之四海而皆准的标准,但在长期的审美实践中,人们从千姿百态的人体美中还是总结出了一些共同的人体美的要素。其中,匀称与健康是两个重要因素。

(二)人体美的欣赏

人体美是指人体作为审美对象所具有的美。狭义的人体美主要关注人的自然属性,主要是指人的形体、容貌,注重的是人的形态学特征。广义的人体美是人的外在美和内在美的有机统一,只有这样,人体美才是完整的美、真正的美。

1.健康美

人体之所以美,是因为它符合美的规律。其中,健康是人体美的首要条件之一。从生物医学观点看,人体各器官发育良好、功能正常、体质健壮且精力充沛即为健康的标志。只有各个器官的功能正常,才能显示出人体之美。健康应是人体美的基础。一个人如果病魔缠身,就会精神萎靡,形体消瘦,脸色苍白,肌肉萎缩,其形体美因此减色甚至消失。因此,由于历史、地域、风俗、时代而形成的所谓"美的风尚",都应该以健康的标准来衡量。不论何种条件,只要人体的健康受到损害,就不能被当作美。例如,中国古代曾以女子小脚为美,为了达到"三寸金莲"的效果,人们不惜让脚弯曲变形。同样地,非洲的长颈族以颈长为美,认为脖子上铜环套得越多越美。然而,一旦去掉铜环,许多妇女的头部无法直立,这无疑是对身体的一种极端摧残,而非美。

2.比例美

人体美首先要求体形匀称和谐,而匀称实际上包含了一定的比例关系。宋玉在《登徒子好色赋》中描写东家之子的美是"增之一分则太长,减之一分则太短",这正是指比例关系。著名画家达·芬奇还具体总结出了一套符合标准的人体比例。例如,人的头部应占总身高的八分之一;以肚脐为界,上部与下部的比例应符合黄金分割律等。

一些医学专家指出,标准的人体应是身体各部位匀称,且与体重比例适当。经过调查,他们提出了一些美感的比例尺寸:例如两手向两侧平伸,两手中指尖之间的距离一般与身高相等;上身长度与下身长度大致相等。发际至鼻根:鼻根至鼻底:鼻底至颏下点=1:1:1;身高:脸长(头顶至颏下点)=8:1;腋中线与第一个腰椎体中央交点:脸=1:1 等。

3.线条美

人体线条美包括人体轮廓线和人体动态线。人体线条由直线和曲线组成,以直线为中轴,在求得稳定的基础上,与曲线发生各种关系。

直线偏于冷静,曲线则更显热情;直线偏于阳刚,曲线代表柔美,它是女性特有的美。人们对于男性的欣赏自古以来几乎没有变化——高大、粗犷,上宽下窄的线条比例是力量的象征。这种表现在西方尤为突出,无论是在希腊神话中对男性神的描绘,还是罗马角斗场中的勇士形象，北欧的海盗形象，都无不以这种形象出场。

4.容貌美

容貌往往是人们见面时的第一印象，容貌美在女性美中具有特殊的地位。它是由面部骨架（脸形）、眼睛、眉毛、耳朵、鼻梁和口唇共同构成的一种美丽、丰富而生动的面部形象。容貌美不仅是生命活动的表现，也是内心世界的外化体现，展现了人体美的个性，是评价人体美的主要部分。

容貌美的核心在于五官美，美学家通常以"三庭五眼"为审美标准。三庭是指将面部分为天庭、中庭、地庭三大板块，天庭是指从发际线到眉线，中庭是指从眉线到鼻底线，地庭是指从鼻底线到底线。当这三部分长度基本相等时，面部的纵横比例关系通常是最协调的。五眼指脸的宽度比例，以眼睛的长度为单位，把脸部宽度分为五个等份。从左侧发际至右侧发际的距离相当于五只眼睛的宽度；两只眼睛之间留有一只眼睛的间距，两眼外侧至两侧发际各留有一只眼睛的间距，各自占据脸部总宽度的 1/5。由于人们的骨骼大小不同，脂肪薄厚各异以及肌肉质感的差异，每个人的容貌形成了千差万别的个体特征。因此，三庭五眼仅是一个基本审美标准，整体、平衡、协调才是经典容貌美的不变法则。

容貌美，美在传情。人的容貌、五官、表情是复杂感情世界和心理状态的表现部位，可以传达内心的爱憎情仇、喜怒哀乐，表情自然，具有特定情景下的特定魅力，透露出自然、贴切的神情之美。

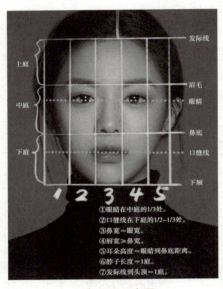

发际线
上庭
眉毛
中庭
眼睛
鼻底
下庭
口缝线
下颏
1 2 3 4 5

①眼睛在中庭的1/3处。
②口缝线在下庭的1/2~1/3处。
③鼻宽＝眼宽。
④唇宽＞鼻宽。
⑤耳朵高度＝眼睛到鼻底距离。
⑥脖子长度＝1庭。
⑦发际线到头顶＝1庭。

三庭五眼示意图

二、仪态美

（一）仪态美的内涵

仪态美是指人的仪表、举止、姿态所展现出的美。仪态的美是人体美的另一方面，涵盖了人体姿态与动作之美以及修饰和风度之美。仪态美是人类将自身作为审美对象进行自我审视的结果，也是依据美的规律实现自我外在改造的结果。姿态、动作之美是对形体美的展示。如车尔尼雪夫斯基所说："动作的敏捷与优美，是人体的端庄和匀称的发展的标志，它们无论在什么地方都令人喜爱。"[1]同时，人的姿态动作往往发自内心，举手投足间无不透露出内心的奥秘。英国美学家柏克也提到："相貌在美，特别是在我们人类的美这方面起着相当大的作用。动作举止使容貌具有某种确定性，一个人的容貌按常规是和动作举止相一致的，它能够把心灵的某些令人愉快的品质的效果和肉体的

---

① 北京大学哲学系美学教研室.中国美学史资料选编（上册）[M].北京：中华书局，1980.

品质结合起来。"①

(二)仪态美的要求

一个人若想在他人面前展示其美的仪态,必须做到仪态文明、仪态自然、仪态美观、仪态敬人。

1.仪态文明

仪态文明指的是要求个人的举止显得有修养、讲礼貌。例如,不宜在他人面前有抓痒、掏耳朵或脱鞋等不雅行为,避免在异性面前双腿分开而坐,或双腿分开而蹲。

2.仪态自然

仪态自然强调的是既要规范、庄重,又要表现得大方得体,不要虚张声势或装腔作势。

3.仪态美观

仪态美观是对个人仪态的一种高层次的要求。它要求个人仪态要优雅脱俗、美观耐看。具体来说,站立时要有端正的姿态,坐下时要保持良好的坐姿,手势应文雅,脚位要适当等。

4.仪态敬人

仪态敬人要求力戒失敬于人的仪态,同时努力注意以仪态体现敬人之意。比如,在与人交谈时,以手指点对方,翘起"二郎腿"并让脚尖指向对方乱晃悠,是失敬于人的行为;相反,目视对方,面含微笑,适时点头表示理解和认同,则是敬人的仪态。

(三)仪态美的塑造

仪态美是指人体各部分在空间活动变化中所呈现出的外部形态之美。如果说人的容貌美和形体美体现了人体的静态之美,那么仪态美则展示了人体的动态之美。即使一个人拥有出众的容貌和身材,如果其举止不当、姿态不雅,也无法展现出完美的仪态美。

追求仪态美,首先要注意根据美的规律进行锻炼,并进行适当的修饰打扮;其次要注意提升自身的内在修养,包括道德品质、性格气质和文化修养,因为外在的仪态美很大程度上是内在心灵美的自然流露。因此,相比之下,内在修养比外表修饰更为重要。

仪态美的塑造主要应从站立、坐卧、行走三个基本方面着手。站姿和坐姿相对来说较为静态,而行姿则是动态的表现形式。

1.站姿

站姿是交际活动中常见的姿态,我国传统的站姿要求是"站如松"。标准的站姿是:挺胸收腹,腰杆挺直,上半身保持挺直,下巴内收,精神饱满,两肩平齐,双腿绷直,并且收腹。然而,在社交场合中长时间维持这种姿态可能会导致疲劳。因此,可以在基本姿态的基础上进行适当调整,使站立的姿态既不失礼貌,又不至于疲劳。

站立时,如果将重心均匀分配在两脚上,并采取较宽的步伐,是偏向男性化的表现;

---

① 王明居.通俗美学[M].合肥:安徽教育出版社,1985:143.

若将身体重心移到一只脚上,便有女性柔和的姿态。

2. 坐姿

我国传统的坐姿要求是"坐如钟"。标准的姿势是:腰背挺直,肩部放松,女士双膝并拢,男士可以适当地分开一些,但也不能超过肩宽。在交际活动中,选用什么样的坐姿受具体语言环境的制约,正式、严肃的场合宜采用端正的坐姿,轻松、休闲的场合可采用随意的坐姿。

优美的坐姿应当让人感到安详舒适且端庄稳重。正确的坐姿为:上半身挺直,两肩放松,下巴内收,脖子挺直,胸部挺起,双膝并拢,双手自然放置于双膝或椅子扶手上,谈话时可侧坐,此时上身与腿部同时转向一侧,确保双膝靠拢,脚跟紧贴。

3. 步姿

步姿指的是人在行走时的姿态,它是通过步态传递信息的语言。我国传统的步姿要求是"行如风"。虽然现代对步频的要求不一定那么强调速度,但也要做到自然、轻盈、敏捷、矫健。行走的姿势极为重要,行走迈步时,脚尖应朝向正前方,脚跟先落地,脚掌紧跟落地。走路时要收腹挺胸,双臂自然摆动,节奏快慢适当,给人以矫健轻快、从容不迫的动态美。

走路时的步态美与不美,是由步幅和步位决定的。如果步幅和步位不符合标准,则全身摆动的姿态就会失去协调性,从而丧失其独特的步韵。步幅是指行走时两脚之间的距离。步幅的一般标准是一脚迈出落地后,脚跟离另一只脚脚尖的距离恰好等于自己的脚长。通常情况下,男士的步幅在40厘米左右,女士在30厘米左右;男士每分钟走108~110步,女士每分钟走118~120步。当然,不同年龄、职业、性格特点的人在不同的交际环境中所展现的步姿也会有所不同。步位是指脚落地时应放置的位置。此外,步韵同样重要,行走时膝盖和踝关节都应富有弹性,双臂自然、轻松地摆动,使自己走在一种特定的韵律中,显得更加自然优美。

拓展链接

黄金分割律

形象美之发型

黄金分割律是公元前6世纪古希腊数学家毕达哥拉斯发现的,后来古希腊哲学家柏拉图将此称为黄金分割。这实际上是一个数字比例关系,即将一条线段分为两部分,此时长段与短段之比等于整条线与长段之比,其数值为1.618:1。换句话说,长段的平方等于整条线段与短段的乘积。黄金分割以其严格的比例性、艺术性、和谐性,蕴含了丰富的美学价值。

审美实践

整容

　　小女孩敏敏,偷偷拿了家里的钱。当父亲发现她钱包里两千多元的"经费"后,敏敏坦然面对父亲说:"我对自己的下巴很不满意,想去整一下,做出艺人周某那样的下巴。我要变得更漂亮,让更多人来追捧我。"如何正确看待这一事件?

互动空间·自我评价

第二节 人格美

有一年秋天，北京大学迎来了新学期的开始。一位来自外地的年轻学子背着大包小包的行李走进了校园。实在太累了，他把行李放在路边。这时，正好一位老人走过来，年轻学子就拜托老人替自己看一下行李，自己则轻装去办理入学手续，老人爽快地答应了。近一个小时过去了，学子归来，老人还在尽职尽责地看守行李。向老人道谢后，两人分别。

几日后，在北大的开学典礼上，这位年轻学子惊讶地发现，主席台上就座的北大副校长季羡林教授正是那天帮自己看行李的老人。

我不知道这位学子当时的心情如何，但在我听到这个故事之后，我深刻地感觉到：人格才是最高的学位！

【案例解析】 这是中央电视台著名节目主持人白岩松在《人格是最高的学位》中讲述的一个真实的故事。每次读到这个故事的时候，人们的心都会受到强烈的震撼，季老的高尚人格令人敬仰不已！

故事中的季羡林先生是我国著名的古文字学家、历史学家、东方学家、思想家、翻译家、佛学家及作家。他精通12国语言，曾任中国科学院哲学社会科学部委员、北京大学副校长、中国社科院南亚研究所所长、中国文化书院院务委员会主席、中国科学院资深院士。季老创作良多、著作等身，被誉为"国学大师""学界泰斗"，是享誉海内外的东方学大师。

季老深受人们的敬重与爱戴，这不仅是因为他渊博的学识和辉煌的成就，更是因为他崇高的人格魅力。

大家可以试想一下：一位事务缠身的校长、一位学术造诣精深的教授、一个德高望重的学者，时间对于他来说是多么宝贵。当季先生面对一个从外地来到北大的陌生学子时，他完全可以找理由拒绝，或请他人代为照看。然而，季先生选择了"爽快地答应"，并且"一诺千金"，他的高尚人格实在令人钦佩！我们心中时常会想起白岩松的那句话："人格才是最高的学位！"

人格是社会的核心。人们常常感慨近年来社会问题层出不穷，比如商场的欺诈行为、官场的腐败现象以及家庭的动荡不安……实际上，这一系列社会问题产生的根源，在于人格的沦丧。那些丧失人格或人格不健全的人，在面对金钱、美女、权势和物质的诱惑时，容易陷入金钱的陷阱，卷进不当关系的旋涡，变成权势的走狗，成为物欲的奴隶，从而丧失良知，丢弃人格。为了追求金钱，有的人制造假药、假酒、假农药、假种子坑人害人；有的人甚至背叛亲人，出卖兄弟姐妹，乃至自己的父母亲；更有甚者，胆敢侵占救灾款、扶贫款等公共资金。如果越来越多的人失去了作为一个人应有的品格——人格,那么,人类社会将退化为"动物世界"。因此,健全人格的塑造,已经成为社会关注的焦点。

中国古代传统教育的核心就是教人学会做人,培养有爱心、有情操的人,以及拥有健全和完善人格的人。

一、人格美的含义

"人格"是我们日常生活中的高频词,如,我们经常说"他具有高尚的人格""他出卖了自己的人格""他具有健全的人格""那个老师这样骂学生,简直是侮辱人格"等。

"人格"一词在《现代汉语词典》(第7版)中有三种含义:一是指人的性格、气质、能力等特征的总和;二是指个人的道德品质;三是指人作为权利、义务的主体资格。也就是说,汉语中的"人格"一词涵盖了与这三种意义相对应的心理人格、道德人格、法律人格。具体来说,即以性格、气质、能力为特征的"心理人格",与个人的气节操守、道德品质、人格情操相关的"道德人格",以及与法律主体不可分割的"法律人格"。

人格的心理特征包括性格、气质和能力,这些特征在不同程度上受到先天遗传因素的影响,并且相对稳定。人格倾向性则包括需要、动机、兴趣、价值观、理想等,主要是在后天社会化过程中形成,集中体现了人性的独特性。由于人格是个体在与环境相互作用过程中所表现出来的独特行为模式、思维方式和情绪反应,因此,如果个体能与社会环境相适应,则表明其拥有正常的人格。反之,如果个体的情绪反应、言行举止、态度、信仰体系和道德价值特征等都与周围环境格格不入,人际关系紧张,那么该个体可能患有人格障碍。

人格美是指人的品格和品德的美,它是心灵美的重要组成部分,标志着一个人在自我修养和自我完善方面达到的高度。它体现了一个人良好的道德意识和社会行为习惯。

二、人格的特征

(一)整体性

人格是一个人从行为模式中表现出心理特性的整体,构建着人的内在心理特征。它常体现在一个人的某一行为之中,这个行为便可带出这个人整体的心理特征。

(二)稳定性

人格是由多种性格特征组成的,其结构相对稳定。这种稳定性体现在不同时间和地域上的表现的一致性。然而,这种稳定性也并不是完全不可变的,如个人在不同的情境中人格可能展现出不同的方面,也可能暂时地受到一些因素的制约,而导致人格的性质发生相应的变化。

(三)个体性

人格的组合结构是多样的,这导致了人与人之间在性格上的差异。尽管人们可能拥有某些相同的特征,但在个体人格上仍存在显著的不同。

(四)动机性和适应性

人格支撑并驱动着人的行为,引导个体趋向或避开某种行为,它也是构成人的内在驱动力的一个重要方面。这种驱动力与情绪无关,是一种与生俱来的力量,这种驱动力有助于个体适应生活中的各种情况。

(五)自然性与社会性

人格并不是完全孤立地存在的,社会文化和自然环境对人格都有着非常重要的影响,甚至可以说,它们是人格形成的主要因素之一。因此,人格在很大程度上是受社会文化影响的。但是,人格的基础是个体的神经解剖生理特点。

三、人格的类型

(一)心理人格的类型

人格是由不同成分构成的一个结构系统,不同成分从不同侧面反映个体的差异。人格结构系统包括气质、性格、认知、动机、自我调控等成分。气质与性格是人格的重要方面。

1.气质

气质是指个体在心理活动的强度、速度、灵活性与指向性方面所表现出的一种稳定的心理特征。这种特征不仅决定了个体心理活动的动力特征,还赋予每个人的心理活动一种独特的色彩。

人的气质美

胆汁质——这类人直率、热情,精力旺盛,行动敏捷,情绪易激动,心境变换剧烈。这类人通常有理想、有抱负,有独立见解,反应迅速,行为果断,表里如一;不愿受他人指挥,反而倾向于指挥别人;一旦确定目标,他们会以极大的热情和旺盛的精力全力以赴,即使遇到困难也不轻易放弃。然而,当他们的精力消耗殆尽时,便会失去信心,情绪随即转为沮丧而心灰意冷。

多血质——这类人情感外露,喜怒哀乐都很容易表现出来,可塑性强。多血质的人活泼好动,反应迅速,情绪发生快而多变,兴趣容易转移。这类人适应环境能力强,性情活泼、热情,善于交际,在群体中精神愉快,相处融洽,常能机智地摆脱困境;他们在学习和工作上肯动脑、主意多,不满足于机械、刻板、循规蹈矩,常表现出较强的工作能力和办事效率;对外界事物兴趣广泛。不过,他们也容易见异思迁,有时显得浮躁。

黏液质——这类人通常比较安静、稳重,反应较为缓慢,沉默寡言,情绪不易外露,注意力稳定难以转移,善于忍耐。尽管他们的反应可能较为迟缓,但无论环境如何变化,他们都能基本保持心理平衡；凡事深思熟虑，力求稳妥，一般不做无把握的事情，在各种情况下都表现出较强的自我克制能力；外柔内刚，沉静多思，不愿流露内心的真情实感；与人交往时，态度适度，不卑不亢，不爱抛头露面参与空泛的清谈，严格遵守既定的生活秩序和制度。然而，他们有时过于拘谨，不善于随机应变，显得固定性有余而灵活性不足，有墨守成规、因循守旧的表现。

抑郁质——抑郁质的人往往喜欢独处，行动迟缓，情感体验深刻，能够觉察别人不易觉察的细小事物。这类人在生理上难以忍受不同程度的神经紧张，厌恶强烈的刺激；感情细腻而脆弱，常常因为小事引起情绪波动；心里有话宁愿独自品味，不愿向他人倾诉；与人交往时可能显得较为拘谨；遇事三思而行，求稳不求快，对力所能及的工作能认真负责地完成。在困难面前常表现得犹豫不决、自卑。

气质本身无优劣之分，任何一种气质都有其积极和消极的方面，气质也不能决定一个人活动的社会价值或成就高低。因此，每个人都应正确对待自己的气质类型，有意识地控制自己气质中的消极品质，发扬积极品质，形成良好的个性。值得重视的是，大多数人的气质是由多种气质混合组成的，其中某一种气质可能占主导性地位。

2.性格

性格是指一个人对现实稳定的态度以及与之相适应的习惯化行为方式的总和。性格表现了人们对现实与周围世界的态度，对自己、对他人及对事物的态度。

从不同角度和侧面可以对性格类型进行不同的划分。例如，根据知、情、意在性格中的表现程度，可将性格分为理智型、情绪型和意志型三种。理智型的人以理智支配自己的行动；情绪型的人，情绪体验深刻，举止容易受情绪左右；意志型的人具有较明确的目标，行为积极主动。

根据个体的心理倾向，性格又可分为外倾型和内倾型。外倾型的人心理活动倾向于外部环境，他们通常活泼开朗，善于交际，感情易于表达，处事不拘小节，独立性较强，但有时可能显得粗心、轻率；内倾型的人心理活动倾向于内在世界，一般表现为感情含蓄，处事谨慎，自制力强，交往面窄，适应新环境比较困难。

按照个体独立性的程度，可分为独立型和顺从型。独立型的人不易受外来事物的干扰，他们拥有坚定的信念，能独立地判断事物，发现问题并解决问题，在紧急情况和困难面前保持镇定，并能有效发挥自己的力量，然而，这类人有时会把自己的意志强加于人，固执己见，不易合群。顺从型的人，随和、谦虚，易与人合作，但独立性较差，易受暗示，容易接受别人的意见，在紧急情况下易惊慌失措。

性格与气质均为构成人格的重要因素，二者相互渗透、相互影响并彼此制约。二者的不同之处是，性格涉及的是人格中受社会评价的部分，更多受到环境的影响，具有较大的可塑性。性格具有社会评价的意义，反映了社会文化的内涵，有好坏之分。而气质更多地受生理上和心理上的特点制约，虽然在后天环境影响下也有所改变，但与性格相比，它更具有稳定性，变化也更为缓慢。

(二)道德人格的类型

道德人格指的是个人道德与一定社会道德之间的关系,从静态和动态两个维度的不同层面来看,可以将道德人格划分为以下多种类型。

逆反型,指漠视、拒绝甚至敌视社会上占主导地位的道德体系的个体所具有的道德人格。

趋同型,指认同和信仰社会占主导地位的道德价值体系的个人所具有的道德人格。

超越型,其特征之一是主体对社会占主导地位的社会道德体系的认同和信仰是建立在高度自觉的基础上。

自私型,指奉行个人主义或利己主义价值准则的个体所具有的道德特质。

自尊型,指关注自身道德形象的个人所具有的道德特质。

超我型,指那些在利益追求上已经超越了狭隘自我欲求的个体所具有的道德特质。

自我分裂型,这是一种不健全或病态的道德人格。其主体的特点是缺乏对一定社会道德体系的坚定而明确的信仰,其价值观念是混乱的。

自我平衡型,这一类型的道德人格主体对某种社会道德体系具有较为明确且坚定的信仰,虽然常难以完全摆脱其他道德体系的干扰影响,但基本上能保持相对一致的价值追求。

自我同一型,指对一定社会道德体系怀有真诚、明确和坚定的信仰,是理想的人格类型。

被动适应型,其基本特点在于缺乏必要的道德主体性。

主动适应型,这一类型的道德人格已经形成了自己的道德自觉和自主选择能力,并能积极适应社会道德价值导向的要求。

积极创造型,与主动适应型的道德人格相比较,这一类型的道德人格已经超越了仅仅适应某种社会道德规范的界限,进入了在主动适应基础上积极进行创造的新领域。

他律型,这种类型的道德人格与被动适应型道德人格有联系也有区别,联系在于他们都缺乏道德自主能力,行为上处于不自由状态,区别则在于前者主要是指人格主体适应社会道德要求的行为状态,后者则主要描述人格主体理解并把握道德必然性的程度或水平。

自律型,其主要特点是人格主体遵守社会道德规范,并非出于外界的告诫或暗示、命令和引导,而是基于对道德准则的理解和责任意识基础上的主体自觉。

自由型,这是道德人格在其发展水平上的最高最优类型。对于这一类型的道德人格来说,社会道德要求作为必然,已经创造性地内化为主体的自由意志。

反向变异型,是指道德人格朝着应有的反面方向发生变化或转化。

正向变异型,指道德人格朝着应有的方向发展变化,即朝着社会进步道德价值导向所规定的正确方向转化,表现为从坏到好、由低级到高级的转化发展。

四、健全人格的特征

健全人格指的是各种良好人格特征在个体身上的集中体现。国内外学者对于健全人格都提出了相应的论述，他们从不同的角度出发，提出了各自的见解。阿尔伯特提出人格健全的六条标准：力争自我的成长；能客观地看待自己；人生观的统一；有与别人建立和睦关系的能力；人生所需的能力、知识和技能的获得；具有同情心和对一切有生命之物的爱护。我国学者高玉祥认为，健全人格的特点有：内部心理和谐发展；人格健全者能够正确处理人际关系，发展友谊；人格健全者能把自己的智慧和能力有效地运用到能获得成功的工作和事业上。这些阐述都是衡量人格是否健全的标志，尽管许多人在实际生活中可能难以达到这些标准，但这些标准为我们如何培养健全人格提供了一种范式。从实际情况来看，健全人格应包含以下几个方面的内容：

（一）独立自尊

人格健全者拥有乐观向上的生活态度，积极热情地面对生活，有正确的人生观与价值观，并能以理性分析生活中的事件，头脑中的非理性信念较少，人格独立，自信自尊。

（二）人际关系和谐

人格健全者心胸开阔、善解人意、宽容他人、尊重自己也尊重他人，在与不同的人交往时，表现出适宜的态度，既不狂妄自大，也不自卑退缩，在人际关系中具有吸引力，深受大家的喜欢。

（三）自我悦纳，接纳他人

人格健全的个体能够积极开放自我，正确认识自己和他人，坦然接受自己和他人的局限，并对生活持乐观向上的态度。

（四）能够发挥自己的潜能

人格健全者具有自我发展、自我塑造与自我完善的能力，能够充分发挥自身的创造力创造性地生活，发现生命的意义并选择有意义的生活。

五、人格美的塑造

人格塑造的一个重要目标是在人格修养和自我完善方面达到一定高度，体现出良好的道德意识和社会行为习惯，具备人格美。

丰子恺先生曾形象地比喻过，他把人格看作一只鼎，而支撑这只鼎的三足就是人的思想——真、品德——美、情感——善。这三者和谐统一构成了完美健全的人格。那么，如何塑造健全的人格呢？

（一）塑造人格美的基础：丰富知识

在现实生活中，许多人的人格缺陷源于知识的缺乏。例如，无知容易导致自卑和粗鲁,而丰富的知识则能使人变得自信、坚强、理智、热情和谦恭。未来社会中的高级人才必然包含着高品质的人格内涵,这样的人格素质必须通过高层次文化的熏陶来形成。在学好专业知识之余,应该加强人文社会科学文化知识的学习,多参加富有深厚文化内涵的艺术活动,培养自己的高级审美能力。这些对形成博大、高尚、健康的人格至关重要。

(二)塑造人格美的土壤:融入集体

集体是人格塑造的土壤,也是人格表现的舞台。人格的发展与塑造过程,实质上是一个社会化的过程,是人与他人、集体、社会之间相互作用的过程。几乎每个人都有与人交往、沟通的需要,希望得到群体的认可和接纳,以满足人的归属需要。大学生生活在大学生群体中,通过社会交往,尤其是与同学和朋友进行思想上的沟通和感情上的交流,可以获得启发、指导和帮助,从而增进了解、开阔心胸,增强生活、学习的信心和力量,最大程度地获得来自群体的心理支持。这对维持和优化人格品质具有重要的影响。同时,通过社会交往,在判断别人的人格品质的同时,也在对自己的人格品质做出评判,能及时发现他人和自身人格品质中好与不好的一面,进行择优汰劣。

(三)塑造人格美的方法:择优汰劣

择优,即选择一些良好的人格品质作为自己努力的目标,如自信、开朗、勇敢、热情、勤奋、坚毅、诚恳、善良、正直等。汰劣,即针对自己人格上的缺点和弱点予以纠正,如自卑、懒散、任性、急躁等。无论一个人的人格多么健全,其人格品质中都包含积极与消极的方面。因此,首先应该了解自己的人格特征,然后不断优化自己的人格品质。

(四)塑造人格美的途径:从小事做起

"不积跬步,无以至千里;不积小流,无以成江海。"人格优化就是要从身边的小事做起。塑造健全的人格,首先要了解自身,正确认识和对待自己的优点与不足。同时,还要善于发现他人的优点,尊重他人。了解自己是认识他人的起点和基础,所谓"设身处地",即讲求"推己及人""己所不欲,勿施于人"。此外,还应该在深入了解自我的过程中,培养尊严感、责任心、同情心、宽容心以及对祖国、同胞和全人类的爱心。

(五)塑造人格美的关键:培养弹性人格

弹性人格意味着对事物能够有多角度的看法。它主要包括以下几点:

1.和谐的人际关系

人际关系是衡量一个人人格健康程度的重要标志。人格健康的人乐于与他人交往,常以诚恳、公平、谦虚、宽容的态度对待他人,从而赢得他人的尊重与接纳。

2.良好的情绪调控能力

情绪标志着人格的成熟程度。人格健康的人情绪反应适度,具有调节和控制自己情绪的能力。他们通常保持愉快、满意和开朗的心境,并富有幽默感。当消极情绪出现时能合理地宣泄、排解、转移和升华这些情绪。

3.较强的社会适应能力

社会适应能力反映了个人与社会的协调程度。人格健康的人能与社会保持良好的、密切的接触,以开放的态度主动关心社会动态,积极了解、接触社会。在认识社会的同时,他们不断更新自己的思想和行为,确保跟上时代的发展步伐,满足社会的需求。这种能力特别体现在对新环境的快速适应上。

4.乐观向上的生活态度

积极的生活态度是人类在社会实践活动中获得的本质力量的表现。乐观的人常常能看到生活的光明面,对前途充满希望和信心,对自己所从事的工作和学习抱有浓厚的兴趣,并在其中发挥自身的智慧和能力,即使面对困难和挫折,他们也能不畏艰险,勇于拼搏。

人人都渴望拥有健全的人格,也在努力塑造健全的人格。因为只有具备健全的人格,才能保持愉快、开朗、自信和满足的心情,才能从中找到生活的乐趣、对未来充满希望;更重要的是,情绪稳定良好,具有调节、控制自己情绪以保持与周围环境动态平衡的能力,才能使自己的情感表达恰如其分、辞令通畅、仪态大方,才能最大限度地发挥个人的聪明才智,从而实现人生的最大价值。只要坚持不懈地努力,就一定能够让自己的人格更加健全和完善。

拓展链接

常见的人格缺陷及矫正方法

人格缺陷是介于正常人格与人格障碍之间的一种人格状态,也可视为一种人格发展的不良倾向,或某种轻度的人格障碍。常见的人格缺陷包括自卑、抑郁、怯懦、孤僻、冷漠、悲观、依赖、敏感、多疑、焦虑以及对他人的敌视、暴躁冲动、破坏行为等。这些都是不健康的心理因素。它们不仅影响活动效率,妨碍正常的人际关系,同时还可能会给人蒙上一层消极、阴暗的色彩。因此,了解并掌握一些常见人格缺陷的特征及矫正方法,有利于健全人格的塑造。

一、悲观及其改变

悲观主要表现在有的人遇到不如意或失败的情况时便垂头丧气、怨天尤人,或自认为无能为力,甘愿接受失败,对未来失去信心,心灰意冷。这种心态极易导致"自卑情结"的形成,并在自我评价中经常伴随着消极的情绪体验,如不安、内疚、胆怯、忧伤、失望等。引起悲观的情绪的原因既包括人生态度和意志品质方面的因素,也与认知错误和人格不成熟有关。有些人则是因为理想破灭、道路坎坷而灰心丧气。悲观心理是一种严重的不健康心理状态,对人的身心危害极大。那么,怎样才能走出悲观,走出情绪低谷,培养乐观的人生态度呢?德国心理学家皮特·劳斯特提出了一些有价值的建议:"越担惊受怕就越遭灾祸。因此一定要懂得积极态度所带来的力量。"具体来说：①自信和乐观能够引导你走向成功；②即使处境困难也要寻找积极的因素；③以幽默的态度接受现实中的失败；④不要把悲观作为保护自己免于失望的缓冲剂；⑤不管多么严峻的形势向你逼来，都要发现有利的条件；⑥在闲暇时间努力接近乐观的人；⑦悲观并非天生，通过努力不仅可以减轻它，甚至可以转变为一种新的乐观态度。此外，培养多方面的兴趣与爱好，参加集体活动和体育锻炼，观看幽默剧、相声等能给人带来欢笑的节目，都有助于培养乐观的性格。

二、羞怯及其改变

羞怯是一种自我防御心理过强的结果，其特点表现为过于胆小被动、谨小慎微，以至于说话时往往表达不清，总担心出错，因此把自己搞得神经紧张、坐立不安；过于关注自己。特别注意自己在别人心目中的形象，总觉得自己处在众目睽睽之下，从而感到拘束。羞怯者对自己的社交能力、表达能力、做事能力以及自我形象缺乏信心，这使他们即使有能力完成某件事，也可能因为这种不自信而难以如愿。

虽然羞怯的人格特征与神经类型有一定的联系，但更多是由后天因素造成的。因此，通过有意识地调节可以改变这种状况：①对自己进行具体的分析，找到自己的优劣势，发扬长处以增强信心，同时弥补不足。②放下思想包袱。实际上，每个人都有害羞的心理，只是有些人更善于调节情绪，并注意锻炼罢了。金无足赤，人无完人，说错话、办错事并不可怕，也不必难为情，错了改正即可。要知道，一个人成长的道路总是伴随着不完善，接纳自己的不足才能健康发展。③不要过于在意他人的议论。如果一个人总把别人的话放在心上，将会寸步难行，自尊心也会越来越低。只要确定了自己的方向，就大胆去做，因为无论你做得多么出色，也不可能得到所有人的赞扬。尊重自己，发展并确立自我形象，让自己成为一个独特的人，生命的意义便会呈现出全新的面貌。④有意识地锻炼自己。胆量和能力都是通过锻炼获得的，要敢于说第一句话，迈出第一步。一旦这样做，你会发现自己不但有能力把事情做好，而且有潜力把事情做得更好。试想一个人若被自卑感所笼罩，他的精神活动就会受到严重束缚，从而使其聪明才智和创造能力受到严重的压抑。因此，无论遇到了哪种糟糕的事情，都应坚信自己是一个发展中的、强有力的人，你的身上有无限的潜力等待挖掘，你的大脑有无穷的智慧等待发现。只要保持自信，你就能微笑着面对人生的风风雨雨。

三、猜疑及其改变

猜疑是一种非常有害的人格缺陷，它会导致人际关系紧张、伤害他人感情、无事生非等问题；同时，自己也会陷入庸人自扰、苦闷、惶惑的不良心境中。拥有这种不健康人格特征的人应积极寻求矫治：①当出现猜疑时，先不要外露，留心观察。即使猜疑被证实，也不因此感到震惊；如果猜疑不成立，则应立即打消疑心，因为不曾外露也不会伤害到别人。②加强沟通有助于消除误会，改善、增进彼此之间的信任感。③抛弃成见和克服自我暗示,学会全面和发展地看问题,改变封闭式思维习惯。④"心底无私天地宽",无私就无畏,坦坦荡荡地做人,不要过分在意他人的看法,相信日久天长见人心。只有这样,才会生活得愉快。

四、急躁及其改变

急躁是一种常见的不良人格品质,表现为遇到不称心的事情时立即变得激动不安,做事前缺乏充分准备就盲目行动,缺乏耐心、细心和恒心。说话办事快、竞争意识强、容易冲动,情绪常常处于紧张状态。常常什么都想学,想在短时间内学会,急于求成,而实际效果往往达不到期望的目标,从而导致泄气和发怒,既影响自己的健康和效率,又妨碍人际关系。那么,怎样克服急躁的缺点呢?①思先于行。加强自我修养,自觉地养成冷静沉着的习惯。在学习和生活中,对非原则性问题,尽量避免与人发生矛盾冲突甚至激化矛盾,把精力集中在积极思考上。②改变行为方式。细心、认真行事。例如,吃饭时间不得少于20分钟,细嚼慢咽;发言前先思考,控制语速,不随意打断他人讲话;阅读时细读,边读边思考;工作中改掉冲锋陷阵似的习惯,有条不紊地进行工作。③控制发怒。将"退一步海阔天空"铭记在心,时刻提醒自己遇事要冷静。④采用放松疗法。在工作学习之余,常听轻松、优雅、恬静的音乐,赏花悦心、书画静神……使肌肉、神经都处于完全放松状态。

审美实践

人之美鉴赏

(1)欣赏舞蹈《两棵树》,请写出你的鉴赏心得。

_____

_____

_____

(2)观看电影《焦裕禄》,请写出你的鉴赏心得。

_____

_____

_____

在线检测

练一练,更优秀

互动空间·自我评价

模块三　人间真味——生活美

食不厌精,脍不厌细。
　　　　——孔子

　人间有味是清欢。
　　　　——苏轼

我看青山多妩媚,料青山见我应如是。
　　　　——辛弃疾

　服装往往可以表现人格。
　　　　——莎士比亚

人充满劳绩,但还诗意地栖居在这片大地上。
　　　　——荷尔德林

专题五
探寻霓裳之秘：服饰美

知识目标：

- 了解服饰发展历史，掌握服饰美的总原则。
- 掌握服饰搭配、首饰佩戴的原则与技巧。

能力目标：

- 能理论联系实际，提升对服饰美的鉴赏能力。
- 能将服饰搭配、首饰佩戴的原则与技巧应用于日常生活，提升生活品质。

素质目标：

- 通过对中国传统服饰的了解和服饰礼仪的学习，提升审美素养，增强民族自豪感，培育热爱生活的美好情怀。

要点一览

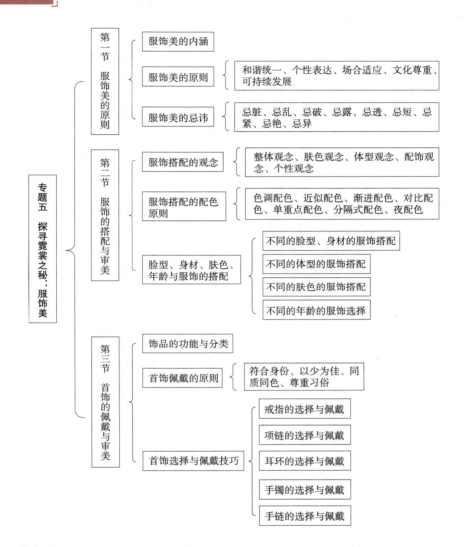

内容导航

　　服饰作为一种符号和象征,可以表明身份、个性、气质、情绪和感觉,也可以反映个体的追求、理想和情操。美的服饰在社交中能带来美的享受,显著提升社交中的公关效果。服饰是人体美不可或缺的组成部分。人的形体之美主要取决于先天遗传,而服饰却是改变外观最简便有效的手段。本部分内容主要包括服饰美的原则、服饰的搭配与审美,以及首饰的佩戴与审美。

第一节　服饰美的原则

案例导入

美国的心理学者雷诺·毕克曼进行了一项有趣的实验：在纽约机场和中央火车站的电话亭里，在任何人都可以看到的地方，他放置了10美分，一旦有人进入电话亭，约两分钟后，他就派人敲门说："对不起，我在这里放了10美分，不知道你有没有看到？"结果显示，当询问者的衣着得体时，硬币被归还的比例为77%，而当询问者衣着寒酸时，这一比例仅为23%。

进入电话亭里的人在面对穿着整齐的询问者时，可能会认为对方跟自己说了很重要的话；而对衣着寒酸的询问者，由于不愿意与其接触，他们可能不想去理会对方的问题，可能根本没有听清楚问题，就直接回答"不"，试图快速结束对话。"佛靠金装，人靠衣装。"由此可见，穿着对一个人的形象有着极大的影响，大多数人对他人的第一印象往往从其衣着开始。

【案例解析】　衣着本身就是一种无声的语言，不但能给对方留下一定的美感，还能反映出你个人的气质、性格及内心世界。穿着合适而具有美感的服装能够给人以好感，同时直接展示出一个人的修养、气质与情操。往往在他人尚未深入了解你或你的才华之前，你的着装就已经向别人透露了你是怎样的人。相反，衣冠不整、蓬头垢面则可能让人联想到失败者的形象。因此，得体的服饰可以给人留下好的印象，增加自己的自信心，做事也会事半功倍。

俗话说："人靠衣裳马靠鞍。"合适的着装能展现一个人的个性魅力。得体的服饰不仅可以展示自我的个性风采，而且在社交中还能大大提高自信心。服饰美是一门深奥的艺术，一个人穿什么、怎么打扮，绝不是随随便便的事情，它必须与个人的性格、气质、职业、年龄以及所处环境相协调，必须符合社会礼仪规范。唯有如此，才能给人以美的感受。尤其是女性，更应该把服饰当作一种无声的语言，用服饰来展示自己的身份、涵养、个性爱好和审美情趣等，用美好的形象征服他人，让自己始终散发迷人的魅力。

一、服饰美的内涵

服饰美在于结合个人的气质与体型，穿戴合适的衣服、配件，给人以赏心悦目的感觉。服饰的美与不美，关键不仅在于款式、面料，也在于色彩、图案，更在于搭配。用辩证的眼光来看服饰美，我们不难发现，作为一种物质文化的产物，服饰脱离了人体，难以发展为一种精神文化，只有当服饰满足了穿着者在社会活动和个人欣赏上的审美需求时，服饰才会由蔽体的基本功能向满足人社会性需求的审美功能飞跃。服饰作为一种文化形态,贯穿了中国古代各个历史时期。从服饰的演变中可以窥见历史的变迁、经济的发展和中国文化审美意识的嬗变。无论是商的"威严庄重",周的"秩序井然",战国的"清新",汉的"凝重",还是六朝的"清瘦",唐的"丰满华丽",宋的"理性美",元的"粗壮豪放",明的"敦厚繁丽",清的"纤巧",无不体现出中国古人的审美设计倾向和思想内涵。

二、服饰美的原则

在人类文明的长河中,服饰不仅是人类遮体避寒的基本需求,更是人类个性表达、审美追求与社会文化的重要载体。服饰之美不仅体现在其材质、色彩和款式等外在形式上,更蕴含于穿着者所传递的情感、态度与价值观之中。探讨服饰美的原则,有助于我们更好地理解并创造符合时代精神与个人特色的着装风格。接下来,本节将从几个核心原则出发,阐述服饰美的内涵。

(一)和谐统一原则

和谐统一是服饰搭配的首要原则。这包括服饰与人体形态、肤色和气质的和谐,以及服饰内部各元素(如颜色、图案、材质)之间的协调。例如,身材高挑者适合穿着线条流畅、色彩简洁的衣物,以突出其身材优势;肤色较暗的人应避免过于暗沉的颜色,选择能提亮肤色的色彩。此外,整体着装的色彩搭配应遵循色彩学原理,如对比色搭配可以增加视觉冲击力,而邻近色搭配则有助于营造和谐氛围。服装的款式、色彩和配饰之间也应相互协调,避免显得过于突兀或杂乱无章。

(二)个性表达原则

服饰是个性的延伸,是自我风格的直接体现。每个人都有独特的审美观和个性特征,服饰选择应充分尊重并展现这一点。无论是追求前卫潮流,还是偏好复古经典,或是钟情于简约自然,最重要的是通过服饰传达出真实的自我,让服装成为表达自我情感和态度的媒介,充分彰显个人的品位和风格。个性表达并不意味着盲目跟风或过度张扬,而是在理解自我的基础上,选择那些能够让自己感到舒适、自信和充满魅力的服饰。

(三)场合适应原则

服饰的选择还需考虑具体的穿着场合。不同的社交、工作或休闲环境对服饰有着不同的要求。正式场合如商务会议、晚宴等,需要着装正式、得体,以展现专业性和尊重;休闲场合如家庭聚会、朋友出游,则可选择更加轻松、随性的装扮。了解并遵守场合着装规范,不仅是对他人的尊重,也是个人素养的体现。比如,在办公室工作就要穿着正规的职业装或工作服。对于喜庆的场合如婚礼、纪念日等,可以穿着时尚、潇洒、明亮、鲜艳的服装;而在悲伤场合如葬礼、遗体告别仪式等,参加者的心情是沉重而悲伤的,因此应穿着素雅、肃穆的服装,宜选择黑色、蓝色等深色正装。

(四)文化尊重原则

在全球化的今天,服饰成为文化交流的重要桥梁。穿着具有不同文化背景的服饰时,应充分了解其背后的文化意义,以避免误解或冒犯。尊重并恰当地展现不同文化的服饰特色,不仅能促进对文化多样性的理解与尊重,也是个人审美素养的展现。例如,穿着传统民族服饰时,了解其象征意义和穿着礼仪,能够更好地传递服饰之美。

(五)可持续发展原则

随着环保意识的增强,可持续时尚成为服饰美的新维度。选择环保材料、支持循环再利用、减少浪费的服饰产品,不仅是对地球负责的表现,也是对未来时尚趋势的响应。可持续时尚鼓励创新设计,延长服饰的使用寿命,减少对环境的影响,让美与责任并行。

综上所述,服饰美的原则是一种多维度、综合性的理念,它包括了和谐统一、个性表达、场合适应、文化尊重以及可持续发展等多个方面。在实践中,我们应灵活运用这些原则,结合个人实际情况,创造出既符合审美标准又独具个人特色的服饰风格,让服饰成为展现自我、连接世界的美好语言。

三、服饰美的忌讳

在日常生活中,注重仪表美尤为重要的一环,是要规范个人的服饰。正如莎士比亚所言,一个人的穿着打扮,是他的教养、阅历和社会地位的象征。一般而言,着装有"脏、乱、破、露、透、短、紧、艳、异"九字忌讳。

(一)忌脏

脏,指的是懒于换洗衣服,导致衣物皱褶、布满油污和汗渍,甚至难以看出衣服原本的颜色,或是散发出令人不适的气味。整天穿着邋遢的人,不仅显得精神萎靡,还可能让别人觉得他们对生活失去了热情与信心。务必牢记,工作再忙,身体再累,都不应成为穿着脏衣服上班的借口。作为有志于为人民服务者,"一屋不扫,何以扫天下"呢?

(二)忌乱

乱,指的是穿衣不符合规范。这不仅包括将适合办公场合的服装穿得不合体统,如上衣不是穿在身上而是随意披在肩上,裤管与袖口非要卷得高高的不可,或是把本不协调的衣服强行搭配在一起,如西服外套搭配牛仔裤或健美裤,以及在穿西装套装时配上布鞋、凉鞋或旅游鞋等。此外,还包括在办公环境中穿着不合适的服装进入办公室。比如穿着运动服或时装上班,这样会给人留下不专业的印象,显得格格不入。

(三)忌破

破,是指服装出现破损、伤痕或磨损的情况。我国历来提倡艰苦奋斗和勤俭节约的精神,但这并不意味着可以在办公场所穿着破损严重的服饰。纵使因为意外导致自己的衣服"挂花",也应尽可能采取补救措施,如更换或缝补等,避免让他人看到破损的着装。

如果在办公时穿着的服装在这儿有个裂口,那儿烧了个窟窿,甚至连纽扣也不齐全,这样的装扮是难以使人信服其工作的态度是认真、严谨的。

(四)忌露

露,指的是无意或有意地过度暴露本应保持私密的身体部位,从而给人留下不好的印象。在办公时,工作人员应当忠于职守,勤于政务,避免穿着过于暴露身体的服饰。在较正式的场合中,通常不宜穿露胸、露肩、露背、露腰或暴露大腿的服装。此外,赤脚不穿袜子也被视为不够正式的行为。

(五)忌透

透,指的是外穿衣服过于单薄或透明,致使内衣若隐若现,甚至昭然若揭。在办公场合,应当避免追随"流行季风",切忌故意穿着"透视服"。在办公室内穿着"透视服",不仅会让人质疑个人的职业态度,还可能使同事感到尴尬。处理不当的话,可能会给人留下轻浮的印象。需要指出的是,有些人在办公时的着装选择,未必是有意让人"透视"自己,而是因为他们缺乏基本的着装常识。例如,在穿着衬衫时,他们可能不了解内衣颜色应尽量与衬衫相匹配;在穿着较薄的面料时,也不清楚应该搭配衬裙等措施。

(六)忌短

短,在此指的是衣物过短,导致不应该暴露的身体部分暴露出来。根据礼仪规范,出于对自身及他人的尊重,在办公场合通常不适合穿着如背心、马甲、短裤和"露脐服"。对于女性而言,在比较重要的活动场所中,应避免穿着超短裙。穿着超短裙不仅行动多有不便,也有失庄重。此外,在办公环境中的着装应确保尺寸合适、长度适中。切不可让服装显得过短或不合身,以至于给人以局促不安的印象,缺乏专业气质。

(七)忌紧

紧,主要是指在选购或定制服装时,刻意选择紧贴身体的款式,使得身体轮廓过度显露,这既不雅观,也不符合礼仪规范。因此,这类服装是不适合在办公时穿着的。女士尤其要注意,应避免在办公时穿高弹性的"紧身服",以免引起不必要的注意或让人感到不适。

(八)忌艳

艳,就是指着装色彩过多,过于艳丽以及图案过于复杂。在办理公务时,着装应体现出庄重保守的风格,而不应过于花哨或引人注目。因此,应避免穿着色彩过多、过于鲜艳或图案复杂繁复的服装。理想情况下,建议选择深色无图案的套装,并确保全身服装的色彩不超过三种。

(九)忌异

异,就是指着装过分怪异或奇特。目前看来,着装怪异主要分为三种。其一,款式过异,如"乞丐装"就是一个典型例子。其二,搭配过异,即不按常规进行搭配。如把长衬衫穿在里面,而将短衫穿在外面。其三,穿法过异,即不依照正常的方法穿戴服装和饰品。例如,把衬衫围在腰上,将太阳镜支在头顶。这些过于夸张的着装做法,是切不可取的。

拓展链接

中国服饰的发展

审美实践

废土风穿搭欣赏

　　废土风穿搭是一种独特的服饰穿搭风格,它强调破旧感和机能性,通过解构和拼接的手法,将不同材质、不同形状的元素组合在一起,形成独特的服装风格。废土风格以其独特的审美价值吸引了大量追求个性和创新的年轻人。它打破了传统美学的束缚,以一种全新的视角来审视和表达世界。请查询资料,总结废土风穿搭的审美特点,并谈谈你对这种风格的理解。

互动空间·自我评价

第二节　服饰的搭配与审美

案例导入

　　张先生是一家企业的董事长兼总经理,他喜欢深入生产第一线处理工作,忙得无暇顾及自己的穿着。有一次,因为外商来访过于突然,张先生没来得及换衣服,导致衬衣领口部分不太干净,领带花哨且未系正,领带、衬衣与西服的样式搭配也不和谐。此外,他还把一些零碎的物品塞进了上衣和裤子口袋,弄得口袋鼓鼓囊囊,裤子的裤线也不明显,鞋面上落有灰尘和水渍。

　　这位外商是法国巴黎某公司的总经理,他的穿着整洁高雅,恰到好处地衬托了个人的风度和气质。当张先生和外商在会议室见面时,这位法国客人看着张先生的服饰,脸上闪过一丝诧异,在握手时也显然有些漫不经心。

　　张先生身边的翻译小姐非常机智,连忙用法语解释道:"我们公司是一个注重效益和时间观念的大型企业,张经理经常深入生产第一线指导工作,他刚从生产车间出来,未来得及更换服装就赶来见您。"

　　张先生和外商握手寒暄了几句后,尴尬的气氛有所缓和。

　　谈判开始,外商单刀直入地说:"我对贵公司的经营实力表示怀疑。作为企业的总经理,是企业的代表,然而,总经理先生的衣着却给人一种陈旧、落后的印象。我们认为,无论多么忙碌,都不应成为忽视外表的理由。由此我们可以推断,贵公司可能不太重视产品形象的设计……"

　　张先生听了这番话,深感羞愧,没想到自己的一次疏忽竟可能影响到一笔重要的生意。

　　【案例解析】　这就是所谓的"没时间"造成的损失。因此,给自己留出一些时间来关注着装打扮吧,不要整天只忙于工作而忽视了自身的形象。因为一个良好的形象可以在事业上助你一臂之力,使你的终日劳碌能结出丰硕的果实。如果不注意个人的形象,你的事业很有可能会因此受到影响。

　　在生活中,人们的仪表非常重要,它反映出一个人的精神状态和礼仪素养,是人们交往中的"第一形象"。天生丽质、风仪秀整的人毕竟是少数,然而我们却可以靠化妆修饰、发式造型、着装配饰等手段,弥补和掩盖在容貌、形体等方面的不足,并在视觉上突出自身更美的方面,使之得以衬托和强调,使形象得以美化,本章主要介绍服饰的搭配与审美。

一、服饰搭配的观念

服饰搭配的观念是个人审美、文化背景、生活方式以及时代潮流的综合体现。它不仅关乎服装本身的选择与组合，更涉及如何通过服饰来表达自我、彰显个性，并与周围环境和谐共融。以下是一些核心的服饰搭配观念：

(一)整体观念

服饰是立体活动的彩色雕塑，所以不要把上下装分开来看造型，而要从整体上审视自己的装扮。

(二)肤色观念

首先要确定适合自己肤色的色彩系列。所有的服装都是要穿在自己的"肤色"之上，而不是配在白墙上或白色、黑色模特架上的。如果你真的酷爱某一种颜色，最好还是把它用来布置房间吧！

(三)体型观念

对于体型不完美的人来说，尤其要学会用服饰来改变，做到扬长避短、恰到好处，让人首先注意到你的体型的优美与长处。如臀部较大可能让人苦恼，但穿上带有皱褶的长裙，则可以展现出潇洒的田园风格。

(四)配饰观念

配饰与服装密不可分，购买完衣服仅仅是万里长征走完了第一步，还应该预留一半的资金预算用于配饰。认为配饰可有可无或不重视配饰的人，往往会被认为缺乏品位。

(五)个性观念

年轻人对于流行趋势反应敏锐，但往往是粗线条的直觉，加上不会搭配，反而显得没有品位。最聪明的做法是把流行元素当作"调料"融入当季衣服中，使自己永远时髦又别具一格。

二、服饰搭配的配色原则

服饰美的
色彩搭配

(一)色调配色

色调配色是指将具有某种相同性质(冷暖调、明度、艳度)的色彩搭配在一起，色相越丰富越好，至少应包含三种色相。例如，同等明度的红、黄、蓝搭配在一起。大自然中的彩虹就是很好的色调配色实例。

(二)近似配色

近似配色是通过选择相邻或相近的色相进行搭配。由于这些颜色通常含有三原色中某一共同的颜色，因此它们的组合显得十分和谐。因为色相接近，所以也比较稳定，如果是单一色相的浓淡搭配则称为同色系配色。一些出彩的搭配包括紫配绿，紫配橙，绿配橙。

（三）渐进配色

渐进配色是指根据色相、明度、艳度三要素之一的程度高低依次排列颜色。特点是即使色调沉稳，也很醒目，尤其是色相和明度的渐进配色。彩虹既是色调配色，也属于渐进配色。

（四）对比配色

对比配色是指利用色相、明度或艳度之间的反差来进行搭配，有鲜明的强弱。其中，明度对比给人明快清晰的印象，可以说只要存在明度上的对比，配色就不会太失败。比如，红配绿，黄配紫，蓝配橙。

（五）单重点配色

单重点配色是让两种颜色形成面积的大反差。"万绿丛中一点红"就是一个典型的单重点配色。实际上，单重点配色也是一种对比形式，相当于一种颜色作为底色，另一种颜色作图形。

（六）分隔式配色

当两种颜色比较接近、看上去不分明时，可以通过在它们之间加入对比色来增强整体效果，这样整体效果就会很协调了。最简单的加入色是无色系的颜色和米色等中性色。

（七）夜配色

严格来说，夜配色不算是真正的配色技巧，但它非常实用。高明度或鲜亮的冷色与低明度的暖色结合被称为夜配色或影配色。其特点是营造出神秘、遥远的感觉，并充满异国情调、民族风情。例如：凫色配勃艮第酒红，翡翠松石绿配黑棕。

三、脸型、身材、肤色、年龄与服饰的搭配

（一）不同的脸型、身材的服饰搭配

长脸：不宜穿与脸型相同的领口衣服，更不宜穿V形领口和开得低的领子的衣服，不宜戴长的下垂耳环。适宜穿圆领口的衣服，也可选择高领口、马球衫或带有帽子的上衣，可戴宽大的耳环。

方脸：不宜穿方形领口的衣服，不宜戴宽大的耳环。适合穿V形或勺形领的衣服，可戴耳坠或者小耳环。

圆脸：不宜穿圆领口的衣服，也不宜穿高领口的马球衫或带帽子的衣服，不适合戴大而圆的耳环。最好选择V形领或翻领衣服，可以佩戴耳坠或者小耳环。

粗颈：不宜穿关门领式或窄小的领口和领形的衣服，不宜戴短而粗紧围在脖子上的

项链或围巾。适合穿宽敞的开门式领形的衣服,当然也不要太宽或太窄,适合佩戴长珠子项链。

短颈:不宜穿高领衣服,不宜戴紧围在脖子上的项链。适宜穿敞领、翻领或低领口的衣服。

长颈:不宜穿低领口的衣服,不宜戴长串珠子的项链。适宜穿高领口的衣服,系紧围在脖子上的围巾,宜佩戴宽大的耳环。

窄肩:不宜穿无肩缝的毛衣或大衣,不宜穿窄而深的 V 形领的衣服。适合穿开长缝的或方形领口的衣服,可穿宽松的泡泡袖衣服,适宜加垫肩类的饰物。

宽肩:不宜穿长缝的或宽方领口的衣服,不宜戴太大的垫肩类的饰物,不宜穿泡泡袖衣服;适宜穿无肩缝的毛衣或大衣,适宜穿深的或者窄的 V 形领的衣服。

粗臂:不宜穿无袖衣服,穿短袖衣服也以在手臂一半处为宜,适宜穿长袖衣服。

短臂:不宜穿太宽的袖口边的衣服,袖长为通常袖长的 3/4 为宜。

长臂:衣袖不宜又瘦又长,袖口边也不宜太短,适合穿短而宽的盒子式袖子的衣服或宽袖口的长袖子衣服。

小胸:不宜穿露乳沟的领口的衣服,适合穿开细长缝领口的衣服或穿水平条纹的衣服。

大胸:不宜用高领口或者在胸围打褶,不宜穿水平条纹图案的衣服或短夹克。适合穿敞领和低领口的衣服。

长腰:不宜系窄腰带,不宜穿腰部下垂的服装。以系与下半身服装同颜色的腰带为佳,适合穿高腰的、上有褶饰的罩衫或带有裙腰的裙子。

短腰:不宜穿高腰式的服装和系宽腰带。适合穿使腰、臀有下垂趋势的服装,系与上衣颜色相同的窄腰带。

宽臀:不宜在臀部补缀口袋,不宜穿打大褶或碎褶的鼓胀裙子,不宜穿袋状宽松的裤子。适合穿柔软合身、线条苗条的裙子或裤子,裙子最好有长排纽扣或中央接缝。

窄臀:不宜穿太瘦长的裙子或过紧的裤子。适合穿宽松袋状的裤子或宽松打褶的裙子。

(二)不同的体型的服饰搭配

1.体型高大者的着装

体型高大的人在服装选择与搭配上,应注意上衣适当加长以减少视觉上的高度,切忌穿太短的上装。服装款式不宜太复杂,适宜选择横条纹或格子图案的上装。服装色彩宜选择深色、单色,太亮太淡太花的色彩会有一种扩张感,使人显得更加高大。

2.体型矮小者的着装

体型矮小的人希望通过服装打扮来增加身高感,故上衣不宜太长、太宽,裤子不应太短,裤腿不宜太大,裤子宜盖着鞋面为好,服装色彩宜稍淡、明快柔和些为好,上下身色彩一致有助于营造修长之感。服装款式宜简洁大方,忌穿横条纹的服装。V形无领外套比圆领更能营造修长之感。简洁连衣裙可以提高腰线,忌用太阔的腰带。

3.体型较胖者的着装

体型较胖的人穿衣时应尽量让自己显瘦,故不能穿太紧身的衣服。以宽松随意为好,衣领以低矮的V领为最佳,裤或裙不宜穿在衣服外边,也应避免使用太夸张的腰带,以免突出粗大的腰围。在颜色上以冷色调为好,因为过于鲜艳的颜色会使身材显得更胖。忌穿横条纹、大格子或大花图案的衣服。

4.体型偏瘦者的着装

体型偏瘦的人应该通过穿着来增加丰满感。不建议穿太紧身的服饰,服装色彩应尽量选择明亮柔和的色调,太深太暗的色彩反而更显瘦弱。可选穿一些横条、方格、大花图案的服饰,以达到丰满的视觉效果。

(三)不同的肤色的服饰搭配

中国多为黄种人,一般说来,不宜选择与肤色相近或颜色较深暗的衣服,比如土黄、棕黄、深蓝、蓝紫等,因为它们会使"黄"人更"黄"。通常适宜穿暖色调的衣服,如红、粉红、米色以及深棕色等。但黄种人中皮肤白净者,则无论何种深色或浅色的衣服都适合。皮肤黝黑者,适合穿暗色衣服,如铁灰、藏青等,最忌穿纯白色的衣服。中国人对人体美的审美观不同于黑色人种。中国人喜爱洁白、红润、有光泽的肤色,追求的基调是"白";黑种人喜爱肤色的黝黑油润,追求的基调是"黑"。所以,非洲人大都喜爱白色服饰,目的就是突出他们的皮肤色泽的"黑色美",而中国人如果以白突出黑就无美可言了。

(四)不同的年龄的服饰选择

不是所有的服饰搭配都适合同一个年龄段的人。由于年龄的差异,从服装款式到色彩均有讲究。一般而言,年轻人可以穿得鲜亮、活泼、随意,而中年人则应选择更为庄重严谨的风格。年轻人穿着太老气就显得未老先衰没有朝气,相反,老年人如穿得太花哨就被认为老来俏。随着生活的发展,人们着装的观念发生了许多变化,一个很明显的趋势就是:年轻人穿得素雅,中老年人则倾向于选择较为花哨的设计。老年人希望通过服装来掩盖岁月的痕迹,年轻人试图通过服饰来强化自己的成熟期,这自然无可厚非。但不管怎么说,服装打扮始终还是有年龄距离的,一个老年人如穿上少女的娃娃装总欠妥当。青春自有自己独特的魅力,而中老年人自然也有年轻人无法企及的成熟美。服饰的选择唯有适应这种美的呼应,方能展现出服饰的独特神韵。

拓展链接

服饰搭配的比例原则　　服饰的材料　　西服的选择

一、男士西装礼仪

西装,又称洋服或西服。起源于欧洲,是目前全世界最为流行的一种服装,也是商界男士在正式场合着装的优先选择。西装的造型典雅高贵,拥有开放适度的领部、宽阔舒展的肩部和略加收缩的腰部,穿在男士身上,会使其显得英武矫健、风度翩翩且魅力十足。西服的搭配和着装有很多讲究,这里简单介绍西服的搭配原则和着装礼仪。

（一）西服搭配的"三个三"原则

1.三色原则

三色原则指的是在服饰搭配中,全身上下(包括西服、衬衣、鞋子等)的颜色不应超过三种。这一原则有助于避免穿着过于杂乱无章,保持整体的简洁与统一。在选择颜色时,可以考虑色彩的和谐搭配,如相近色、对比色或互补色的运用,以营造出不同的视觉效果。

2.三一定律

三一定律强调在正式场合或商务着装中,鞋子、腰带、公文包或手提包的颜色应该保持一致。这一原则不仅有助于提升整体着装的协调性和专业感,还能在视觉上产生统一和谐的美感。通常情况下,首选黑色,沉稳大方,易于搭配各种服饰。然而,在特定场合下,也可以根据需要选择其他颜色的配饰,只要确保它们之间保持协调即可。

3.三大禁忌

禁忌穿西装不打领带。在正式场合穿着西装时,打领带是一种基本的礼仪要求。领带被认为是西服的"灵魂",不打领带会使着装不够严谨和正式。

禁忌深色西装搭配白色或彩色袜子。正式场合,西装首选深色。而深色西装搭配白色或彩色袜子在视觉上会产生突兀感,不够协调,争抢领带的风头。一般来说,深色西装应搭配深色的棉袜、羊毛袜子。

禁忌西装与运动鞋、休闲鞋等搭配。西装的标准搭配是制式皮鞋,忌讳和运动鞋、休闲鞋等风格不相符的鞋子搭配。

（二）西服的着装礼仪

（1）拆除商标:新购买的西装通常会带有品牌标签或价格标签等,这些标签应在穿着前及时拆除,以示衣服正式启用。

（2）穿好衬衫:西装应搭配正式衬衫,首选浅色,衬衫下摆需完全塞入西裤内;衬衫大小适宜,领口高于西装领口,袖口露出西服外套袖子2厘米左右。

（3）扣好纽扣:男士西装分为单排扣和双排扣。单排扣西装一般为两粒扣或三粒扣,都遵循"扣上不扣下"的原则,即对于两粒扣西装只扣上面一颗,三粒扣西装则可扣上面两颗或仅扣中间一颗。着西装站立时,应扣上西装纽扣,显得更为得体;坐下时,为求舒适且不影响西服线条,西装扣可以解开。

（4）少装东西:在许多场合,我们总是可以看到在男士的西装上衣口袋中常常会露出手帕的一角作为装饰,这种做法早已风靡全球。同风格的手帕能为整体造型增添亮点,起到画龙点睛之妙用。除了这个专门用于装饰的手帕口袋外,西服的其他口袋还很多,应慎装东西,以免破坏线条。一般着西装,必带公文包,皮夹、纸巾、钥匙等小物件建议放置于公文包中。

(5)熨烫平整:西服注重的是线条,建议干洗,熨烫平整,悬挂式收藏,以保持线条挺括。

二、女士西装礼仪

(1)比较正规的场合,女子着西装,宜穿成套西装以示庄重;比较随意的场合,则可以将西装与不同质地、颜色的裙子、裤子搭配更显潇洒、亲切。

(2)与其他女式时装追求宽松或紧身的着装效果不同,西装十分强调合体,过小了显得拘谨、局促;过大了则显得松垮、呆板,毫无风度。

(3)要注重搭配效果。不打领带时,可选择领口带有花边点缀或飘带领的衬衫;内穿素色羊毛衫时,还可在领口佩戴精巧的水钻饰件。

(4)避免因内衣设计而过度露出领口;穿西装时,鞋袜、包袋要配套,要有主题,不凌乱。

(5)职业女性挑选西装时,建议选择基本色,无须追求流行的颜色,黑、褐即可。棉和灯芯绒等质地的西服可以在较冷的季节穿。

审美实践

服饰搭配找错

在一次商务谈判中,李总上身穿一件西服,下身着一条牛仔裤,脚穿一双运动鞋,请分析他的服饰搭配有何问题。写出正确的搭配模式,并说明在正式场合的服饰搭配原则。

互动空间·自我评价

第三节　首饰的佩戴与审美

案例导入

　　小李平时非常注重打扮,喜欢佩戴各种首饰。有一天早上,因为要去参加一家公司的招聘面试,她精心化妆,挑选衣服,戴好配饰就出门了。该公司招聘的是办公室礼仪接待人员,需要现场展示。展示完毕之后,主考官指了指她双手佩戴的多枚戒指,微笑着说道:"姑娘,下次学学戒指佩戴的礼仪再来面试吧!"

　　【案例解析】　首饰佩戴虽然只是人们服饰的一个小细节,但佩戴是否符合礼仪,直接反映了一个人的修养和品位。按照西方的传统习惯,左手象征着上帝赐予的运气,它与心相连,因此戒指通常戴在左手上,一般情况下,只戴一枚。按照惯例,戒指佩戴在不同的手指寓意不同,食指代表目前单身并渴望恋爱结婚;中指表示正在热恋;无名指表示已经订婚或结婚;小指代表是独身主义者。显然,案例中的小李左右手同时佩戴多枚戒指,这表明她不熟悉戒指佩戴的相关礼仪,从而影响了她在面试中的表现。

一、饰品的功能与分类

　　在戒指、耳环、手表、腰带、眼镜、提包、围巾等饰品饰物的关注程度上,女性通常比男性更为注重,但这些配饰对男性同样重要,直接影响着他人对一个人的第一印象。它们是一种无声的语言,反映一个人的阅历修养与审美品位;它们也是一种有意的暗示,在一定程度上显示一个人的财富、身份和地位。

　　人们在着装时所选用、佩戴的装饰性物品,我们统称为饰品或饰物。它们通常分为实用性饰品和装饰性饰品。实用性饰品如眼镜、丝巾、手表、提包等,它们一方面发挥其实用性功能,同时也具有装饰作用;装饰性饰品如耳环、项链、戒指、手镯、脚链等,它们的主要功能就是装饰人体,通常亦称为"首饰"。本节主要介绍首饰的佩戴与审美,拓展链接也会讨论实用性饰品的选择。

二、首饰佩戴的原则

　　在正规的场合佩戴首饰时,务必遵守一定的规则。这样既能让首饰发挥其应有的美化、装饰功能,又能确保符合常规,避免因选择不当或搭配失误而成为别人的笑柄。佩戴首饰的原则很多,以下重点介绍四个基本原则。

(一)符合身份

　　首饰佩戴不仅要考虑个人爱好,更要与性别、年龄、职业等相匹配;同时应考虑自己的身份和所处的场合,避免影响工作或显得过于炫耀。在正式场合中,不戴首饰或戴简单首饰,而在非正式场合中,可以尝试设计感强的首饰。

(二)以少为佳

在佩戴首饰时,数量上应以少为佳,通常不超过三件。这样既能保持整体的协调性,也不会显得过于夸张。

(三)同质同色

佩戴多种首饰时,应尽量选择同质同色,或者不同质但颜色一致。这样可以保持整体的和谐和统一。

(四)尊重习俗

佩戴首饰时要考虑习俗和文化背景,避免在某些场合佩戴不合适的首饰,以免引起误解或尴尬。佩戴首饰时,要遵守习俗。不同的地区、民族有不同的佩戴习惯,应了解并尊重这些习俗。

三、首饰选择与佩戴技巧

尽管首饰的作用仅限于装饰而没有任何实用价值,但人们对首饰的喜爱可以追溯到远古时期。尤其是到了现代社会,首饰已经成为个人形象必不可少的修饰,起着画龙点睛的作用。正确选择并佩戴适合自己的首饰,不仅能够提升个人的形象和品位,甚至可能增加其"身价"。即使是商务场合中的严肃职业人士,也应了解如何恰当地使用首饰。因此,了解不同场合、不同条件下如何选戴首饰是很有必要的。

(一)戒指的选择与佩戴

戒指是爱情的信物、富贵的象征、吉祥的标志。在西方文化中,戒指是希望、快乐的象征。例如,琥珀或玉石戒指象征着幸运;钻石戒指戴在男性手指上象征着勇敢与坚定,戴在女性手指上则象征着高贵。

戒指按材质可分为钻石、金、银、玉等;按款式又分为对称式与不对称式两种。不同年龄、不同性别、不同身份的人在选戴戒指时应有所不同。老年人可戴有"寿"字的戒指;男士可选戴方戒、圆戒、名字戒等线条简洁、款式粗犷的戒指;女士可选择款式多变、线条柔美、做工精致、小巧的戒指;对于商务人员来说,工作时可以选择不佩戴戒指,若需佩戴,则应选择黄金、白金、白银等制作的戒指。若要参加高雅的社交活动,应选择与时装、礼服相配套的珠宝镶嵌戒指。

戒指是一种无声的语言,戴在食指上表示想结婚和已经求婚;戴在中指上表示正在恋爱中;戴在无名指上表示已订婚或结婚;戴在小指上则表示是独身者。值得注意的是,结婚戒指不应用合金制造,应当用纯金、纯银或铂金制造,以象征爱情的纯洁。

(二)项链的选择与佩戴

项链大致可以分为金属项链和珠宝项链两大类。商界女士在选择项链时,应选择庄重、雅致、不过分粗大的款式,比如质地较好、小巧精致的金属项链可作为理想的选择。若参加社交活动,则可以选择色泽亮丽、造型美观的珠宝项链。

项链的佩戴要因人而异。脖子细长的人适合选戴长度约为40厘米的短项链;而脖子粗短的人,应选戴长度约为60厘米的细长项链;而大多数人可以选戴长度约为50厘米的中长项链。老年人宜选择质地上乘、做工精细的项链;中年人宜选择工艺性强、质朴典雅的项链;青年人则以选颜色好、款式新颖的项链为好。

此外,选择项链还应与穿着的服装相和谐,衣服轻柔飘逸,项链玲珑精致;衣服面料厚实,项链要粗大些;衣服颜色单一或颜色素雅,项链可选择鲜艳、醒目之色,如天蓝宝石链、红玛瑙项链等;衣服色彩艳丽,可选择色泽古朴、典雅的项链,如景泰蓝、玛瑙等项链。

(三)耳环的选择与佩戴

传统的中国女性最注重的首饰就是戒指与项链,而对于西方女性来说,更看重戒指与耳环。因为西方文化中,耳环被认为更能突出脸部特征。一副简洁的耳环能够使一件普通的衣服显得更加有特色。

选择耳环时主要考虑佩戴者的脸型:圆脸适合各种款式的长耳环或垂坠耳珠;瓜子脸是最为理想的脸型之一,几乎所有的耳环造型都适用,特别是扇形或水滴形耳环更能增添柔美之感;方形脸的女性可以选择具有弧线美感的圆形、鸡心形、螺旋形等耳环,可以柔和脸部线条,增加曲线之美;方脸带有一定的阳刚之气,因此推荐选用设计精致细巧、造型柔和的中小型耳环。

通常情况下,一般肤色白皙的女性适合佩戴红色、绿红或翡翠绿等色彩较为鲜艳的耳环;皮肤较深的女性则更适合选择色调柔和的白色、浅蓝、天蓝、粉红色耳环;金色耳环则是适合各种肤色的理想选择。在较为正式的社交场合,如宴会、婚礼或庆典仪式上,建议选择高档材质制成的耳环,比如镶嵌钻石、翡翠、宝石等的耳环。

(四)手镯的选择与佩戴

手镯,即佩戴于手腕上的环状饰物。佩戴手镯主要是为了强调手腕与手臂的美丽,因此如果这两部分不够美观的人应谨慎佩戴。通常来说,男人不戴手镯。

手镯可以戴一只,也可以同时戴两只。当选择佩戴一只时,通常应戴在左手。戴两只时,可以一只手戴一个,也可以都戴在左手上。同时戴三只或以上手镯的情况比较罕见,不建议在同一只手上戴多只手镯。

(五)手链的选择与佩戴

手链是一种佩戴在手腕上的链状饰物。与手镯不同的是,男女均可佩戴手链,但一只手上仅限佩戴一条。

一般情况下,手链应仅戴一条,并应戴在左手上。在一只手上戴多条手链,双手同时戴手链,手链与手镯同时佩戴,通常被认为是不美观的。在一些国家,所戴手镯、手链的数量、位置可用以表示婚否。需要注意的是,手镯和手链不应与手表同戴于一只手上。

拓展链接

男士饰物的选择与佩戴

(一)领带

领带在男士着装中起着装饰作用,能够提升整体形象。要打好领带,首先要选好领带。选择领带时,重要问题大体涉及面料、色彩、图案、款式等方面。

1.面料

制作高档领带最常用的面料是真丝。除了真丝之外,尼龙也可用于制作领带,但其档次较低。其他如棉布、麻料、羊毛、皮革、塑料、纸张等材质的领带,大多不适合在正式场合使用。

2.色彩

从色彩上讲,领带有单色、多色之分。单色领带适用于公务活动和隆重的社交场合,并以蓝色、灰色、黑色、棕色、白色、紫红色最受欢迎。多色领带一般不应超过三种色彩,可用于各类场合。色彩过于艳丽的领带用途并不广泛,主要用于非正式的社交、休闲场合。

3.图案

正式场合使用的领带,其图案应规则、传统,常见的有斜条纹、横条纹、竖条纹、圆点、方格以及规则的碎花,它们往往具有特定的象征意义。含有夸张的人物、动物、植物、花卉、房屋、景观或怪异神秘图案的领带,则更适合非正式场合。印有广告、团体标识或家族徽记的领带最好谨慎使用。

4.款式

领带的款式主要体现在其宽度和末端形状上。一般来说,它有宽窄之分,这主要受到时尚流行的影响。选择领带时,应考虑个人体型,确保领带宽度与身材比例相协调。领带还有尖头与平头之别。前者下端为倒三角形,适合于各种场合,比较传统;后者下端为平头,较为时髦,多用于非正式场合。

正确佩戴领带是良好仪表的重要组成部分,不可在此关键之处出问题。正确地佩戴领带能更好地展现你的绅士风度。

领带系得好不好看,关键在于领带结打得如何。打领带结需注意以下三点:

其一,确保领带结打得端正、挺括,外观呈现一个完美的倒三角形。

其二,在收紧领结时,有意在其下方压出一个窝或一条沟来,使其看起来自然美观。

其三,领带结的大小应大体上与同时所穿的衬衫领子的大小成正比。穿立领衬衫时不宜打领带,穿翼领衬衫时适合扎蝴蝶结。

(二)手表

手表,又称腕表,在交际场合佩戴手表通常意味着时间观念强、作风严谨;而不戴手表的人,则往往被认为时间观念不强。在正规场合,手表被视为一种配饰。在交际场合,人们佩戴的手表往往能体现其地位、身份和财富状况。因此,在人际交往中,尤其是男士所佩戴的手表,尤为引人注目。在西方文化中,手表被认为是男士身份的重要象征。

手表的选择应注重其种类、形状、色彩、图案、功能等方面。

1.种类

根据价格对手表进行分类,在社交场合中尤为重要。按照这一标准,手表可被分为价格超过100000元的、2000~100000元的、500~2000元的以及500元以下的四类。选择手表的具体种类时,既要量力而行,还需考虑个人职业、出席场合、交往对象及所选服饰等相关因素。

2.造型

手表的造型与其价值和档次有关。在正式场合佩戴的手表,在造型方面应当庄重、保守,避免过于怪异或新潮的造型。特别是对于年龄较大的男士而言,这一点尤为重要。造型新奇的手表,更适合年轻人或用于休闲场合。一般而言,正方形、椭圆形、长方形及菱形等经典形状的手表,是正式场合的理想选择。

3.色彩

在正式场合佩戴的手表,其色彩应保持简洁,避免使用杂乱的颜色。建议选择单色或双色手表,且色彩需清晰、高贵、典雅。金色、银色及黑色手表,即表盘、表壳、表带的主体色均为金色、银色、黑色的手表,是最理想的选择。不推荐选择包含三种或更多颜色的手表。

4.图案

除必要的数字、商标、厂名、品牌外,手表表面不宜有其他图案装饰。应选择适用于正式场合的手表。

5.功能

手表最基本的功能是计时。因此,在正式场合佩戴的手表,无论是指针式、跳字式还是报时式,都应具备精确的计时功能,并且应当精确到时、分,如能精确到秒则更佳。虽然一些附加的功能,如湿度、温度、风度、方向、血压等可能增加手表的特色,但在正式场合中,这些额外功能并不是必需的。总之,手表的功能要少而精并具有实用价值。

对于男士而言,机械表是一个不错的选择。款式简单,金黄色的表,可搭配金色、银色或皮质表带,但请注意表带的颜色应与手表的颜色一致。至于手表是否为名牌并不是决定因素,重要的是手表做工精细、款式优雅且走时准确。通常,手表习惯性地佩戴在左手腕上,但也有不少人选择将其戴在右手腕上。

审美实践

服饰美实例鉴赏（二选一）

（1）欣赏电视剧《红楼梦》黛玉进贾府片段，对中国传统服饰进行鉴赏，写在下面并小组分享。

_____

_____

_____

_____

（2）观看电影《杜拉拉升职记》，对影片中服饰进行鉴赏，写在下面。

_____

_____

_____

_____

在线检测

练一练，更优秀

互动空间·自我评价

_____

_____

_____

_____

专题六
营造栖居之境：居室美

知识目标：

- 了解居室装饰美的含义、风格。
- 熟知居室、办公室美化方法、色彩搭配的原则。
- 了解插花艺术的分类和审美特点。

能力目标：

- 掌握家居、办公等场所的布置、美化方法及插花艺术，并运用于生活的实践。

素质目标：

- 践行美育教育理念，提升学生对居室美的鉴赏能力与生活品质。

要点一览

专题六 营造栖居之境：居室美

- 第一节 居室的装饰与美化
  - 居室美的基本原则 ┤ 舒适性、合理性、艺术性
  - 居室美的美学特点
    - 具有时代美感
    - 具有文化美感
    - 具有艺术美感
    - 具有情调美感
  - 居室装饰风格的类型 ┤ 现代简约风格、新中式风格、田园风格、欧式风格、地中海风格、时尚混搭风格
  - 居室美化的常用方法
    - 色彩调节法
    - 家具组合法
    - 巧用空间法
    - 图画点缀法
    - 增加采光法
    - 花草装饰法

- 第二节 办公室的布置与美化
  - 办公室设计的目标
  - 办公室设计的基本要求 ┤ 符合企业实际、符合行业特点、符合使用要求、符合工作性质
  - 不同人员的办公室设计布置
    - 决策层人员办公室的设计布置
    - 一般管理人员和行政人员的办公室设计布置
  - 办公室布置的原则 ┤ 有利沟通、便于监督、协调舒适

- 第三节 插花艺术与审美
  - 插花艺术的基本含义
  - 插花艺术的特点 ┤ 装饰性强、灵活性强、时间性强、感染力强
  - 插花艺术的审美
    - 插花艺术具有较高的审美价值
    - 插花艺术是自然美与艺术美的完美结合
    - 插花艺术是实用艺术与审美艺术的有机融合
  - 插花艺术的分类
    - 按使用材料分
    - 按用途分类
    - 按艺术风格分类
    - 按容器样式分类
    - 按艺术表现手法分类
    - 其他类别
  - 插花艺术构思的手法
    - 利用花意与花语来创意
    - 利用表现作品主题的配件与容器
    - 利用造型进行构思表现主题
    - 利用环境和背景创意
    - 利用相关的文学艺术

内容导航

居室是人们生活的主要场所,也是家庭幸福的象征。一个充满温馨、友爱、和谐的家庭,通常会营造出独特的居室环境,它对人的性格情绪的熏陶,尤其是对家庭子女的无言影响、教育作用尤为显著。因此,在居室装饰时,我们需要注意以下几点:紫檀木的老式八仙桌椅,应该放在古香古色的中式庭院里;蓬松宽大的成套真皮沙发,要有宽敞豪华的客厅;而一间普通的小书房里,还是配上一把小藤椅更显适宜。中式家具配上国画的山水花鸟,可以显出民族特色;西式家具挂上油画的肖像、风景,更显华贵。大客厅里放上一盆大叶龟背竹、君子兰可以增添气派;小书房里放一盆细小的文竹才恰到好处。总的来说,居室装饰需要注重整体协调,使得室内布置风格统一和谐。本专题侧重讲述居室与办公室的美化与审美。

第一节　居室的装饰与美化

案例导入

晓梅刚结婚不久,买了一套房子,想要好好装修一番,但面对众多风格的家具,她不知如何选择,于是尝试了混合搭配的方法。然而,最终的结果却是不伦不类,家里看上去不是这里少了点什么,就是那里太过烦琐,晓梅为此整日愁眉苦脸。

【案例解析】　一幅字画、一张照片、一个花瓶、一个盆景、一件工艺品,甚至是一件日常生活用品,如果放置的位置恰如其分,都可以成为理想的饰物。关键在于物与景在特定的环境中的组合所产生的绝妙意境。例如,在卧室的墙壁上悬挂一幅以亲情为主题的油画,画面平和恬静,会使两人世界充满温馨。因此,如果晓梅能够根据自己的喜好和房间的设计来重新摆放不同的饰品饰物,并注意到居室美化是在使用基础上的美化,注重装饰的实用价值,去掉那些华而不实的装饰,定会收到意想不到的效果。

具体预测未来住宅将拥有怎样的室内环境是困难的,但如果我们把住宅内部环境的发展变化作为一个整体来对待,就不难发现,它像一切事物一样,也有自身的规律,因而也就能够预见其发展趋势。随着生活水平的提高,人们对居室环境的要求也越来越高,不满足于仅把住宅作为栖身之所,而希望它是一个具备多种功能的起居环境。居室到底会沿着什么方向发展,可以从居室美的基本原则、居室美化的美感要求、创造居室美的风格等方面作一些探讨。

一、居室美的基本原则

（一）舒适性

家是人们生活居住的基本场所。在竞争激烈的社会里，随着现代生活节奏的加快，人们不仅需要良好的社会大环境，更需要安享舒适、优美的家庭环境。在温馨的家庭里，家庭成员的身心得以放松，情感上得到满足，体力上得到恢复。因此，居室美化首先要满足居住与休息的需要，围绕这个中心将居室布置得舒适、温馨、安全且惬意。

（二）合理性

合理性就是指在居室美化时，要符合人的生理需求和心理需求。居室是人生活的空间，从居室区域功能的划分到家装设计、装饰材料、色彩选择，再到家具的大小、颜色及其摆放位置等，都应充分考虑到居室的合理性。

（三）艺术性

居室美化时要符合统一变化、对称与平衡、比例与尺度、节奏与韵律等形式美的基本原则。居室美化设计者可以通过对居室色彩，灯具与灯光配置，饰物的造型，家具的款式及色泽的选择，创造出整体布局上的艺术性，给人以美的享受。此外，也可以用画龙点睛的方法，利用一些精美的饰品、饰物、花卉等达到局部位置的艺术性。

二、居室美的美学特点

现代家庭在居室布置上，有以下几个美学特征。

（一）具有时代美感

现代家庭在美化居室时，应掌握时代的特征。一是节奏快。居室布置适应快节奏的时代，可使紧张劳碌后的身心得到舒缓，同时也方便了生活。比如，明丽畅快的色彩，流线型家具，薄如蝉翼的窗帘，带轮的活动沙发等。二是信息流。现代社会是信息社会，作为社会细胞的家庭，应有明显的现代信息化特征。如电视机、电话、家用电脑等智能家居产品应安放在适当而显著的位置上。

（二）具有文化美感

现代家庭应充满浓郁的文化气氛，让家人在耳濡目染中接受良好的文化熏陶，提高自身文化素质。如果住房宽敞，不妨设置一间书房；即使住房不宽裕，也应让客厅或卧室兼有书房的功能，这样孩子读书写字、大人业余学习都方便。书柜是家庭藏书的主要工具，也是家人汲取精神营养的"宝库"。因此，购置家具时，书柜是万万不可"精简"的。墙上挂一些书画作品，既能烘托家庭的文化氛围，又能使人获得精神享受。

(三)具有艺术美感

家居的装饰布局应具备强烈的艺术格调,给人以高雅脱俗的美感。一是整体布局具有艺术美。比如,色彩素雅、高洁,光线充足、柔和,家具少而精,造型美而实用。二是局部陈设有艺术感。比如,字画最好裱制,或以精致的镜框装镶,盆花的花盆或插花的花瓶应力求精巧秀雅。三是点缀品要艺术化。比如,茶几、书桌、餐桌的玻璃板下可压几幅栩栩如生的彩花剪纸,花格隔墙或装饰柜里用各种工艺品装饰装点,闲来观赏玩味,别有一番情趣。

(四)具有情调美感

家庭装饰应营造出"即景生情"的效果,使其成为名副其实的天伦乐园。对于有儿童的家庭,应让孩子的卧室充满童趣。色彩应选择象征天真活泼的天蓝色、湖蓝色、果绿色;墙上饰物最好是孩子喜欢的童话、神话、科幻人物张贴画;床头、床尾或床架可做成造型生动有趣的大象、河马、海狮之类的形象。此外,家里还可设置一个"趣味角",夫妻促膝谈心,父子对弈玩棋,爷孙讲故事寻开心、逗乐子等,使家人各得其乐。对家人不同的兴趣爱好也要兼顾,如养花的阳台、挂鸟笼的屋顶、养金鱼的鱼缸等。总之,要让家庭成为一块情趣四溢的乐土。

三、居室装饰风格的类型

风格是艺术作品中所表现出来的艺术特色和创作个性。居室设计作品的风格指居室设计作品中所表现出来的艺术特点和创作个性。居室设计是在室内布置、线形、色调以及家具、陈设的造型等方面,吸取传统装饰"形"与"神"的特征,对室内进行二度陈设和布置。主要类型有以下几种:

家居装修风格

(一)现代简约风格

室内空间开敞、内外通透。室内墙面、地面、顶棚以及家具陈设乃至灯具器皿等均以简洁的造型为主。尽可能不用装饰和取消多余的东西。强调形式应更多地服务于功能。

造型:以规则的几何形体为元素,线条多采用直线来表现现代功能。

颜色:多用黑、白、灰等中间色为基调色,通过色块来表现内涵,如橙色等暖色调表现家居的温暖,红、黄、蓝、绿等相对跳跃艳丽的色彩提升感官刺激等。

选材:常用玻璃、金属材料、钢结构等来拓宽视觉感及表现光与影的和谐。

(二)新中式风格

将中国古典建筑元素提炼融入现代人的生活和审美习惯,让古典元素更具有简练、大气、时尚等现代元素。让现代家居装饰更具有中国文化韵味。

造型:中国传统室内装饰艺术的特点是总体布局对称均衡,端正稳健,格调高雅,造型简朴优美,而在装饰细节上崇尚自然情趣,花鸟、鱼虫等精雕细琢,富于变化,充分体现出中国传统美学精神。

颜色:黑、红、黄等为主,色彩浓重而成熟。

选材:中国风的构成主要体现在传统家具(多以明清式样家具为主)、装饰品上,如字画、匾幅、挂屏、盆景、瓷器、古玩、屏风、博古架等,追求一种修身养性的生活境界。

(三)田园风格

在家居设计中推崇回归自然、结合自然的风格,将自然、乡土风味整合成新的空间形式。

造型:常运用天然木、石、藤、竹等材质质朴的纹理。

颜色:常用绿色植物,青砖白瓦,本色的木材等。

选材:室内多用木料、织物、石材等天然材料,显示材料的纹理,清新淡雅。

(四)欧式风格

欧式风格是古希腊、罗马古典风格,哥特式风格,巴洛克风格,洛可可风格以及后来多样化发展的风格总称。欧式的居室有的不只是豪华大气,更多的是惬意的浪漫。通过完美的曲线,精益求精的细节处理,带给家人无尽的舒适触感。

造型:较为典型的欧式元素为实木线、装饰柱、壁炉和镜面等,地面一般铺大理石,墙面贴花纹墙纸装饰,室内布局多采用对称的手法。

颜色:以白、黄、金三色系为主。

选材:墙面镶以柚木木板或皮革,再在上面涂上金漆或绘制优美图案,天花板、墙面装饰用石膏工艺装饰或饰以油画。

(五)地中海风格

一般有拱门与半拱门、马蹄状的门窗。建筑中的圆形拱门及回廊通常采用数个连接或以垂直交接的方式,在走动观赏中,出现延伸般的透视感。此外,家中的墙面处(只要不是承重墙),均可运用半穿凿的方式来塑造室内的景观窗。这是地中海家居的一个情趣之处。

造型:拱门与半拱门,给人延伸般的透视感。

颜色:以蓝色、白色、黄色为主色调,看起来明亮悦目。

选材:选用自然的原木、天然的石材等,用来营造浪漫自然。

(六)时尚混搭风格

糅合东西方美学精华元素,将古今文化内涵完美地结合于一体,充分利用空间形式与材料,创造出个性化的家居环境。可以将现代与古典混搭,把古典与现代相互融合,时尚与怀旧融合,这些元素构成了整体家装风格主旋律;也可以用多种家装风格带来东西方文化融合,通过巧妙的结合,和谐地同处一个空间,给家居带来了不同层次的审美。

混搭风格的精髓在于让各种风格融合在一起,同时又不失和谐一致。

造型:不同风格混搭时候,一定要找到一致的元素。

颜色：多种风格相互交融也是混搭风格的特点。

选材：可根据自己想表达的主题进行相应的选材。

四、居室美化的常用方法

居室的装饰

(一)色彩调节法

室内主色调采用素雅浅色，可给人以清新、宽敞、舒爽的心理感受。如把天花板刷成淡蓝色，墙壁刷成乳白色、米黄或淡绿色，家具、窗帘、沙发或床罩取白、粉、淡蓝、浅紫色等浅色系，即可收到目舒心爽的效果。

(二)家具组合法

利用组合与折叠的艺术可使房间的实用空间"变大"。组合家具不但占据空间小，而且通过频繁变换组合形式，能够给人以常变常新的新鲜感。饭桌、椅凳、写字台，甚至小孩的床铺，都采用折叠式，这样就可腾出更多的有效空间。有条件者可将房门建成左右推拉式，也可使居室显得更大。

(三)巧用空间法

空间比较高的居室可以利用空间高度在房顶四周制作一圈吊柜使家具高空化。如与房顶装饰巧妙结合或建几平方米的小阁楼，可用来睡觉或放置一些不经常使用的物品。

(四)图画点缀法

在光线较好的墙面上布置几张画面深远、富有立体感的风景画，能引发遐想，顿觉地阔天高。

(五)增加采光法

如条件允许，可将窗户改成落地窗或在一定程度上扩大窗户的面积，因房间光线充足可使视觉空间增加，从而让人觉得房间面积增大了许多。

(六)花草装饰法

花草是居家生活少不了的情调点缀，而绿植不仅可以为居室注入新鲜空气，还能装扮我们的生活环境，营造亲切自然的氛围，使我们内心安宁，轻松舒适。让居室的每个角落都因摇曳生姿的花草而赏心悦目。

拓展链接

智能家居

居室装饰的
发展趋势

审美实践

小型居室的布置

　　小王乔迁新居,入住后发现仅70平方米的房间,家具就占了大半,小小的客厅居然连回身的余地都很小,看着崭新的家具堆满了卧室,他却一点也高兴不起来。请分析小王烦恼的原因,并举例说明适合小型住户的居室布置原则。

_____

_____

_____

_____

互动空间·自我评价

_____

_____

_____

_____

_____

第二节　办公室的布置与美化

案例导入

　　Shery 目前负责幼教影片的行销、企划、翻译、产品包装策划等工作,由于工作需要,经常一边看片子,一边进行文书处理操作,公司特给她安排了一间工作室,另加一台DVD播放机,方便她随时切换看片使用,因而 Shery 的办公室比别人多了一个层架,上方的空间可以利用。她在层架上方放了目前正在进行企划阶段的资料。

　　【案例解析】　每个人的先天特质不同,有些人可以在嘈杂但有节奏的环境中工作,而有些人必须在完全安静不受干扰的环境下工作。每个人对于环境都有自己的要求,特别是工作的地方。工作空间不同于一般的生活空间需求,功能与效能是先决条件,还有就是要考虑办公室要配有完善的设备。此外,人与空间之间的依存关系也应纳入考虑范围。

　　对于企业管理人员、行政人员、技术人员而言,办公室是主要的工作场所。办公室的环境如何、布置得怎样,对置身其中的工作人员从生理到心理都有一定的影响,并会在某种程度上直接影响企业决策、管理的效果和工作效率。以下就办公室设计的目标、要求、基本原则等作些介绍。

一、办公室设计的目标

　　办公室设计主要包括办公用房的规划、装修、室内色彩及灯光音响的设计、办公用品及装饰品的配备和摆设等内容。主要有三个层次的目标:

　　第一层次是经济实用。一方面要满足实用要求,给办公人员的工作带来方便,另一方面要尽量降低费用、追求最佳的功能费用比。

　　第二层次是美观大方。能够充分满足人的生理和心理需要,创造出一个赏心悦目的良好工作环境。

　　第三层次是独具品位。办公室是企业文化的物质载体,要努力体现企业物质文化和精神文化,反映企业的特色和形象,对置身其中的工作人员产生积极的、和谐的影响。

　　这三个层次的目标虽然由低到高、由易到难,但它们不是孤立的,而是有着紧密的内在联系,出色的办公室设计应该努力同时实现这三个目标。

二、办公室设计的基本要求

　　根据目标组合,无论是哪类人员的办公室,在办公室设计上都应符合下述基本要求。

(一)符合企业实际

办公室设计要根据企业的具体情况确定档次与品位。有些企业不顾自身的生产经营和人财物力状况,一味追求办公室的高档豪华气派,这种做法给人的感觉是打肿脸充胖子,难以赢得他人的尊重与信任。

(二)符合行业特点

办公室设计要符合单位所属行业的特点。例如,五星级饭店和校办科技企业由于分属不同的行业,因而办公室在装修、家具、用品、装饰品、声光效果等方面都应显著的不同,如果校办企业的办公室布置得和宾馆的一样,无疑是滑稽的。

(三)符合使用要求

办公室的功能在于办理公务时方便使用,设计要符合实用的要求。例如,总经理(厂长)办公室在楼层安排、使用面积、室内装修、配套设备等方面都与一般职员的办公室不同,主要并非总经理、厂长与一般职员身份不同,而是取决于他们的办公室具有不同的使用要求。

(四)符合工作性质

办公室设计还要考虑在里面的人员的工作性质。例如,技术部门的办公室需要配备微机、绘图仪器、书架(柜)等技术工作必需的设备,而公共关系部门则显然更需要电话、传真机、沙发、茶几等与对外联系和接待工作相应的设备和家具。

三、不同人员的办公室设计布置

在任何企业里,办公室布置都因其使用人员的岗位职责、工作性质、使用要求等不同而应该有所区别。

(一)决策层人员办公室的设计布置

处于企业决策层的人员主要包括董事长、执行董事或正副厂长(总经理)、党委书记等。由于他们的工作对企业的生存发展有着重大作用,能否有一个良好的日常办公环境,对决策效果、管理水平都有很大影响。此外,他们的办公室环境在保守企业机密、传播企业形象等方面也有一些特殊的需要。因此,这类人员的办公室布置有如下特点:

1.相对封闭

通常是一人一间单独的办公室。许多企业都将高层领导的办公室安排在一幢办公大楼的最高层或平面结构最深处,旨在创造一个安静、安全、少受打扰的环境。

2.相对宽敞

除了考虑使用面积略大之外,通常采用较矮的办公家具设计,目的是扩大视觉空间,因为过于拥挤的环境会束缚人的思维,带来心理上的焦虑等问题。

3.方便工作

通常要把接待室、会议室、秘书办公室等安排在靠近决策层人员办公室的位置,有不少企业的厂长(经理)办公室都建成套间,外间作为接待室或秘书办公室。

4.特色鲜明

企业领导的办公室要反映企业形象并具有企业特色,例如墙面色彩采用企业标准色、办公桌上摆放国旗和企业旗帜以及企业标志、墙角放置企业吉祥物等。同时,办公室设计布置要追求高雅而非豪华,避免给人留下俗气的印象。

(二)一般管理人员和行政人员的办公室设计布置

对于一般管理人员和行政人员,许多现代化的企业常采用大办公室、集中办公的方式,办公室设计的目的是增加沟通、节省空间、便于监督、提高效率。这种大办公室的缺点是相互干扰较大,为此,布置方式有以下三种:

第一种是按部门或小部门分区,同一部门的人员通常集中在一个区域。

第二种是采用低隔断,高度1.2～1.5米,为每一名员工创造相对封闭和独立的工作空间,减少相互间的干扰。

第三种是有专门的接待区和休息区,不致因为一位客户的来访而破坏了其他人的安静工作。这种大办公室方式有三资企业和一些高科技企业采用得比较多,对于创造性劳动为主的技术人员和社交工作较多的公共关系人员,他们的办公室则不宜用这一布置方式。

四、办公室布置的原则

(一)有利沟通

沟通是人与人之间思想、信息的传达和交换,通过这种传达和交换,使人们在目标、概念、意志、兴趣、情绪、感情等方面达到理解、协调一致。办公室作为一个工作系统,必须保证工作人员之间充分的沟通,才能实现信息及时有效地流转,系统内各因子、各环节才能动作协调地运行。

(二)便于监督

办公室是集体工作的场所,上下级之间、同事之间既需要沟通,也需要相互督促检查。每个人由于经历、学问、性格等方面的差异,都有各自的特点,有优点和长处,也有缺点和不足,而个人的缺点往往难以自我觉察,如不及时纠正,可能会给工作带来损失。同事之间的相互监督,能够有效地避免这一问题。因此,办公室的布置必须有利于监督,特别要有利于职员的自我监督与内部监督,必须有利于在工作中相互督促、相互提醒,从而把工作中的失误减少到最低限度。

（三）协调、舒适

协调、舒适是办公室布置的一项基本准则。这里所讲的协调,是指办公室的布置和办公人员之间配合得当;舒适,即人们在布置合理的办公场所中工作时,身体各部位没有不适感,或不适感最小。协调是舒适的前提,只有协调,才会有舒适。

协调的内涵是物质环境与工作要求的协调。它包括:办公室内设备的空间分布、墙壁的颜色、室内光线、空间的大小等与工作特点性质相协调;人与工作安排的协调;人与人之间的协调,包括工作人员个体、志趣、利益的协调及上级与下级的工作协调等。

拓展链接

办公室的光线
与色彩

审美实践

办公室的布置

分小组在网上查找各种不同形式的办公室布置案例的图片,小组讨论总结其设计的特点或合理性,每个小组案例不少于3个,找出最优者在班上分享。

互动空间·自我评价

第三节　插花艺术与审美

为迎接春节的到来,某公司决定美化一下公司环境。秘书小李想在前台摆放一盆鲜花,但考虑鲜花要经常更换,费用较高且费时费力,于是她想到了用鲜花插花,既节省了经费,又装饰了前台。别的同事看到了,便也开始在自己的办公桌上插一小束插花,整个办公环境变得越来越美观舒适了。

【案例解析】　由于鲜花的费用较为昂贵,而且难以养护。如果用来装饰大厅或者服务台成本较高,所以选择插花作为装饰品是较为明智的选择,而且制作插花的材料较为丰富,既可以节省经费,又可以美化环境。

插花艺术看似简单容易,然而要真正插成一件好的作品却并非易事,因为它既不是单纯的各种花材的组合,也不是简单的造型,而是要求以形传神,形神兼备,以情动人。插花是融生活、知识、艺术为一体的一种艺术创作活动。插花艺术是用心来创作花型,用花型来表达心态的一门造型艺术。本单元主要从插花艺术的含义、特点、分类、审美和构思手法等五个方面来介绍插花艺术。

一、插花艺术的基本含义

插花艺术是把花插在瓶、盘、盆等容器里,所插的花材或枝或花或叶,并根据一定的构思来选材,遵循一定的创作法则,插制形成优美的造型,借此表达一种主题,传递一种感情和情趣,使人看后赏心悦目,获得精神上的美感和愉快。简而言之,插花艺术即指将剪切下来的观赏植物之枝、叶、花、果作为素材,经过一定的技术(修剪、整枝、弯曲等)和艺术(构思、造型、配色等)加工,重新配置成一件精致美丽、富有诗情画意、能再现自然美和生活美的花卉艺术品的艺术活动。

二、插花艺术的特点

插花艺术同绘画、雕塑、盆景及造园等艺术一样,属于造型艺术的范畴(即指在空间或平面上,对有形世界进行视觉呈现且可触摸的艺术),同时,也具有一定的文化特征,体现一个国家、民族及地区的文化传统,遵循艺术创作的一般规律和自然科学的基础等。但是,插花艺术与其他艺术毕竟是不同的艺术门类,它虽然和盆景、造园有许多相似的地方,但它仍然具有自己的特点和作用。

任何艺术都有着有别于其他艺术的特点,插花艺术具有艺术性、随意性、临时性的特点。插花艺术作品可以装饰人生的任何机缘与时刻,装饰时空广泛。有些信手拈来、随心所欲的插花艺术创作无论从选材、创作和主题表达方面,均体现了一种不同格式、自由灵活的随意风格。

(一)装饰性强

插花艺术品极宜渲染烘托气氛,富有强烈的艺术感染力,最容易美化环境。由于插花艺术品的形体大小、色彩和意境等都可随环境、季节、创作者的情感来组织表现,因此插花艺术最宜与所要美化的环境气氛取得一致,产生美感,由此达到明显的艺术效果,并且美化装饰环境的速度也最快,而盆景、盆花等需要培养相当长的时间,才能显示其艺术效果,发挥最佳观赏特性。

(二)灵活性强

插花艺术的随意性、灵活性比较大,插花艺术的创作和作品的陈设布置都比较简便和机动灵活。创作者即便没有合适的或正规的工具和容器,没有高档而鲜艳的花材,只要有一把剪刀和一个能盛水的器皿,如烟灰缸、茶杯、碗、碟等,配以宅旁的绿叶或田间路边的野花小草,甚至于瓜果蔬菜等,均可随环境的需要进行构思造型,或随时随地取材,现场即兴表演。插花艺术作品的陈设布置同样也可以随需要而挪动或重新布置。

(三)时间性强

插花艺术的时间性比较强,要求构思、造型迅速而灵活,由于鲜切花的花材水养不会很持久(干花例外)、观赏期有限,因此,需要迅速制作和布置,并经常更换花材,重新布置,故插花艺术更适用于短时间、临时性的应用。比如,插花艺术品对婚礼、生日庆贺、会场及探视、祝贺活动的装饰,可以根据需要任意增减,临时性强,使用方便。

(四)感染力强

与其他艺术相比,插花艺术创作由于使用的是有生命力的、鲜活的植物材料,更使插花艺术作品富有艺术生命力和强烈的感染力。

三、插花艺术的审美

插花不仅具有同门类造型艺术共有的审美特征,而且还具有其自身独特的审美情趣。这主要表现在如下几个方面:

(一)插花艺术具有较高的审美价值

插花艺术具有很强的可视性与直觉性,极易引起人们的美感。这是由于它是以大自然中的最美、最富有生命力的花为素材进行创作的,花最醒目最诱人,欣赏花的艺术品就能更直接更快速地使人获得美感。

(二)插花艺术是自然美与艺术美的完美结合

如前所述,插花艺术是以饱含生命意义的自然植物材料为素材,并在创作中以充分展现花材原有的自然形态美为主导的。因此它是最富有表现自然和谐美的艺术表现形式,同时它又是科学地艺术地将植物自然属性美转化为人格化的(理想化的)自然美的花卉艺术品,并蕴寓深刻的内涵,赋予造型深邃的思想美和意境美。这种富有诗情画意的艺术美的作品,为插花艺术的审美活动增添了丰富的想象力,给人以很强的美感和艺术享受。这一艺术美的创造在东方式的插花特别是中国传统插花中体现得最为明显和深刻,因为热爱自然、崇尚自然、师法自然是中国艺术固有的灵魂。

(三)插花艺术是实用艺术与审美艺术的有机融合

插花作品既有广泛的实用性又有很强的欣赏性,具有实用与审美这双重价值,不管它应用在何处,其主要功能都是在为人们的工作、生活创造一个充满活力与生气、充满温馨祥和的环境气氛。与此同时,它也将大自然的美和生命力引入人们的生活中和心田里,使人们同时得到精神上的愉悦,获得美的享受。

四、插花艺术的分类

(一)按使用材料分

1.鲜花类插花艺术

鲜花类插花艺术指用鲜活的植物材料为素材创作的插花艺术作品。这类插花艺术主要适用于装饰盛大、正式的场合。

2.干花类插花艺术

干花类插花艺术指以植物材料经一系列工艺流程干化处理后的材料为素材创造的插花艺术作品。这类插花艺术主要适用于各种办公场合,居家布置。

3.人造花类插花艺术

人造花类插花艺术指用各种人工仿制法仿鲜花的姿态、花型、色彩、花香,采用各种绢、缎、纱、玻璃、塑料为原材料制成的各种仿制花为素材创作的插花艺术作品。这类插花艺术在各种室外环境均可使用。

4.混合式插花艺术

混合式插花艺术指以鲜花、干花、人造花为素材混合使用,创作的插花艺术作品。这类插花艺术兼有上述三类插花艺术的特点,主要适用于插花艺术的特殊创作。

(二)按用途分类

1.礼仪插花艺术

礼仪插花艺术是用来渲染环境,烘托气氛,表达友爱和敬重,为社交礼仪活动创作的花卉装饰品。这种插花艺术广泛应用于婚礼、迎送、探视、会议、庆祝、庆典等社交礼仪活动中,切忌采用有异味或有毒汁等刺激、污染环境的植物,若用则需加以处理。花束、花篮、桌饰、新婚彩车等都是礼仪插花艺术的典型代表和常见形式。

2.艺术插花艺术

艺术插花艺术指用于美化、装饰环境和陈设在各种展览会上供艺术欣赏、活跃文化娱乐活动，表达创作者的思想情感，借以烘托某种艺术氛围而创作的插花艺术。艺术插花的形式有瓶插、盘插、篮插等，从风格上讲，有东方艺术插花、西方艺术插花和现代自由式艺术插花等。这类插花艺术主要用于艺术欣赏和交流，在选材、构思、造型与布局等方面有较高的要求和它独有的特点。

（三）按艺术风格分类

1.东方插花艺术

东方插花艺术也称线条插花艺术，以我国和日本为代表。由于受东方各国传统文化和习俗的影响，插花艺术风格独具风采。东方式插花艺术，尤其是古典的东方式插花艺术，崇尚自然，师法自然并高于自然。善于利用自然花材的美来娱人、感人。不仅注重花材的形体美和色彩美，更注重花材所表达的内容美，即意境美。讲究借物寓意，以形传神，表现诗情画意，这是西方插花艺术及西方其他造型艺术中所没有的。

东方插花艺术

东方插花艺术选用的花材简练，不以量取胜，而以姿和质取胜。不仅着力表现花朵的美，而且十分重视枝、叶和果实的简洁优美的图形。作品形体小巧玲珑，色彩朴素淡雅，主题思想丰富多彩，意境含蓄深远，耐人寻味和遐想，这一特点更是中国传统插花艺术的特长。造型无风格化，不拘泥于一定的格式，形式多样，生动活泼，是中国传统插花艺术独有的特色，它深深地影响着东方插花艺术风格的形成和发展，尤其对日本古典插花艺术风格的影响更大。日本民族在学习中国传统插花艺术原理、手法的同时，结合其民族的文化传统和生活习俗，培育和发展具有中国特点的插花艺术——日本花道。构图严谨，形式风格化成为它独有的特点，也是它不同于中国传统插花艺术风格的最主要一点。概括来讲，东方式插花艺术，特别是传统的东方插花艺术，以秀丽多姿、清雅绝俗著称。

2.西方插花艺术

西方插花艺术作品花枝稠密，色彩亮丽，构图规则，贴切地体现了华贵富丽的西方插花装饰艺术风格。下面介绍西方插花艺术基础造型的几种主要形式。

新月形

（1）新月形。也称为"弯月"形，它是由自然现象"弯月"的形状构思出来的造型。所以成型时需要注意线条的流动感，新月形可随着花材变化而变化，它具有强烈曲线美，又甚具观赏价值，花器不宜太高，口部宽阔最为合适。作品陈设很适合与背景有圆形的镜子或圆盘，适用场

S形

垂直形

半球形

圆锥形

扇形

合广泛。

（2）S形。这是从螺线变化产生出来的造型，与英文字"S"形相同所以称为S形。它又有"荷加斯"线之称，这与英国荷加斯画家因螺线的启发而喜用S曲线作画有关。S形插花采用的花材以带有曲线感的素材为佳。花器适宜选高瓶；若是摆放在水平面上，则可用宽口平盆，就视觉要求而言，用窄腰身的高瓶，效果更佳。如果"S"的末端连续下去，即形成双圆，或类似"8"字形，但上半部的圆必须大于下半部的圆。

（3）垂直形。垂直形插花艺术，表现纵向的线条美，插花的造型直立而窄长，向上伸展的姿态，具有气势雄伟的象征意义。花器插口细小，或简单细长的最为适合，由于本身的造型细长，不能四面观赏，故只适合摆放在比较狭窄的场所，如屋角、柱边或窗台等地方。

（4）半球形。设计上用半圆球形状构成造型，插花要点是对色彩搭配，注意调和及同色不相邻，花型表面应是圆滑弧面，花器选择低矮平盆最合适，突出半球呈丰满感。

（5）圆锥形。圆锥形设计在形状上和埃及金字塔相同，为引人注目，它的设计要高一点，这种圆形最早在中东文化上被使用，尤其拜占庭时代中，当时土耳其人的头帽使人想起这种特别设计。圆锥形从四面角度观赏，都能显现出美和稳重。在低脚容器设计圆锥形时，第二枝与第三枝对称，而且其长度不超过容器上口之外缘，将容器完全融合进作品的整体中。

（6）扇形。扇形设计是利用线性花，先设定出骨架，每枝均等长。模仿折扇的肋骨或类似半圆形做出整体构架，再以块状花材来添加对照的美。扇形骨架不可以使用两种不同的线形花来交替，不同颜色也不要交替使用，因为将会造成一种很不自然的外观，所用的花器可以采用任何形状。扇形插花艺术适宜摆放在柱位、三角位、转角等处，也可以摆在酒店的大堂。

（四）按容器样式分类

按所用容器样式不同，可分为瓶花、盘花、篮花（用各种花篮的插花）、钵花、壁花（贴墙的吊挂插花）等。

（五）按艺术表现手法分类

按艺术表现手法不同，有写景式插花（盆景式）、写意式插花与装饰性（抽象式）插花。

（六）其他类别

就风格而言，除上述东、西方式插花艺术外，目前世界随着生活内容和生活环境的改变和发展，又出现了许多新型的插花艺术形式，有写实派、抽象派和未来派等，还包括含义更广的西方各国盛行的插花艺术设计在内，它们的共同特点是选材、构思、造型都更加广泛，更加自由，可以使用真、假植物材料，极其强调装饰性。可以由单个作品表现主题，也可以由数个作品组合表现主题，它们虽然既无东方式的典雅秀丽风格，也缺少西方式的雍容华丽特色，但它们形式新颖，内容丰富，颇具想象力，更富于时代精神和生命力。

五、插花艺术构思的手法

怎样进行构思，表现主题思想，通常有两种方法，一种是先设计主题而后创作的方法：首先明确插花艺术的目的要求，是为了庆典迎送的社交礼仪活动，还是为了美化环境和艺术欣赏；然后选取合适的花材和容器，结合所要装饰陈设的环境条件进行创作。这就是我国绘画艺术中讲求的"意在笔先"，即先构思后创作的方法。另一种方法是因材、因景进行构思设计，并在创作过程中逐渐完成主题思想的表现，即所谓"借景传情""以形传神"的方法。此法具体从以下几方面进行构思：

（一）利用花意与花语来创意

这是我国许多传统艺术中的构思特点，也是东方式插花艺术，特别是中国传统插花艺术最善用的手法。常借用各种植物的形态、品性气质等特点赋予它们许多美好的象征意义和人格化，以表达人们的追求和向往，如大家都熟悉的我国传统名花的象征意义：梅花傲雪凌霜，不畏严寒，象征坚韧不拔的精神；松树苍劲古雅，象征老人的智慧和长寿，名士的高风亮节；兰花高洁幽香，象征忠诚、崇高的友谊等。

（二）利用表现作品主题的配件与容器

选择特殊的容器和配件来表达创作的主题，这种因材设计方法在现代自由插花艺术创作中较多见，并有不少巧妙借用、别出心裁的好作品。

（三）利用造型进行构思并表现主题

在花材剪裁组合过程中，根据构图的形象加以象征性的立意和命题，构图造型的形象有时是逼真的，有时是似像非像令人想象的。

（四）利用环境和背景创意

在插花艺术的创意中，还常常利用蓝天的背景、利用清澈的水域、利用海上的风高浪急、利用朦胧的月光月影，创作者们巧借环境和背景，模拟一系列自然美景，借以表达种种情怀，不失为一种匠心独运的构思方法。

(五)利用相关的文学艺术

插花也是一种艺术创作。借鉴姐妹艺术的精华,利用优秀的文学作品以及诗词曲赋来挖掘和提炼作品的主题,是构思的创意之一,是有感于文学作品的启发而进行创作的手法。

构思立意还有许多方法,究竟怎么构思,采用哪种方法,关键在于必须有创作的源泉,注意观察生活,了解和掌握自然美和社会美的来源,从中索取提炼素材;另外还要广学博读,从优秀的文化艺术中广泛汲取营养,寻找诗情,求觅画意,这是任何艺术创作的必由之路。只有多观察,才能激发创意,见景生情,进行创作。

拓展链接

常见花卉的花语和寓意

玫瑰:寓意为美好常在,情浓、娇羞、艳丽,是真挚感情的幸福花,代表着爱恋。玫瑰象征着爱情,是鲜花中无可争辩的皇后,情人节能收到玫瑰花是每个女孩子盼望的事情。玫瑰可送单支,也可送以打计算的花束,还可与其他花材相配制成花束或其他形式的礼物。红玫瑰是表达爱情的上品,色愈深则情愈浓。

唐菖蒲:又名剑兰、扁竹莲、十样锦。象征性格坚强、高雅长寿、康宁之意,其红色表示亲密,黄色表示尊敬。

香石竹:别名麝香石竹、康乃馨,是伟大神圣而又慈祥博爱的"母爱花"。寓意真挚、不求回报的母爱,被欧洲人喻为"富有永不褪色和永不变迁的爱""穷人的玫瑰""真挚的友情"。其不同花色品种表示不同的含义。赠送母亲时,可集合几种不同的色彩。

菊花:中国几千年文化寓意为高雅、孤傲、清净、明朗、傲骨、高洁、高尚和真情;而欧美国家则将白色、黄色菊花只用于葬礼。

非洲菊:别名扶郎花。象征神秘、兴奋,寓意为喜欢追求丰富的人生、不怕艰难困苦、有毅力。其单瓣品种代表着"温馨",重瓣品种表示"热情可嘉"。

百合:象征顺利、心想事成、祝福、高贵,是纯洁、甜美、祥和吉利、团结友好、百年好合的象征。白色百合气质高雅,一些国家将白色的麝香百合视为耶稣复活的象征,故又称为复活节百合,西欧用野百合送病人表达"康复"的愿望。

马蹄莲:象征永结同心、吉祥如意、圣洁虔诚,给人以美好、幸福与喜悦的感觉。

郁金香:爱的表白、荣誉、祝福永恒。具有名誉与慈善的寓意,象征着神圣幸福、魅惑人心、富贵吉祥、带来好运。在欧美等国家也是真挚感情的爱情幸福花,求爱花,表示我爱你(红色系),正是求爱的心声。荷兰、匈牙利、土耳其、伊朗等国将其称为国花。

满天星:其学名为锥花石竹,又名霞草。具有夜的快乐之含义。适于与香石竹、月季、非洲菊、菊花、金鱼草等配置,它与不同花枝相配其含义不同。

鹤望兰：别名天堂鸟、快乐鸟。潇洒、多情。象征吉祥、幸福、快乐与自由。

铃兰：其花枝意味着清秀的面貌，加之淡雅的香气，令人倾慕。具有"幸福"的寓意。

玉簪花：其色白如玉，清香宜人，寓意"无暇亲切"，花朵半开时"含情脉脉"。

勿忘我：学名补血草，由于其花姿、花色持久，具有永恒的意味，是"花中精神"，寓意友谊万岁、浓情厚谊、忠贞不贰。地中海一带人用它来表示"爱情"。

常春藤：表示白头偕老，健康长寿。

兰花：象征高风亮节、淡泊名利的高尚君子。

荷花：纯洁无邪、清白圣洁、无私奉献，具有"出淤泥而不染"的品质。

审美实践

插花设计

请给学校办公室设计构思一件插花艺术作品，并进行具体操作。

在线检测

练一练，更优秀

互动空间·自我评价

专题七
品鉴舌尖之味：饮食美

知识目标：

• 熟知饮食美和饮食美学的内涵。

• 了解中国茶文化、酒文化的审美特征。

能力目标：

• 掌握饮食美的特征，能理论联系实际，提升学生对饮食美的鉴赏能力。

• 能将中国源远流长的茶文化、酒文化运用于生活实践。

素质目标：

• 培养学生热爱生活的品质和健康饮食的习惯。

要点一览

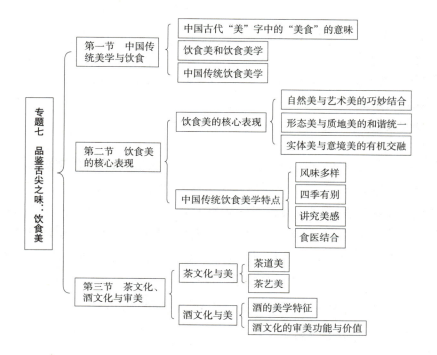

内容导航

　　在中国传统文化中,先哲们非常重视饮食。古人云:"民以食为天。"孔子说:"食不厌精,脍不厌细";《诗经》中写道:"烹羊宜采薇,未食且甘旨";汉乐府诗中提到"舂谷持作饭,采葵持作羹";陆游诗中描绘:"鲈肥菰脆调羹美,荞熟油新作饼香"。中华美食讲究色、香、味、质(滋)、形、名、器、境俱佳,给人们带来视觉、味觉、嗅觉、听觉和触觉上的享受。不仅能够满足人们的口腹之欲,更能让人赏心悦目。中国的美食文化源远流长,流派众多,在世界上享有盛誉。中国美食积淀深厚,与历史悠久的茶文化、酒文化高度融合,形成了独特的"中和""调和"的美学特征。

第一节　中国传统美学与饮食

案例导入

　　苏东坡在出任杭州地方官时,发动数万民工疏浚西湖,筑堤灌田。为犒劳民工,苏东坡吩咐家人将百姓送来的猪肉和绍酒烧好,赠给民工。然而,家人误以为连酒一起烧,结果意外地发现这样做出来的肉特别香醇美味,一时传为佳话。人们纷纷传颂苏东坡的为人,效仿他独特的烹调方法。从此以后,以这位大文学家命名的东坡肉便成为杭州的传统名菜。那么,东坡肉究竟符合中国传统美食的哪些标准呢?

【案例解析】 此菜色泽红亮,造型简洁,看似普通,实则蕴含着中国几千年来的文化底蕴。早在春秋战国时期,孔子就提出了"割不正,不食"的食用标准,严格要求原料成形必须工整,这可能是当时儒家对饮食文化最基本的审美标准。作为北宋时期的儒家大文豪,苏东坡在做人和做事上遵循了儒家的道德标准。红亮的颜色寓意光明正大,方整的造型比喻做人做事要堂堂正正,香醇的味道反映了"火候足时自然美"的做事道理,体现了中国古典美学中的祥和之美、中庸之美。

饮食活动是人类最早的劳动实践之一。从某种意义上说,人类的文明也是起源于这种劳动实践。因为最初的人类的劳动完全围绕饮食进行。每当进食时,人们会立刻感受到食物滋味的美好与否,由此产生对甘美食物的形、色的欣赏。这是人们最初对自然美和形式美的感受。人类最早的工艺美术品——陶器,绝大多数被用作烹饪宴饮器具。音乐舞蹈的起源也与饮食生活有着密切的关系。原始人在烤熟兽肉后,围着火堆品尝美味,回忆起打猎时紧张的场景,并通过唱歌跳舞来表达情感。后来,音乐舞蹈成为宴会的重要组成部分。由此可见,饮食生活与美学有着不解之缘。

一、中国古代"美"字中的"美食"的意味

分析"美"字的产生,我们会发现它一开始就与饮食联系在一起。汉语、英语、法语等语言文字中,美的概念大多包含美味、可口、好吃、芳香等意义,而汉语尤为深刻。

东汉学者许慎在《说文解字》中是这样解释"美"的:"美,甘也。从羊、从大。羊在六畜主给膳也。美与善同意。"在这段话中,许慎首先对"美"的字形做了分析,从羊,由形而意,许慎对"美"字的含义也做了解释。"美"字的含义是羊的肥大、味美,即"羊大为美"。因为在远古时代,羊是原始先民饲养的主要家畜,供人食用,羊越肥大,实用价值越高,实用的就是善的,"美与善同意",而善的就是美的。徐铉曾说:"羊主给膳,以瘦为病。"只有肥大的羊才甜美宜食。这些都说明,美的事物起初是和饮食相结合的。古时也有把农作物称作美的例子。孟子曰:"五谷者,种之美者也。"这里所说的美与"善""好"同义,也体现了美和食用的关系。

二、饮食美和饮食美学

饮食美是指饮食活动中符合美的规律的现象。饮食美学则是研究饮食活动中美的规律性以及人们饮食审美的学问,揭示饮食活动中美的创造、人们的审美意识与饮食文化背景的内在关系。饮食美是融合色彩、造型、滋味及食用性为一体的独具一格的艺术美。菜点具有其他艺术形式不可比拟的独特美学价值,它运用了绘画和雕刻等艺术技法,通过刀工、勺工、调味、烹制、拼摆、雕刻等手段,使菜呈现出独特的美感。饮食艺术直

接反映了一个民族或一个国家文明发展的程度,展示了一个社会的物质生活状况、精神风貌和艺术水平,并体现了特定地区的传统习俗、宴会性质与礼遇规格。

饮食美学与普通美学既有着密切的联系,又有着显著的区别。饮食美学不仅涵盖了饮食环境美化、餐厅装饰、宴席设计和服务方式等饮食客体的内容,还包括饮食主体的审美观念和审美情绪。除了其"色""形"给人以美的享受外,还利用"香味"的特异性,力求通过人们的耳、眼、鼻、口等感官的协同作用,给人以美的享受。美食自身的美感包括五味调和的味觉美,质感怡人的肤觉美,气息芬芳的嗅觉美,形色俱佳的视觉美。美食的文化含量还包括助餐的餐具器皿美,美食的时空美、意境美。饮食美学具有两种属性,即审美性和食用性。所谓审美性,就是餐饮工作者善于选择和利用餐饮环境,布置合理大方、美观实用的餐厅家具和饮食器具,而厨师则科学地运用刀工、烹制、拼摆、雕刻等手段,配制成色彩斑斓的形象,使人们在适宜餐饮环境中通过观赏多姿多彩的菜肴,引起美的联想,产生急不可待的食欲。所谓食用性,就是厨师选用优质原料、发挥娴熟的技艺,使菜肴香味扑鼻,口感舒适。通过无形的气味,使菜肴的审美超越于视听美学范畴之外。

随着人类物质文明和精神文明的迅速提升,以及商业、交通、旅游业的发展,人们对饮食中的美学要求越来越高。现代饮食已不再是简单的生产性活动,而是文化性和艺术性的体现。任何一名当代餐饮企业的管理人员、宴席设计人员,都必须懂得如何美化进餐环境、选购饮食器具、购置工作人员服饰、训练员工谈吐举止、安排宴会音乐、运用各种礼节和仪式,直至设计菜肴造型和餐桌台面布局等。

三、中国传统饮食美学

马克思曾说:"人也按美的规律来建造物体。"[①]考古发现表明,最能体现饮食美的莫过于饮食器具。"美食美器",中国古代的食器,既有辉煌的金银器,也有光洁的瓷器,还有精美的漆木器,更有庄重的青铜器,这些不同质地的器具都十分讲究造型美和装饰美。

中国人的进食方式同样追求美的形式。从旧石器时代到唐代,人们习惯于席地而坐进餐,面前放有一个小小的食案,案上摆放着酒食。在正式筵宴场合,座席要铺正,食案要摆齐,以营造隆重热烈的氛围和有条不紊的秩序。这样的饮食规范确实是一种艺术。《礼记·礼运》提到:"夫礼之初,始诸饮食。"礼节、礼貌、礼仪从饮食发端,要求各种不同的形式美。《楚辞·招魂》篇描绘了王室祭祀时所列的菜肴、点心、美酒、甜羹等都是形色俱备的佳品,这说明美味佳肴不仅是日常生活的组成部分,也是进行政治活动的重要媒介,不同形式的宴席反映了不同的礼遇。

中国饮食烹饪非常重视造型美,孔子就提倡"割不正,不食"。唐代出现了食品雕刻,如唐代的烧尾宴、宋代的"辋川图"冷盘、清代的满汉全席等,都是古代饮食文化的瑰宝。

中国古代关于饮食美的论述也比比皆是。如《吕氏春秋》较详尽地阐释了关于饮食

---

① 马克思.1844年经济学哲学手稿[M].北京:人民出版社,1979:97.

的理论,这在当时世界上也是绝无仅有的。它记载的食单使我们得以领略商汤时期的美味佳肴。《盐铁论》中记载的食谱体现了和谐美,菜饭搭配主次分明,有热有凉,口味有咸有甜,造色悦目,形态自然。魏晋南北朝后,中国饮食已完整地具备了质、色、味、形、器五种属性,并达到了完美的有机结合。西晋何曾的《安平公食学》,北齐谢枫的《食经》,以及《食珍录》等著作是这一时期的代表作。被誉为古代第一部饮食烹饪大典的贾思勰著《齐民要术》,介绍了黄栀子染色,以枣甜香,以蛋黄挂糊等实用饮食美学技艺。隋唐五代、宋、辽、金、元、明代同类著述更多。如吴自牧的《梦粱录》、宋诩的《宋式养生部》、高濂的《遵生八笺·饮馔服食笺》、韩奕的《易牙遗意》等。北宋宫廷画家张择端的《清明上河图》,更是生动而真实地描绘了酒楼、餐馆的装饰、宴饮场景等。

到了清代,中国饮食和饮食美学达到了新的高度。文学家、美食家、饮食美学家袁枚编写的《随园食单》,集前人之大成,从正反两方面阐述了饮食美的基本要求。他在《色臭须知》条中指出:"佳肴到目到鼻,色臭便有不同,或净若秋云,或艳如琥珀。其芬芳之气,亦扑鼻而来,不必齿嚼之,舌尝之,而后知其妙也。"此外,薛宝辰的《素食说略》、曾懿的《中馈录》、朱彝尊的《食宪鸿秘》、顾仲的《养生录》、章杏云的《调疾饮食辨录》、童岳荐的《调鼎集》、谢墉的《食味杂咏》、清末文人龚乃保的《冶城蔬谱》等,都是介绍饮食文化、饮食技艺和饮食美学的高水平论著。

拓展链接

中国四大菜系美学风格比较

名称	菜系特点	美学特征	文化影响
川菜	以本地产品为烹饪原料,口味偏麻辣	质朴浓烈	四川地处西南,远离政治中心区和文化中心区,有较强的独立性,且少数民族杂居,较多地保持了民间美学的本色
京鲁菜	以宫廷菜为代表,原料多山珍海味,口味偏咸,讲究排场,大气磅礴	厚重大气	京鲁位于黄河流域中原地带,多高山大河,气候干旱,大自然呈现一派雄豪之气。此外,京鲁一直作为中国的政治、文化中心,历代统治者多在这一带建都,受皇家的审美思想影响深远
淮扬菜	以小吃见长,口味偏甜,烹饪工艺精巧	幽雅精致	淮扬地区山清水秀、气候温润的淮安、扬州、镇江,大自然的优美景色熏陶着这里的人们,历代多出文人,形成了优雅别致的美学风格
广东菜	以生猛海鲜、山珍野味为主,菜品鲜嫩	华丽时尚	广东地处中国南大门属于亚热带地区,自然植被苍郁茂盛,物产丰富,饮食资源亦然。近代发达的海上交通、频繁的中西交流,以及西方商业文化的影响,造就了广东饮食的华丽的美学风格,遂成一大流派

审美实践

美食传说知多少

元宵，别称"汤圆""汤团""浮元子"，是汉族传统小吃的代表之一。不仅在冬至这一天南方很多地方要吃汤圆，也是中国的传统节日元宵节最具有特色的食物。相传汤圆主要是为了纪念汉代大文学家东方朔。汉武帝时期，宫中有位宫女叫元宵，元宵姑娘思念亲人。东方朔设计卜卦让汉武帝取消正月十五宵禁，允许百姓张灯结彩，放鞭炮赏花灯，煮汤圆。人们都到街上赏花灯、游玩、元宵姑娘就和亲人见面了。汉武帝以为汤圆是元宵姑娘做的，就把汤圆改叫"元宵"。这是一段美食传说，你还知道哪些美食传说？小组讨论并推选代表向全班同学分享。

互动空间·自我评价

第二节 饮食美的核心表现

　　相传,清太祖努尔哈赤在未发迹前,是满族女真部落首领家的一名火夫。这位首领一向讲究美味吃食,每餐八菜一汤必不可少。有一次宴请宾客时,由一个会做菜的女仆下厨,努尔哈赤做帮手。当做到第七道菜时,女仆突然晕倒,外厅大叫上菜,急得努尔哈赤不知如何是好。于是,他急中生智,抓起一把里脊肉,裹上蛋黄,丢入油锅,三颠两炒出锅,迅速送上。首领一尝,这个少见的菜与平日的味道大不一样,又见宾客吃得津津有味,便问这道菜是谁做的。努尔哈赤战战兢兢走出来,听候发落。首领大加赞赏一番之后,问努尔哈赤:"这叫什么菜?"努尔哈赤顺口答道:"回大人,叫黄金肉!"后来,这"黄金肉"便成为清朝各位皇帝举行盛宴时的第一道菜,以示对祖上感恩戴德。"黄金肉"这个故事体现出什么样的饮食美原则?

　　【案例解析】　这个故事告诉我们味在饮食里的位置,努尔哈赤做"黄金肉"之所以备受赞赏,原因是里脊肉加蛋黄的清香给宴席上饱食的主人焕然一新的口感。中国的美食重视外表形态上的美观,但绝不是形式主义,而是将质地、口味作为食物的本质放在首位,达到色、香、味、形、质的和谐统一。

　　饮食美既重视"天生丽质",也主张"浓妆淡抹",追求"巧夺天工"。前者为体,后者为用;有主有次,完美结合。然而,随着人们生活水平的不断提高,好吃不好看的饮食食品已不能满足人们的饮食审美需要。饮食食品给人的第一感受是视觉感受,然后才是触觉感受和味觉感受。因此,外观形态的好坏直接影响到人们的情绪。同样,美在盘盏外,餐饮环境是否适宜也直接影响到人们就餐的心情。所以,饮食美的核心表现在于自然美与艺术美的巧妙结合、形态美与质地美的和谐统一、实体美与意境美的有机交融三个方面。

一、饮食美的核心表现

(一)自然美与艺术美的巧妙结合

1.自然美

健康养生

　　自然美是指客观自然界中自然物的美。饮食的自然美,是指饮食原料所固有的形态、色彩或加工后保持的原形、原色、原味。许多食物在加工前,其自然形态都是美的,都能给人以美感。

　　质朴和本色常被中国传统文化视为美的至境。鲁迅在《社戏》中曾充满感情地回忆起儿时家乡吃罗汉豆的情景,认为那是人间最美的美味。这种体验当然不限于鲁迅。当人们在年长时回忆吃过的美味珍馐时,印象最深刻的往往都是些质朴无华、充满乡土气息的民间家常肴馔。这里除了感情、时间等因素外,也在一定程度上反映了饮食美同艺术美一样,不在于外在的敷饰,而在于质朴的内涵,在于返璞归真。

传统菜特别讲究古拙自然。讲究完整地保持家畜、家禽、水产原料的自然形态。或蒸或煮或炙或腊等。在宴席上,这些菜品常具有神秘、庄重的感觉和象征意义。例如,一条完整的鱼象征大吉有余,连年有余,于是鳜鱼成了富贵有余的标志。此外,还有以鸡代凤,鱼龙交替,或者以羊寓祥,以鹿示禄,龟鹤长寿。这些古老的习俗依然广泛地存在于民间的菜肴里。新年家宴上的整鸡、整鱼大多数取其吉利之意。又如"香茶熏鱼""油淋糯米鸡""叉烧烤鸭""烤乳猪"等,都具有古朴自然的形式美。湖南长沙马王堆西汉古墓中出土的菜品中有很大一部分都保存着完整的自然造型,如鸡、鱼、鸭、兔、鹌鹑等。

2.艺术美

艺术美是指艺术作品的美。饮食艺术美是指在物体(原料)自然美的基础上,厨师根据食客的需求,凭借自己的审美水平和技艺进行艺术加工,使原来就美的食物更加夺目,原来某些方面还不够美的部分也变成了美的食品。这些食品不仅具备自然美,而且具备象征意义,具备了新的美的因素——艺术美。饮食艺术美可以有巧夺天工的美的展现。以菜肴色调为例,如果各种颜色乱拼在一起,则色彩杂乱而不调和,反而会损害固有的自然美。如果讲究合理调配色泽,既保留食物的自然色,又对食物色彩进行合理调配,或浓或淡、或明或暗、或轻或重,不拘一格,变幻无穷,使其相奇色艳,形色动人。对于食物的形态而言,有的以自然原料取胜,有的以艺术造型夺人眼球,而更多的则是自然美和艺术美的完美结合,创造出和谐统一的崭新形象。

华丽的艺术美更是现代食物常见的风格。它们在制作上精雕细琢,刻意增辉,造型生动,线条流畅,互相穿插,排列饱满,色彩缤纷,呈现出富丽堂皇的艺术美。如餐桌上的"燕窝龙眼鸽蛋",纹理自内外显,排列有致,其汁如玉之温润,呈现出高雅的层次美。"香桃鸽蛋""鸡汁煨整鲍",排列均匀饱满,色彩鲜艳明快,具有浓郁的装饰美。

(二)形态美与质地美的和谐统一

1.两者互为表里,相辅相成

形态美是指事物外在的自然物理属性及组合规律所体现出来的美。没有无形式的内容,也没有无内容的形式。但内容对形式起根本性的决定作用,而形式又反作用于内容,所以美是美的内容和形式的辩证统一。美食的形式和内容的关系之所以重要,是因为味觉审美离不开视觉的参与,主体对美食的味觉审美是同视觉审美密切相连的,视觉审美在一定程度上制约味觉美感的产生。但同样不能忽视的是,美食的形式是为内容服务的。服务于、服从于内容的形式,对美食来说才是美的形式;否则就是画蛇添足。线条、色彩、形态毕竟只是审美的先导或者说是序幕。只有在味觉、嗅觉、触觉的参与下,美食才能给人以整体上的美感。我国饮食讲究形质兼美,表里一致。色和形是外在的美,而香、味和营养卫生则是内在美、质地的美。

2.味美是质地美的主题,是饮食艺术的核心

制作食物是为了"吃"的,是通过舌的味觉而使人们得到美的享受,因此可以说饮食

是味觉艺术。如果一种食物，食而不知其味，或者异食而同味，即使色彩鲜艳，造型多姿，也算不上是美食，算不上精妙的艺术。单纯追求形美，是饮食艺术的大忌。我国饮食以味为魂，蕴养生于味中，这是中国饮食文化的精髓，也是我国饮食走向世界并独立于世界饮食文化之林的基石之一。

(三)实体美与意境美的有机交融

1.美食与美景宜相融

意境是客观(生活、景物)与主观(思想、感情)相熔铸的产物，是情与景、意与境的统一。情景融合和形神统一构成意境，使有限、生动、鲜明的个别形式蕴含无限、丰富、深广的艺术内容，具体表现为情景交融、和谐统一。我国饮食之美都有虚实之分，既有可以直接观察感受到的实体美，也有可以意会心悟的意境美。实体美和意境美水乳交融，构成我国饮食的高级艺术境界，引起人们的丰富想象，诱发人的强烈兴趣，使人产生深刻的印象，留下难忘的记忆，使人的美感在饮食中得到升华。

美食与美景相宜，即讲小体之食与大千世界相映成趣。我国美食之意境，包括进食的时、地、人、事等因素在内，即讲究所谓良辰、美景、可人、乐事。时、地、人、事皆宜，心境畅快，是大意境美；食物的色、香、味、滋、形、器、营养、卫生是小意境美。大小结合，统一和谐，斯美食不可言矣。总之，要处处做到助人雅兴、热人心肠、暖人肺腑、厚人情谊、增人欢乐、美人心灵。品尝一次美食，也是经历一次美的熏陶，经受一次美的教育。

2.环境美是美餐的重要条件

敞厅雅座，水榭草堂，花前月下，山间水边，得自然清净之趣，皆是进食佳处。环境美已经引起了宾馆、酒店的广泛注意，在装饰上极力凸显出地方特色和民族风格。例如，有些餐厅就体现了古代文明与现代文化的有机结合，空间宽敞、布置古朴、设置高雅、色调匀称、音乐柔和、人流有序。晋朝兰亭"曲水流觞"之所以传颂千古，其原因之一便是环境高雅，并不仅仅因为王羲之的一篇序和字。

美食环境属环境文化。装修的格调，设施的配置，环境的布置，要善于从文化角度去考虑，做到既方便卫生，安全适用，又造型美观，新颖别致，富有特色，整体布局合理，色调和谐，使人赏心悦目，情感得以陶冶，精神得以升华。在环境美化中还要注意发挥招牌文化的作用，招牌是饭店的第一道风景线，是饭店文化底蕴和经营特色的标志，蕴藏着巨大的能量。餐馆招牌要独具特色与风采，耐人寻味。

二、中国传统饮食美学特点

(一)风味多样

由于中国幅员辽阔，地大物博，各地气候、物产、风俗习惯都存在着差异，长期以来，在饮食上也就形成了许多风味。中国一直就有"南米北面"的说法，口味上有南甜北咸东酸西辣之分，主要的风味菜系包括巴蜀、齐鲁、淮扬、湘粤等。

（二）四季有别

一年四季，按季节变化选择食物，是中国烹饪又一大特征。自古以来，中国一直按季节变化来调味、配菜，冬天味醇浓厚，夏天清淡凉爽；冬天多炖焖煨，夏天多凉冷食物。

（三）讲究美感

在食物烹饪中，不仅技术精湛，而且有讲究菜肴美感的传统，注意食物的色、香、味、形、器的协调一致。对菜肴美感的表现是多方面的，无论是红萝卜还是白菜心，都可以通过雕刻呈现出各种造型，独树一帜，达到色、香、味、形、美的和谐统一，给人以精神和物质高度统一的独特享受。

（四）食医结合

中国的烹饪技术与医疗保健有密切的联系。在几千年前就有"医食同源"和"药膳同功"的说法，利用食物原料的药用价值，制作成各种美味佳肴，从而达到对某些疾病防治的目的。

拓展链接

中华美食的
烹饪方法

审美实践

观看中华美食文化纪录片《舌尖上的中国》，以食物为窗口，读懂中国，请写出你的鉴赏心得。

互动空间·自我评价

第三节　茶文化、酒文化与审美

　　客厅里,联合利华中国研究所的蔡亚博士正和几个朋友闲聊。茶几上,屏风间,一盏龙井,袅袅轻烟,为空间增添了一丝淡雅的怀旧氛围,一种大地无形的安详感,以及一种说不清道不明的灵性生活味道。"在英国品茶已经是生活中不可分割的一部分,大家在喝茶的时候蛮讲究,很好的杯子,比较好的水,泡出来以后欣赏也是有讲究的。"蔡亚回忆道,仿佛沐浴在英伦阳光中。如果说,茶是中国人的"生命之饮",那么,在那片土地上,威士忌则是一样传播久远的"生命之水"。喝威士忌是一种境界,是一种追求。蔡亚说:"品尝威士忌一定要有个环境,我最喜欢夜深人静的时候,一个人的冬天,落地玻璃窗外面下着大雪,看着雪花,背后壁炉在燃烧,有很好的音乐,拿一杯威士忌,再拿一本自己心仪的人物传记,那个应该是一个非常美好的幻境吧。"对于蔡亚品茶时的淡雅,饮酒时的意境享受,我们如何从美学的角度来看待?

　　【案例解析】　茶人的品茶审美过程实际上是茶人修身养性的过程,是茶与心的对话。它体现了物质审美的三品:目品其形,鼻品其香,口品其味。体现出茶文化中虚静空灵的茶道精神和深幽恬明的美学境界追求。而酒,在我国传统文化的审美体系中,具有与"美女"(仕女)同等的审美价值。因此,中华美酒历来都追求和谐、幽雅、柔和、细腻的审美品格。其实,享用一杯上好的威士忌,其过程本身就很精致。他既是品茶专家,又是品酒专家,敏锐的嗅觉不仅让他品味着馥郁甘醇,也赋予他敏锐的洞察力。

　　茶文化是指品茶过程中体现出的一种美好意境,它涵盖了对茶叶品评技法、艺术操作手段的鉴赏和品茗美好环境的领略等。这种文化的精髓在于形式和精神的相互统一,形成饮茶活动过程中的一种文化现象。中国茶文化的核心在于其内在追求——审美,包含了茶道美和茶艺美。酒文化是指酒在生产、销售和消费过程中所形成的物质文化和精神文化的总称。它主要指酒的制法、品法、作用和历史等文化现象。它蕴含着人类文明与智慧的长期积淀,是一种多维的社会文化现象。我们经常说的"品酒"二字中的"品"就充分表明我们把酒是当作一种艺术珍品去欣赏、感受的。陶渊明在《饮酒》中的诗句"悠悠迷所留,酒中有深味",深刻地揭示出酒中的深味、诗意与意境,使之与诗中酒、史中酒内外结合、相辅相成,方能完整挖掘酒文化中酒美的本质。酒文化的精华是由酒的个性美、结构美与意境美构成。从审美文化的角度和层面进行考察,酒文化体现出"中和""调和"的基本功能。

一、茶文化与美

中国是茶的故乡,是世界上最早种植茶、利用茶的国家,饮茶的习俗至少已有三四千年的历史。茶能提神益思、生津止渴、杀菌消炎、减肥健美,因而饮茶逐渐成为一种高雅的嗜好。无论中国与外国,不仅有以茶为主的茶宴、茶话会、茶馆、茶室、茶楼,而且几乎所有的宴会都离不开茶。宴前品茶可以清口润喉,有利于品尝菜肴;宴后饮茶可以消除油腻,解酒清神。随着茶人们对饮茶之法的不断总结与创新,加之千百年来文人墨客在美的山水中品茗悟出的茶艺美,构成了独具特色的中国茶文化。其中蕴含的饮茶礼节、仪式、风俗、习惯和科学方法,充满了形式美与伦理美的规律。

茶艺与茶道

(一)茶道美

"道"在中国被视为体系完整的思想学说,涵盖了宇宙、人生的法则和规律。因此,中国人不轻易言道。而日本的"道"则不是一个完整的思想体系学说,它分有茶道、花道、香道、剑道和柔道、跆拳道等。在中国的饮食、玩乐等诸多活动中,能升华为道的只有茶道。

茶道美学在中国有着深厚的传统文化积淀,虽是中国古典美学中的一部分,体现了中国古典美学的基本特征,但它更具有自身的特性。中国茶道美学侧重体现的是茶人心灵深处的审美情趣,是一种审美主体的心灵表现,在虚静气氛中的自我观照,默察幽微的亲切体验。

中国茶道美学在发展过程中主要吸收了佛、道、儒三家的哲学理念。这种美学用佛家的"涤除玄鉴""澄怀味象",从道家的"天人合一"的哲学理念出发,从小小的茶壶中去探求宇宙的玄机,从淡淡的茶汤中品悟人生的百味。而不是强调从一般的表现形式上去欣赏和理解茶道的美。

中国茶道美学注重从哲学的高度广泛地影响茶人,尤其是知识分子茶人的思维方式、审美情趣和艺术想象以及人格的形成,这不仅仅是在茶事活动中追求美感的理论指导。在中国茶道美学方面我们可以概括出四大理念:

中国茶道美学以"天人合一,物我玄会"作为哲学基础,体现出人与自然之间具有亲切和谐的关系,物我相互引发,相互融通、最终达到"思与境偕,情与景冥"的理念,极富有人情味。

中国茶道美学把孔子提出的"知者乐水,仁者乐山"的比德理论作为人学基础,体现出茶人对自我人格欣赏的一种理念。

中国茶道美学以"涤除玄鉴,澄怀味象"作为创新的根本途径。涤是指洗净污垢,除是指扫去尘埃,玄鉴是指心灵深处明澈如镜。用意是只有人们去私除妄,使自己的心胸达到虚静空明的心境,才能使"味象"(指审美主体对审美客体的品位)得到精神愉悦和心灵享受。

中国茶道美学以"道法自然，保合太和"作为表现形式的基本法则。其意是一切表现形式要力求做到自然、朴素、和谐与适度，只有做到中庸不偏，才能达到太和之美。

（二）茶艺美

茶艺美学是研究饮茶的技艺（茶的艺术和茶的技术产品）的美学。其审美既具有群体性、功利性，也具有共通性和超功利性。茶艺美学的主要审美范畴和美学范畴，从传统美学至近现代西方美学思想中，可以概括为审美客体、审美主体、审美活动三个方面。

审美客体指客观的范畴。包括自然之美、生活之美、艺术之美和技术之美。茶艺美学中的自然之美，是指风景、山水等。茶树生长在高山云雾间，采茶女在茶林间采茶的情景，令人心旷神怡，为茶艺美增添了无限遐想。生活之美，指茶艺的审美功能，修身养性，陶冶情操和以茶会友，休闲娱乐等。艺术之美则是指茶的冲泡技艺，以及相关的茶的艺术，诸如茶、具、水、景物等。技术之美是指物化的产品，茶的"色""香""味""形"之美等。

审美主体指主观的范畴。主要表现于审美心理：包括审美经验、审美感、审美直觉、审美表象、审美知觉、审美情感、审美判断等。茶艺以人为本，故茶艺美学也是研究人的审美心理的美学。

审美活动指主客统一的范畴。包括审美价值、艺术创造、艺术风格、艺术形象、艺术内容、艺术形式、艺术流派、美的设计等。

茶艺美学是中华民族传统茶文化的传承和创新，是中国茶文化的一个重要组成部分。"茶艺"一词，基于中国传统的饮茶艺术，蕴含博大精深的文化内涵。与日本的茶道、韩国的茶礼，无论在审美文化还是审美意识方面，都有显著的区别。不同的国家、不同的民族，由于对审美价值的不同，审美情感、审美观念的不同，形成各自不同的美学现象。

二、酒文化与美

酒文化的美是指饮酒时的时、空、人、事等多种因素的协调一致，讲究良辰、美景、怡人、乐事的有机联系，即强调大意境之美；酒的色、香、味、形、器之统一，则构成了饮酒的小意境之美。

（一）酒的美学特征

从事物的系统构成性方面看，任何一种美都包含两个基本层次：一是内在自然向人生成的肯定性意蕴；二是外在节律形式本身。所谓"自然向人生成的肯定性意蕴"是指世间万物，最终朝着人的本质方面生长前进。事物只要表现了人的本质和发展趋势，也就有了朝人自然生成的肯定性意蕴，该事物也就是美的了。表现在酒上的美是指其个性美，结构美。所谓"外在节律形式本身"是指大千世界中的一切事物都在不停地运动，具有一定的力度、气势、节奏和旋律。这些显示出一定秩序结构的运动形式，便是节奏形式。体现在酒上就是指意境美、诗美及艺术的灵性美。以此来审视酒品，那么它以"美"为灵魂的独特的艺术性便显而易见了。酒的个性美、结构美、意境美构成了"酒内"文化的精华。

1. 个性美

个性美，是指事物的风格与典型，它是艺术的生命，是美的灵魂，也是各种名酒的生命和灵魂。就好像每一个人都有自己的特殊脾气一样，许多名酒也有属于自己的"风格""典型"。这种风格、典型在酒界就称为"香型"。在酒林中，独树一帜的各类名酒都是以其酸、甜、苦、辣、香等诸味协调统一，而展现自己丰富的个性美。品味知文，一种酒源于一个地域的文化熏陶，也可以说，酒味本身就是一种文化。一方水土养一方人，一方人喝一方酒。酒里凝聚了创造者的智慧与心血，糅合了造酒者的性格与信仰，北方的酒度高味厚、质朴而浓烈，是因北方人醇厚朴实，性格坦荡豪放；南方的酒则继承了酒的精华，酸而不涩、甜而不腻、苦而不粘、辣不呛喉、香不刺鼻、饮后回甘，达到诸味浑然一体，如国酒茅台就属于南方酒系，体现了南方人勤快执着、睿智聪颖的个性特征。

2. 结构美

结构美，是指构成酒的各种成分在各个层次之间的平衡性、协调性、统一性与自然性。对于一种美酒来说，香与味的协调平衡是其成功的基点。譬如，五粮液酒不上头、不上喉，回味愉快，突出地体现了这种香与味协调平衡。一种美酒独特的酿造工艺决定了它独特的微量成分结构。通过采用高灵敏度高分辨率的分析方法全面剖析，已查出影响美酒主要香气的微量成分就达104种，并对其中的74种微量成分有了定量分析，这样丰富的香气微量成分就构成了美酒特殊的香型。酒味本身虽具有酸、甜、苦、涩、辣、杂之分，但它给人的感觉总是复合之味，综合之感。这些味觉的美感在茅台酒等名酒中非常突出，酸、甜、苦、辣、香五味俱全，均匀、平衡，达到非常协调统一的境界。总之，一种酒只有经过千百年发展、完善与精益求精的独特工艺，它才能具有独特的典型风味及其结构美。

3. 意境美

意境美，是指品酒后，通过酒内在形式上的美与外在形式上的美的协调，达到对美体的整体美感效应，从而产生妙趣无穷、时空无限的感受。酒是劳动者从天然食物中酝酿而成，是人的灵性与天地的灵性的结晶。品酒，首先是领略酒内在形式上的美，即通过各种感官给人的一种风味综合感；然后随着人们艺术修养的不同，通过超越酒的风味本身，涌现出各种各样的酒诗、酒文、酒饰、饮酒环境、佐酒方式等美的外在形式，从而达到韵味无穷的境界。

（二）酒文化的审美功能与价值

从审美文化的角度和层面进行考察，酒文化体现了"中和""调和"[①]的基本功能。它

---

① 王清荣. 酒文化审美谈[J]. 桂林师范高等专科学校学报，2002(3)：26.

通过对无数人类个体潜移默化的审美同化,来实现对人类群体的审美调节,最终实现对人类环境的整体调节。这种巨大的调节功能主要表现为人际之和、民族之和与天人之和三个方面。

1. 人际之和

人际之和体现的是不带强制性的审美调节。因为人类社会是自控制自调节的有序系统,为了求得自身的稳定与进步以及同环境的平衡与协调,就必须有相应的调节机制。酒文化的审美通过其审美同化的机制,一方面使审美者在审美愉悦中与自己同构,即让他们毫无痛苦地告别愚昧与落后,丝毫不受强制地走向文明与进步;另一方面使审美者通过酒为中介调动起双方的感情投入,消除相互间的误会与隔阂,化干戈为玉帛,达到人际关系相和谐从而促进社会稳定的目的。可见,只有人类个体之间的关系愈和谐,人类个体自身的审美意识愈浓、审美能动性愈强、审美的行为愈自觉,其社会的调节功能越大,调节的效果越好,就越有利于人类社会向着其控制论目的前进。

2. 民族之和

民族之和体现了各民族审美个体同质化的审美调节。中华民族在长期的生存与发展的过程中,各民族因受到本民族特有的政治、经济、文化以及自然环境总关系的制约和影响,形成了具有本民族特色的审美意识和美质美趣;同时,又因受到整个中华民族共有的政治、经济、文化以及自然环境总关系总面貌的影响,共同积淀出了中华民族坚韧不拔、威武不屈、独立不群、高风亮节、清雅脱俗的审美意识和美质美趣。正是这种共同的审美意识和美质美趣,培养和造就了中华民族同质同构的审美主体和造美主体,进而实现了审美主客体的同构。中国的酒文化是中华民族劳动实践和审美创造的产物,是中华民族智慧的结晶。酒文化的审美就是通过不断地同化和优化各民族审美个体,来同化和优化整个中华民族群体,进而消除各民族间的隔阂,调和各民族间的矛盾,达到各民族之间和谐统一之目的。这也是中华民族之所以始终能够团结和凝聚、中国酒文化之所以灿烂辉煌经久不衰的审美根源。

3. 天人之和

天人之和体现了人与自然高度和谐的审美情调。庄周倡导因醉酒而获得艺术的自由状态,主张物我合一、天人合一、齐一生死。庄子宁愿做在烂泥塘里自由自在摇头摆尾的乌龟,而不做被束缚的昂首阔步的千里马。追求绝对自由、忘却生死、淡泊名利,是中国酒神精神的精髓所在。酒文化的审美则是通过同化和优化审美主体来同化美化自然,进而达到使审美主体与天地万物和谐统一的目的。

审美现象是一种群体现象,它是在一定的群体系统(整个人类或某一特定的种族、民族等)中起控制和调节作用的。酒文化作为一种审美现象,它的功能和审美价值体现在它对一定群体系统的控制和调节作用上。它所产生的巨大控制与调节功能——人际之和、民族之和、天人之和的调节机制与功能,不仅对中华民族的生存与发展,而且对整个人类的生存与发展都具有极大的促进作用,其审美的价值当然也就质高量巨了。

拓展链接

茶具、酒具的造型艺术审美

一、茶具

我国茶具历史悠久，品种繁多，最著名的有景德镇白瓷茶具、浙江青瓷茶具、宜兴紫砂茶具等，尤以宜兴紫砂茶具为最。

选用茶具时，除考虑主导倾向的平和清雅之外，还应同时注意因地而异、因时而异、因茶而异。例如，东北一带多用较大的瓷壶泡茶，然后斟入茶盅饮用；江浙一带除多用紫砂壶斟饮外，还习惯用盖瓷杯直接泡饮；四川一带往往喜用瓷制的"盖碗杯"，即上有盖、下有托的小茶碗。各类茶杯中，陶瓷为佳，玻璃次之，搪瓷较差。瓷器传热不快，保温适中，不会发生任何化学反应，沏茶能获得较好的色、香、味，而且通常造型美观、装饰精巧，具有艺术欣赏价值，但缺点是不透明，难以观赏茶色。陶器造型雅致，色泽古朴，茶味醇郁，茶色澄洁，加之隔夜不馊，为茶具之珍，但其缺点与瓷器一样，不易直接观赏茶色。用玻璃茶具泡茗茶（如碧螺春、龙井等），杯中轻雾缥缈，澄澈碧清，芽叶朵朵，亭亭玉立，观之赏心悦目，别有风趣，但不及陶瓷茶具高古雅致。搪瓷茶具美学价值最低，但经久耐用，仍很普及，故选用茶具不能一概而论。从饮者出发，老年人和重品味者可选用陶瓷茶具，重欣赏茗茶者可用玻璃茶具，而在车间工地饮茶则可用搪瓷茶具。从茶的品类出发，普通红茶和绿茶，各种茶具皆宜，绿茶中的高级茶和茗茶以选用玻璃茶具为好，以方便观赏；各种花茶以及乌龙茶，以选用有盖瓷杯和陶制茶壶为上，防止清香逸失。选用茶具，宜小不宜大，大则水多热量大，冲泡细嫩茶叶易烫熟，从而影响品味。今人有用保温杯泡茶者，饮茶之外行也。保温杯的保温性能虽好，但易将茶叶泡熟，使叶色变黄、味涩、香低，实不符合科学性和审美性。此外，宴会选用茶具时应根据宴会的整体美学风格进行配套使用，以烘托主题。

二、酒具

我国约在夏代便已发明了酒。酒既有积极的一面，又有消极的一面。消极、积极皆由人去掌握，人美则酒美。酒具的装饰应以潇洒为基调，同时又要丰富多彩。例如，大杯饮黄酒和红酒特别符合外国人的习惯，小杯饮白酒则在中国尤为盛行。但中国北方民间常以大碗喝酒，而且不讲究菜肴，这正是北方劳动人民豪爽性格的自然流露。高足杯用于宴会，碰杯声清脆悦耳，能增添欢愉的气氛。青铜酒器在古代用于祭祀，颇具庄严神圣的气氛。国外酒杯型制远比中国复杂，但其美学原则却是一致的，即根据酒的品种特性和饮酒者的生理、心理要求来确定酒杯的大小和形状，主要分为白酒杯（小型）、色酒杯（中型）、啤酒杯（大型）三种，色酒杯还可以分为香槟酒杯、白兰地酒杯、巴德酒杯、雪利酒杯、鸡尾酒杯、柠檬威士忌酒杯（又称酸味酒杯）等。中国酒杯形制虽不十分复杂，但也有汉酒杯、吹令酒杯、大令酒杯、二令酒杯、虎酒杯、云南酒杯、石榴酒杯、玉兰酒杯等之分，小的可装4钱酒（如汉酒杯），大的可装9钱酒（如虎酒杯）。总之，每种酒杯的大小和形制都有着一定的美的形式和风格,在特定的宴席选用恰当的酒具,必然对宴饮的美感愉悦起到重要的辅助作用。

现代酒具造型趋于简洁明快,以瓷器和玻璃器最为盛行,十分符合现代人的审美心理;但有些酒具装饰故意猎奇,反而不美。此外,我国许多名酒的各种酒瓶装潢也具有美学价值,或古朴典雅,或精致堂皇,或小巧玲珑,或清秀大方,此处不再一一列举。

审美实践

饮食美实例鉴赏(二选一)

(1)观看电影《饮食男女》,请写出鉴赏心得。

_____

_____

_____

_____

(2)观看电影《满汉全席》,请写出鉴赏心得。

_____

_____

_____

在线检测

练一练,更优秀

互动空间·自我评价

_____

_____

_____

_____

专题八
畅游寰宇之奇：旅游美

知识目标：
- 了解园林景观、人文景观的分类。
- 掌握自然景观、园林景观、人文景观的审美特征。

能力目标：
- 能运用自然景观、园林景观以及人文景观的鉴赏方法和观赏技巧欣赏具体的旅游景观。

素质目标：
- 通过旅游景观的审美和美育，提升学生的审美素养，培养学生热爱生活、热爱祖国大好河山、热爱中华优秀传统文化的美好情怀。

要点一览

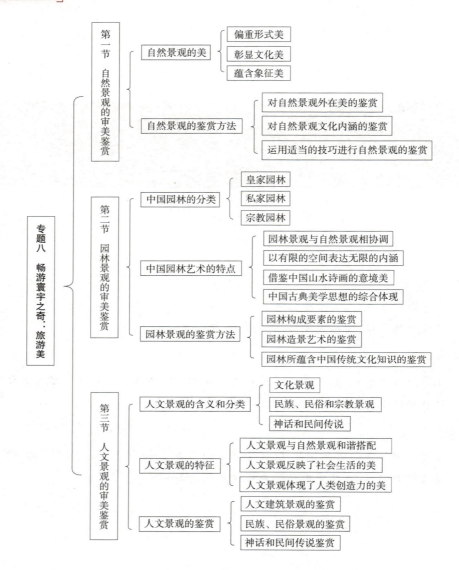

专题八　畅游寰宇之奇：旅游美

- 第一节　自然景观的审美鉴赏
  - 自然景观的美
    - 偏重形式美
    - 彰显文化美
    - 蕴含象征美
  - 自然景观的鉴赏方法
    - 对自然景观外在美的鉴赏
    - 对自然景观文化内涵的鉴赏
    - 运用适当的技巧进行自然景观的鉴赏
- 第二节　园林景观的审美鉴赏
  - 中国园林的分类
    - 皇家园林
    - 私家园林
    - 宗教园林
  - 中国园林艺术的特点
    - 园林景观与自然景观相协调
    - 以有限的空间表达无限的内涵
    - 借鉴中国山水诗画的意境美
    - 中国古典美学思想的综合体现
  - 园林景观的鉴赏方法
    - 园林构成要素的鉴赏
    - 园林造景艺术的鉴赏
    - 园林所蕴含中国传统文化知识的鉴赏
- 第三节　人文景观的审美鉴赏
  - 人文景观的含义和分类
    - 文化景观
    - 民族、民俗和宗教景观
    - 神话和民间传说
  - 人文景观的特征
    - 人文景观与自然景观和谐搭配
    - 人文景观反映了社会生活的美
    - 人文景观体现了人类创造力的美
  - 人文景观的鉴赏
    - 人文建筑景观的鉴赏
    - 民族、民俗景观的鉴赏
    - 神话和民间传说鉴赏

内容导航

　　旅游是人生的一种社会实践，自古圣贤皆乐之。孔子曰："知者乐水，仁者乐山"，南朝宗炳亦云："山水以形媚道，而仁者乐"，陶弘景则视欣赏山水为常事，曾言："山川之美，古来共谈"，李白更是"五岳寻仙不辞远，一生好入名山游"。大自然总是神秘而又魅力无穷，无时无刻不在吸引我们去探寻美、感知美，继而在旅游活动过程中产生一种审美关系——"旅游审美"。旅游景观主要分为自然景观、园林景观和人文景观，本专题通过对具体案例的赏析以及美学原理的运用，帮助学生掌握这些景观各自独有的特征和鉴赏方法，对学生进行美育。

第一节 自然景观的审美鉴赏

案例导入

庐山位于江西省北部鄱阳湖盆地,九江市境内,濒临鄱阳湖畔,雄峙长江南岸,是三山五岳中三山之一。山体呈椭圆形,为典型的地垒式长断块山,长约25公里,宽约10公里,绵延着90余座山峰,犹如九叠屏风,守护着江西的北大门。庐山以其雄、奇、险、秀闻名于世,素有"匡庐奇秀甲天下"之美誉。巍峨挺拔的青峰秀峦、喷雪鸣雷的银泉飞瀑、瞬息万变的云海奇观、俊奇巧秀的园林建筑,无不展示着庐山的无穷魅力。庐山尤以盛夏如春的凉爽气候为中外游客所向往,是久负盛名的风景名胜区和避暑游览胜地。历代题诗极多,李白《望庐山瀑布》尤为著名。

庐山三叠泉

【案例解析】 人们对自然景观的鉴赏常常包含着对自然景观文化内涵的审美,尤其在中国传统文化中,山岳被赋予了太多的"人格化景象"。因此,在景观美学文化理解和美感体验中,把握山岳景观的文化美具有至关重要的审美意义和功能。山岳雄伟壮观、气势磅礴,成为人的道德精神和生命永恒的文化象征,在美学领域开辟了以山岳崇高、雄伟、壮美、永恒、神圣的形象为人格观照的新境界。

庐山的自然风光是其历史文化遗产得以生存和持续的基石;而庐山的人文构建又进一步丰富和发展了其历史文化遗产。因此,在欣赏庐山的自然风景时,要注意从文化、人文的角度进行赏析。例如,中国山水景观的人文性主要表现为特色化(如"泰山天下雄""黄山天下奇""华山天下险"等),诗文描绘(如苏东坡咏杭州西湖的诗句等),神话故事与传说的渲染(如神女峰的传说),以及与宗教的结合(如"天下名山僧占多")。

中国的名山大川有着数千年的古老文明历史。它们从千千万万普通山水中脱颖而出,得到了保护和建设,主要是为了满足人们对大自然的精神文化生活需求,具有独特的文化内涵和景观风貌。主要包括以下三个方面:一是具有美学价值的山川自然景观;二是具有科学和生态学价值的自然景观;三是自然与人文融为一体,以自然景观为主,人文景观为辅的山水景观。名山大川与风景名胜区的概念基本相同。

一、自然景观的美

（一）偏重形式美

自然景观的美首先表现在形式上，包括视觉美、听觉美、嗅觉美、味觉美等。通过观赏自然景观的形体、线条、色彩，可以带来视觉上的愉悦；聆听风声、雨声、涛声、瀑布声、流泉声、鸟鸣声等自然声响，能够产生听觉上的美感；闻植物花卉散发出的各种气味，可以感受到嗅觉美；品尝植物果实或某些山林特产则能体验到味觉美。此外，接触自然景观还能带来令人愉快的触觉感受。简而言之，任何能给人以感官愉悦、心理舒适景观的具体形式都属于形式美的范畴。

（二）彰显文化美

自然景观的美同时体现在独特的内容上，即具体物象所表现出来的人类文明程度。这种程度越高，物象的审美价值就越大。许多风景区的名称如九华山、张家界、黄山、华山，许多景点名称如神女峰、老人山、姐妹峰、望夫岩，以及一些风景区内的历史掌故、传说，如登封嵩阳书院的"汉武帝封将军柏"的传说故事等，无不蕴含着前人的主观理解和审美情感。它们都是人类文化发展的产物，包含着一定的社会生活，因而它们不仅仅在形式上给人以美的愉悦，而且在内容上给人以智的启迪，即文化思想的教育和道德情操的熏染，所以它们同时具有文化美。

（三）蕴含象征美

自然景观的美可以通过某些物体形象和意境表现出象征意义或象征美。象征是一种寓意或隐喻，比如莲花象征高洁，竹子象征刚直、虚心，苍松象征刚强、长寿等。

二、自然景观的鉴赏方法

审美活动是人的一种生命活动和生存方式，渗透在人类的一切物质和精神生活中。自然景观美使人类超越物质功利性，超越主体与客体的对立关系，实现人对物欲的超越，从而获得精神的自由，使人性得以完整地体现出来。自然景观的审美活动不仅可以为人们的审美发展提供一定的知识、营养和价值，也能满足他们社会心理发展和成熟的需要。

风景名胜鉴赏

对自然景观的鉴赏古已有之，宋代山水画家郭熙对真山水的观察欣赏非常深入，他在《山水训》中总结了一套观赏山水的理论和方法，如"真山水之川谷，远望之以取其势，近看之以取其质"。意思是远看把握山体的宏观形态，近看要仔细观察山石的本质特征。他还提出不同季节人与山水环境的感应关系，从而产生不同的美感和情感。结合古今中外各种自然景观观赏的理论，我们可以从以下几个方面来把握自然景观：

（一）对自然景观外在美的鉴赏

自然景观美是风景美的重要形态之一，欣赏自然景观的美，可以先从风景美的特征入手，欣赏它的色彩、形态等外部特征的美，这是发现自然景观美的一把钥匙。

1. 形象美

黑格尔说："美是形象的显现。"自然风景只有以其形象显现出来，审美主体才能感受到它的美。古人对名山形象的评价很多，如泰山天下雄，黄山天下奇，华山天下险，峨眉天下秀，青城天下幽等。由此，自然景观形象美的特征主要表现为：雄、秀、奇、险、幽。

雄：雄伟是一种壮观、壮美、崇高的形象，主要表现为宏大的形状、巨大的体积、宽阔的面积、沉重的深度、滚滚的气势。雄伟所引起的审美感受特征是：赞叹、震惊、崇敬、愉悦。山的雄伟主要是指其高大形象而言，比如泰山，五岳之首，位于齐鲁平原，与开阔的平地相比，亦显得高大雄伟，所谓"泰山天下雄"。杜甫《望岳》云："会当凌绝顶（泰山之顶），一览众山小。"汉武帝游泰山赞其"高矣！极矣！大矣！特矣！壮矣！赫矣！骇矣！惑矣！"水的雄伟主要表现为宽广、巨浪等。如钱塘江潮，惊涛巨澜、汹涌澎湃、排山倒海、雷霆万钧、声如金鼓。苏东坡描写其为"八月十八潮，壮观天下无"。

秀：柔和、秀丽、优美。主要表现为线条曲缓、质地柔润、和谐宜人。如泉水叮咚、泸沽湖、江南烟雨、苏堤春晓、柳浪闻莺等。对自然景观而言，秀丽的山水须具备三个条件：一是山体丰满，起伏和缓，轮廓优美；二是生态优良，植被覆盖率高，山石、土壤裸露很少，色彩葱绿，生机盎然；三是流水潺潺，清泉汩汩。如峨眉之雄秀，西湖之娇秀，富春江之锦绣，桂林之奇秀，武夷山之青秀……都是有山有水有树木花草，山水树配合有致。苏东坡的"欲把西湖比西子，淡妆浓抹总相宜"，柳永的"杨柳岸，晓风残月"都是描写优美、秀美的景观。秀美的形象给人一种甜美、安逸、舒适的审美享受，使人情绪得到安慰。

奇：不常见，稀罕，变幻无穷。所引起的审美感受是令人神往、兴奋、惊喜、兴味盎然、妙趣横生。如黄山"四奇"（石、松、云、泉）：奇峰怪石星罗棋布，叠嶂连云，劈地摩天，千米以上的有七十二峰之多，千姿百态，高低错落，变化无穷；奇石玲珑巧细，淋漓尽致；松树盘结险峰，或峭壁间破石而出，苍郁挺拔；烟云似锦如缎、翻飞缥缈，泉水终年喷涌。

险：往往表现为垂直、绝壁、千钧一发、万丈深渊、深窄、突兀嶙峋。险所引起的审美感受是惊心动魄、心悸万分、心惊胆战，引发好奇心，激发强烈的征服欲。比如华山的险峻，是由于山的坡度特别大，山脊高而窄造成的。常言道："自古华山一条路"，说明华山的峭拔峻险。鸟瞰华山犹如一方天柱拔起于秦岭山前诸峰中，四壁阶立，几乎成直角。峰顶与谷底高差达千米左右。主峰高约2100米。游人登华山必须手攀铁索，需经"千尺幢""百尺峡""擦耳崖""上天梯"等险径，才能到达各风景点。风光也往往只有登上险峰才能充分领略到。因此，险景也是一个风景区中最有吸引力的地方。险峰给游人带来美的享受，是不平常的。

幽：静，色彩泛青、灰等冷色，或带湿气，引起"清净"之感、幽深莫测的神秘感。幽景常以丛山深谷或山麓地带为地形基础,辅以铺天盖地的高大林木为条件所构成的。此外,景点的视域较窄小,光量少,空气洁净,景深而层次多,有深不可测之奥秘,无一览无余之直观。幽与深、幽与静都是密切相连的。所谓"曲径通幽"就是幽中包含着深和静的因素,在不少风景区都可以找到这样的幽景。这种景观常见于三面或四面环山,一方或两方出口的小盆地,尤以出口朝南为最佳。出口朝南符合我国的季风气候,即冬挡西北风,夏迎东南风,就是古代的东青龙、西白虎、南朱雀、北玄武的风水宝地。这些宝地往往都是名山大川之中筑寺庙、建书院的理想之处,如五台山的台怀镇,峨眉山的伏虎寺,天台山的国清寺,庐山的白鹿洞书院等。

2. 色彩美

中外美学家早已指出,与社会美、艺术美相比,形式因素在景观美中更具有决定性的意义,因为自然景物总是以它的感性形式直接唤起人们的美感,先声夺人,给人以强烈的印象。色彩美是风景美的首要问题,色彩给人的感染力较强,反应最灵敏。大自然中色彩比较稳定的是岩石和土壤。最丰富的且富有变化的色彩主要来自植物(尤其是四季变化),变化最快的色彩要算是云霞了。在有些风景区的特定地点可看到红日升落、霞光万道;泰山观日峰看日出,黄山排云亭观晚霞都是闻名的,那神奇的峨眉山金顶的"佛光",更吸引游人。

最引人瞩目的色彩美莫过于色泽艳丽的鲜花。各个风景区都有自己的特产花草。在自然风景中,花草常是一个观景点或建筑物周围的配景内容之一,像云南的山茶花、峨眉的杜鹃花、洛阳的牡丹花等都是闻名于世的。但作为自然色彩的宏观景象,如深秋时分大自然给人们带来红、橙、黄为主调的景致,极为富丽绚烂,像北京香山的红叶,满山满坡,绚丽夺目,却不是每个风景区都能观赏得到的。风景区的色彩中最多和最常见的是绿色,它也是人们视觉最舒服的一种色彩。

色彩美也是水域景观的重要审美尺度。水的色彩形成原因,主要与水的深浅、泥沙含量、水生植物繁衍程度、有机质多寡以及水对光的吸收与反射等息息相关。其次,水体颜色与气候变化、季节更换、时间推移有很大关系。我国许多水域景观就因为有奇妙的水色变化现象,而赢得了人们的高度赞赏和评价,成为美的象征。如太湖黄绿色,镜泊湖湛蓝色,瘦西湖淡绿色,莫愁湖浅绿色,鄂陵湖青蓝色,扎陵湖灰白色,九寨沟高原湖泊蓝、黄、橙、绿、紫等多色彩。

3. 声音美

声音是由物体振动而产生的。风景美中的声音美和纯艺术的音乐有本质的区别,它是源于自然界物体律动,由耳朵听觉器官接收到的音响信息。声音可以成为自然景观形式美的审美对象。大自然里真正发出声音的素材是很多的,从水景上看海潮击岸咆哮声,"飞流直下三千尺"的瀑布发出的轰然如雷的鸣声,峡谷溪涧的哗哗声、清泉石上流水的咚咚声、雨水打树叶的滴答声、小河流水的叮咚声、滴潭咯咯声、山谷中的空谷传声、树上鸟语、池边蛙奏等,都是大自然的演奏家给予游人以音乐的享受。山水间有着各种美不胜收的声响,如鸟鸣深壑、蝉噪幽林、风起松涛、雨打芭蕉、泉泻清池、溪流山涧等。音响也参与着山水美的营造,山水美因此而别具韵致。山水以其特有的音响造就出风格独具的意境,置身其中,听觉帮助人们获得奇妙的美感。

4.动态美

山水美是动态的美,这体现了自然美的变易性。同样的山川景物随着季节时令及天气的变化,会呈现出不同形态的美。风景区的动态美主要是流水、飞瀑和浮云飘烟。风是无形的,但它是动态美中一种动力。它能驱散浮云、掀起洪波、摇拂垂柳以及产生松涛、送来花香……动态美使风景变活。流水瀑布人们比较熟悉,它是风景区比较稳定的重要的组成因素(也有季节变化)。如果没有汹涌奔腾的长江巨流,三峡风景就不会产生激动人心、惊心动魄的效果。

流云飘烟从深谷里冉冉升起,峰峦在轻纱中时隐时现,产生"山在虚无缥缈间"的意境。风吹云动,云飘似乎山也在移动,从而产生无穷奥妙的动态美。云烟的变化要比流水变化丰富得多,时而如大海之波涛,汹涌澎湃,时而悠然飘逸,从你的脚下徐徐而过,置身其间,仿佛在"仙境",如作"云游"。

5.朦胧美

朦胧美是模糊、不确定、难捕捉,引起幽邃、神秘、玄妙感,并带有诗意和禅意。总之,景妙在模糊、美在朦胧。

总之,山水风景之美能够丰富人们的精神生活。忘情于山水,有助于人们松弛神经,消除疲劳,愉悦精神,热爱生活。山水风景之美能够陶冶人的性格、情操。孔子说:"知者乐水,仁者乐山",山水美对人的性格气质具有熏陶作用,并有利于培养人们高尚的情操、健全的人格。山水风景之美能够增长人的知识才干。对山水美的欣赏,有益于人们丰富知识,启迪思维,发展智力,增长才干。

(二)对自然景观文化内涵的鉴赏

对自然景观的观照如果仅仅停留在外部特征上,毕竟还是肤浅的。审美活动是一种情感活动,我们不仅要细心观察自然景观外部特征的美,还要进一步加强内心体验,能够见景生情,体会到自然景观所具有的深刻文化内涵。

1.体味山水文化

热爱自然风景、寄情山水的诗人、画家、士人、官宦、僧人和道士们常常集结于名山胜水之间,欣赏山水,清谈玄理,吟诗作画,建设寺观,参禅悟道,结成朋友。优美的自然风景激发了他们的灵感,于是悟之于胸,发之于笔墨,开创了中国山水文化的新纪元。在中国文学史上产生了山水诗,在中国绘画史上诞生了山水画派。山水诗和山水画都是作者游览自然风景与自然山水神交情合的结果。不少文人、名士、学者、官宦及旅行家为追求自然山水之美而踏遍天下自然风景。他们情寄山水,触景生情,发之于笔墨,著之于文学,再现于书画,把山水文化推上了历史高峰,在整个社会精神文化生活中产生了巨大影响。

2.感受审美想象

审美实践证明,欣赏艺术离不开联想和想象,欣赏自然美同样要展开联想和想象的双翼。美正是由于人们以自然形象,或者说以自然物所固有的某些特征为基础,突破时间和空间的限制,进行联想和想象的结果。其中最典型的要算人们对奇岩怪石的拟人化和拟物化的联想和想象。比如,在湖南张家界,人们把两座相对而立的石峰命名为"千里来相会",以寄托自己美好的愿望。

无论是道教的神仙得道,还是佛教的修行成佛,经过千百年的筛选美化形成许多优美的山水神话,如武当山玄武大帝修道成仙的故事、东海蓬莱三岛的传说、西王母瑶池美景、普陀山观世音菩萨传说、峨眉山普贤菩萨传说、五台山文殊菩萨传说、九华山地藏菩萨传说等,构成了神奇传说与诗情画意相交织的山水之美。

老百姓则给山山水水创造了许多淳朴美丽的故事传说,赋予山水景物以动人的灵性。如石林阿诗玛的传说、洞庭柳毅井的传奇、三峡神女峰的故事等,都像情思的彩练般联系着审美主体和客体。

3.探索自然科学

从科学的角度来看,名山大川的形象特征,都是在不同的地质、地理条件下形成的。例如,雄伟险峻形象的山岳,都是处于地壳上升运动较强烈、断层较发育的地区。泰山、峨眉山、华山、衡山、黄山等都是被几组断层切割而隆起的断块山。它们形象高大,拔地通天,气势雄伟。尤其是那些垂直节理发育的花岗岩高山,峰如斧劈,崖似壁立,巍峨奇险。

长江三峡是世界上不多见的峡谷景观。峡谷是河流切割的痕迹。三峡的切割深度达1500米。至今,我们还可在距江面1500米的山顶上找到磨圆度很好的卵石,这些卵石是7000万年前古长江河床的遗物。

雕镂百态的峰林、石林等石灰岩地貌奇观,则是水的化学溶蚀作用形成的。山水甲天下的桂林漓江,就是世界上规模最大、发育最典型的峰林地貌。称作"赤壁丹崖"的红色砂砾岩景观,要数丹霞山、武夷山、齐云山、龙虎山等名山最为典型。典型的火山地貌,有东北的五大连池、长白山天池和台湾的阳明山等。它们不仅景观奇特,而且是研究地球发展历史的珍贵依据。

(三)运用适当的技巧进行自然景观的鉴赏

1.选择适合的观赏位置

自然景观具有空间的真实性,观赏者深入其中找一观赏佳处,由点到面,由局部扩展到整体。因距离、角度、俯仰的变化造成了透视关系、纵深层次、视野范围的差异,所产生的美感也因此不同。

观赏风景时,观赏距离是影响能否获得最佳审美感受的重要因素。正如宋代画家郭熙在《山水训》中指出的:山要远近地看,"由近看如此,远数里看又如此,远十数里看又如此,每远每异,所谓山形步步移也"。在自然景观审美活动中,观赏者需要与观赏对象保持一定的距离,适当的远近距离有助于观赏者获得最佳的观赏效果。观赏距离有两种:一是心理距离,二是空间距离。具体来说,要"远望近看",既从远处欣赏风景的整体美,又不忽视细微之处的精华。

就心理距离而言,观赏者与观赏对象保持一定的心理距离,方能达到融为一体、物我两忘的审美境界。当人们在审美过程中对某一事物认识得越多,了解得越仔细,人们对审美对象的心理距离就越缩短。但过于熟知的事物会因为心理距离太近,形成一定的心理定势,即使有千般美景也会熟视无睹、漠然处之,感受不到其中的美。审美心理距离需要一种既超然(功利)而又投入(情感)的审美态度。可以说美的产生基于审美距离,审美距离适当,审美注意就自然产生了,审美活动才真正成为可能。

空间距离指观赏者和审美对象之间的实际间隔距离。距离不等,所看到的景致相异。距离远,会构成远景和全景;距离近,则取得近景或"特写景";距离适中,则组成中景。这些具有一定差异的景致,往往使人获得不同的审美体验。

要从不同的角度观赏,观赏者在观赏风景时,所站的角度不同,造成视野范围有所差别,所获得的美感也是不同的。正如宋代画家郭熙所言:看山要面面看,"山正面如此,侧面又如此,背面又如此,每看每异,所谓山形面面看也"。

在确定观赏角度时,观赏者要根据观赏对象的景观特征来确定观赏的角度。一般来说,每一个景物都有它自己的主要观赏面。倘若把一个景物的中线视为它的主轴,两侧的景物呈现出相对左右对称或相对均衡的特点的话,那么观赏者宜将正面作为主要的观赏面。另一类景物,有多个观赏面,如果从不同的面去观赏,其观赏效果有所不同,可以选择最佳的作为主观赏面,因为只有在主观赏面才能获得最佳的审美体验。倘若换个角度,这种形象效果就可能被削弱。比如,在许多名山中都有一些似人似物的景点,被赋予形象有趣且起到画龙点睛作用的景点名,如黄山的喜鹊登梅等景观,只能从主观赏面进行观赏,否则就无法看出它那逼真的活灵活现的神态。

要采用不同的视角,例如,平视可以看到远处的景色,欣赏开阔的旷景。如站在太湖岸边眺望烟波浩渺的水面时,可以用平视的视点观赏到"白浪茫茫与海连,平沙浩浩四无边"的旷美,这种水天一色、碧波帆影的景色使人心胸开阔,心旷神怡。

当景物高大时,须抬头往高处仰望,才能获得满意的观赏效果。如布达拉宫坐落在拉萨的红山(又称玛布日山)上,它由红山南麓奠基,沿山而上,依势迭砌,从平地直达山顶,几乎占了整座红山。从山脚仰望这座融宫堡与寺院合一的建筑群,只见层层殿堂,巍峨耸峙,辉煌夺目,分外壮观。

视点位置高,景物在视点的下方,观赏时要从高处往下观看,这叫俯视。在北京景山万春亭上看故宫,豪华宏伟的宫殿建筑群分为六个大小不同、纵横有别的空间,层层推进,逐步起伏产生高潮,以突出太和殿前雄伟壮阔的正方形广场。其壮美之极,令人叹为观止。

作为观赏者应注意的是,在实际的观赏过程中平视、仰视、俯视是有机地结合在一起的。

2.把握观赏时机

许多自然景观随时间、天气、季节的变化而展示出不同的美。有的随季节变换呈现出春翡夏翠秋金冬银的差异，有的只在特定时间出现。不同的景观有其观赏性的最佳时节，如果时机不当，就难以观赏到一些独特的景观。例如一般的瀑布景观，在丰水期大显声威，蔚为壮观。然而，按照这种常规去观赏黄河壶口瀑布，则会大失所望。壶口瀑布是黄河中游的一处胜景。在这里黄河的河床宽度由250米收缩成50米，水流被夹在类似壶口的地形中，然后骤然跌入30多米深的深槽，形成高达20多米的瀑布。赶上丰水期，瀑布因落差骤减变为激流，此时来观赏不免要望河兴叹。

气象、物候、花草、树木及山水的季节性的变化给自然景观提供了时间的信息。由于气候春夏秋冬的更替，植物随之叶芽萌动、发芽、抽叶、开花、结实、落叶，观赏者的审美感受也会随之呈现出不同特征："春山烟云连绵人欣欣，夏山嘉木繁阴人坦坦，秋山明净摇落人肃肃，冬山昏霾翳塞人寂寂。"

在特定的时间内，自然景观会呈现出不一样的景象。著名的自然奇观吉林雾凇，其观赏就很讲究时效性。观赏雾凇讲究的是"夜看雾，晨看挂，待到近午赏落花"。"夜看雾"，是在雾凇形成的前夜观看江上出现的雾景。大约在夜里十点多钟，松花江上开始有一缕缕雾气，继而越来越大，越来越浓，大团大团的白雾从江面滚滚而起，不停地向两岸漂流。"晨看挂"是指早起看树挂。十里江堤上的树木，一夜之间变成一片银白。棵棵杨柳宛若玉枝垂挂，簇簇松针恰似银菊怒放，晶莹多姿。"待到近午赏落花"，是指树挂脱落时的情景。通常在上午十时左右，树叶开始一片一片脱落，接着是成串地往下滑落，微风吹起脱落的银片在空中飞舞，明丽的阳光辉映到上面，空中形成了五颜六色的雪帘。

拓展链接

喀斯特地貌的风景特性

喀斯特地貌在碳酸盐岩地层分布区最为常见，该区岩石突露、奇峰林立。常见的地表喀斯特地貌包括石芽、石林、峰林、喀斯特丘陵等喀斯特正地形，以及溶沟、漏斗、落水洞、溶蚀洼地、盲谷、干谷、喀斯特洼地等喀斯特负地形；地下喀斯特地貌则包括溶洞、地下河、地下湖等各种洞穴系统以及洞中的石钟乳、石笋、石柱、石瀑布等；还有与地表和地下密切相关联的竖井、芽洞、天生桥等喀斯特地貌。

喀斯特地区的奇峰异洞、明暗相间的河流、清澈的喀斯特泉等，都是极好的旅游资源。广西的桂林山水、云南的路南石林等驰名中外。喀斯特地貌由于其独特的地貌特征，经常容易"产出"类型各异的风景区。例如，贵州龙宫、织金洞等。喀斯特地貌分布在世界上极为零散的地区，如法国的科斯、中国的广西、美国的肯塔基州等。

广西地区的喀斯特地貌别具特色，这里除了部分弧形山系外，其余大部分地区则分布着连绵成片、一眼望不到边的尖锥状、宝剑状、柱状、塔状等形态各异、挺拔峻峭的石灰岩山峰。如果我们站在较高处放眼望去，只见群峰密集，气势雄伟，犹如苍蓝色的石头森林。它们纵横连绵达数百公里，而且各个山峰的高度都十分相近，构成了一个自西北向东南缓缓倾斜的峰顶面。在林立的石峰之间密布着一个个深达200~400米、直径不过100~200米的封闭小洼地。从广西西北部到中部，地形形态呈有规律的变化：峰顶高度依次降低，山峰密度逐渐变稀。同时，山间的封闭洼地高程也渐次下降，洼地规模也明显增大，由数个洼地连接成串珠状洼地。此外，不规则的长条形谷地则逐步过渡为较开阔的峰林谷地和孤峰平原地形。以山水甲天下著称的桂林—阳朔一带，就是一种喀斯特强烈发育的峰林谷地和孤峰平原。

审美实践

景观分析

　　四川拥有非常丰富的旅游资源，"峨眉天下秀""青城天下幽""九寨归来不看水"等，可谓享誉全国。请分小组查阅资料，结合自然景观的审美特征，任选上面三个景观之一进行鉴赏，做成PPT，在班上进行分享。

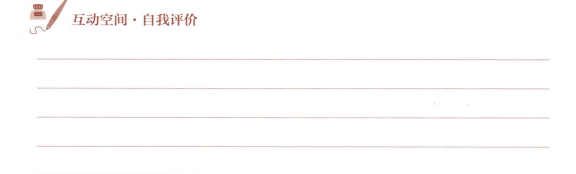

互动空间·自我评价

案例导入

　　颐和园位于北京市西郊,原名清漪园,始建于清朝乾隆十五年(1750年),是中国至今保存最完整的大规模皇家园林之一。颐和园内有山有水,分区明确,形成了几个各具特色的景区。园内拥有大小建筑群及个体建筑97处,包括严整的宫殿、寺庙建筑群,安静的四合院住宅,以及各种类型的楼、堂、厅、馆、榭、廊、桥等。这些设施有的密集一处,有的疏朗散置,配以树石花卉,与天然山水相结合,经过人工精心布局,形成了无数具有诗情画意的景区和景点,使颐和园成为我国古代精湛的园林景观瑰宝。那么,颐和园是怎样利用山水造景的? 它又提供了哪些观赏角度呢?

颐和园

　　【案例解析】　颐和园全园分为"宫廷"和"苑林"两个主要区域,通过巧妙地运用水体的收放开合和山脉的忽隐忽现,营造出"山重水复疑无路,柳暗花明又一村"的意境。整个园区强调幽静的环境和自然山林景观,将园内外景色融为一体,形成一幅绚丽的园林画卷,充分展现了皇家园林的独特气势。

　　知春亭是北京颐和园内的一个重要景点,站在此处可以纵观前山前湖景区的主要景色。在大约180度的视野范围内,游客可以将北面的万寿山,直至南面的龙王庙、十七孔桥、廊亭等尽收眼底。站在亭中移动视线,仿佛是在欣赏一幅中国山水画长卷。由于园林内各个景点的空间相互渗透、彼此融通,随着游者位置的变化,原先看到的近景可能会变为中景,甚至成为其他景物的背景或远景。

　　园林景观是将建筑、山水、植物融合成一个整体,在有限的空间里,构筑使人"可望、可行、可游、可居"的环境。中国园林景观是一种人工筑成的自然山水园林。构成园林的山水、建筑、植物都经过人的加工或改造,但又无不体现浑然天成的自然之美,具有人工美与自然美高度结合、有机统一的审美特征。园林景观的基本组成元素有四大类,即园林绿化、水景、山石景观(如置石假山)、园林建筑等。

一、中国园林的分类

　　中国园林按归属分类,可以分为皇家园林、私家园林、宗教园林三大类别。

(一)皇家园林

皇家园林属于皇帝和皇室所私有,古籍中称为苑、苑囿、宫苑、御苑等,主要集中分布在北京和黄河中下游的西安、洛阳、开封等地。这种情况与北方长期作为我国的政治、文化中心有关。皇家园林中的典型代表有北京颐和园、河北承德避暑山庄等。其突出的特点是规模较大(体现"普天之下,莫非王土"的皇权思想)、气势恢宏、宏伟壮观,布局比较严整,分区明确、园中有园,建筑物色彩浓重、富丽,色调以红、黄为主。建筑物与环境协调,体现了"中和为美""比德"的审美思想;同时,还具有风格粗犷,多野趣,各种人工建筑厚重有余,轻灵、委婉不足,如果用一个字概括,即"雄"。此外,北方的皇家园林在建筑结构上较为敦实、厚重、封闭,有着抵御寒风和风沙的功能;建筑色彩比较富丽且以鲜艳之色为主,给严寒的北方以暖意。

(二)私家园林

私家园林,又称宅第园林,多属于官吏、富商和文人所私有,古籍中称园、园墅、池馆、山庄、别业等,主要分布在江南的苏州、无锡、南京、扬州、杭州、湖州等地,尤以明清两代建造最多。选址多在城市,功能上居住、休憩、游赏三者结合。其主要特点是,善于把有限的空间巧妙地组合成千变万化的园林景色,利用咫尺山林再现大自然的美景,把山水、花木、建筑融为一体,把自然美、艺术美有机地统一在一起。总之,以少胜多,以精取胜。私家园林的主人多是文人士大夫,或由文人、画家参与设计营造,因此表现出士大夫阶层的清高淡泊、寓意深远的思想。

私家园林风格富有文意与书卷气,清雅质朴,个性鲜明,多以写意式的山水为主体("一勺代水,一拳代山";咫尺之内,再造乾坤),将大自然的山水景观浓缩提炼到诗情画意的境界,并致力于创造和表现"小中见大"、空灵玄远的精神空间。江南园林建筑物色彩与北方园林明显不同,其色彩处理朴素淡雅,色调以黑、白为主。黑色的小青瓦屋顶与水磨砖窗框,栗色或棕色的木梁架和装修,白粉墙等,既与青山、秀水、绿树的环境十分协调,也迎合园林主人追求闲适宁静的心理需要,整个园林显得十分秀丽、雅致、幽静。如果用一个字来概括,即"秀"。总体风格特点与我国地理环境的"北雄南秀"的地域特征是一致的,其美学特征与我国南方人的审美观(崇秀尚雅)也非常吻合。此外,南方的私家园林建筑结构轻巧、通透、开敞(源出"巢居"),有着排水、防霉的功能,建筑色彩以素淡为主,给炎热的南方以凉意。建筑玲珑雅致,讲究细部处理和内部陈设。

(三)宗教园林(寺观园林)

宗教园林是以佛寺、道观为主的庭园或佛寺、道观的附属园林,其总体布局常反映"旷达放荡、纯任自然"的老庄思想的追求,通常选取环境优美或险要之地,用以象征仙境。刻意体现宗教宣扬的"天国"的感应气氛,并致力于追求肃穆、庄严、神秘色彩,以达到对人产生强烈的宗教感应的目的。佛教、道教多在深山名川建造寺观,以自然景观为主作为构景方式,形成单林型的寺观园林。一般而言,道教园林以建在山顶险峻之处居多,其地理特色是高山峻岭,地势险要,观者居高临下,视野开阔,寺观建筑巧妙利用地形,多不饰色彩,朴实无华,与周围自然环境融为一体(如泰山绝顶的碧霞祠、青城山顶的上清宫、远安的鸣凤山道观等)。佛教园林以建在山麓幽静之处居多,其地理特色是山深林静,环境幽邃,寺观布局取宁静清雅之利、层叠曲折之巧,具有"曲径通幽处,禅房花木深"的意境,与自然环境很融洽(如峨眉山的伏虎寺、杭州的灵隐寺、当阳的玉泉寺等)。宗教园林总的特点是幽深恬静、自然和谐。宗教园林除了具有寺观建筑与自然景观密切结合、宗教功能与游赏功能密切结合的特点外,还具有公开开放、任人游览的特点,这是由宗教的性质决定的。宗教旨在"普度众生",对来朝谒者、游览者,不管贵贱贫富、男女老少,一概欢迎,因此宗教园林具有公共游览的性质,不同于只供少数人独享其乐的皇家园林和私家园林。

此外,园林分类还可以按地理分类,如北方园林、江南园林、岭南园林、巴蜀园林、西域园林以及风景园林、城市园林等。北方园林以皇家园林为主,江南园林以私家园林为主。其中岭南园林主要分布在珠江三角洲的广州、番禺、佛山、顺德、东莞等。岭南园林发展历史较晚,曾师法北方园林与江南园林,风格介于北方的皇家园林与江南的私家园林之间,近代又受到西方构园方法的影响,吸收了一些西方的造园手法。岭南园林因受地理环境因素的影响,具有浓郁的热带风光特色,建筑物洗练简洁,轻盈秀雅。

二、中国园林艺术的特点

中国园林艺术并不以建造房屋为目的,而是将大自然的风景素材,通过概括与提炼,使之再现供人观赏。它虽为人工建造,但力求具有真山真水之妙,以达到身居闹市而享受山水风景的自然美与天然野趣的目的。它刻意创造一种小中见大、空灵玄远的精神空间,供人们游乐观赏,养性怡情。中国园林寄托着人们对祖国大好河山的眷恋之情,创造了人与自然和谐相处的艺术,并表达了中国传统文化中的经典美学思想。

(一)园林景观与自然景观相协调

园林景观的选址和布局是根据自然条件来规划设计的,有山傍山,有水依水,扬长避短,因势而定,讲究人造景观与自然景观的水乳交融。例如,苏州拙政园的原址是一片积水洼地,造园时利用洼地积水,开挖成池,水面占全园面积的五分之三。不同形体的建筑多临水而筑,错杂环列,呈现出一派江南水乡风光。各地众多的寺观园林多分布于风景区中,如杭州灵隐寺、峨眉山报国寺等,都是依山傍水,与自然山水融为一体的奇观。

中国古代园林景观追求浑然天成的气韵,表现出精巧的平衡意识和强烈的整体观。在景物构成上以山水为主,建筑为辅,各种类型的建筑物分散、穿插于山水风景之间,根据环境需要自由点缀。将自然空间与建筑空间融为一体,在面对自然景色的墙面上,多采用空廊、敞轩、透窗等方式打破自然景观与建筑空间的界限。

(二)以有限的空间表达无限的内涵

中国园林的一个重要特点是以有限的空间表达无限的内涵。例如,清代圆明园中的"九州清晏"则是将中国大地的版图凝聚在一个小小的山水景观中。园林景观经过造园者布局的精心构思、巧妙安排,有限的空间却能小中见大,雅致融融。小小的园林景观中,山水、建筑、植物丰富多彩、尽善尽美地再现了令人目不暇接的"天上人间诸景备"的大千世界。例如,无锡寄畅园内的假山在不足两亩地的地面上,具备了层叠的岗峦、幽深的岩壑、清浅的涧流和伸向水池的石矶,外呈深厚苍劲之势,内具深邃幽奇之境。再如,寄畅园将园外的二泉水引入假山之中,依据地势,在咫尺之内创造了曲涧、澄潭、飞瀑、流泉等水景。庭园内形态各异的建筑应有尽有,包括厅、堂、楼、阁、馆、轩、斋、室、亭、榭、廊、舫、塔、台等,这些建筑既是人们观景休憩的所在,又是与山水融为一体的景观。园内还遍植名花珍木,有限的园林,容纳了众多的景物,穿行其中,处处有景,令人目不暇接、流连忘返。

(三)借鉴中国山水诗画的意境美

我国私家园林充分体现了我国造园的民族风格,并广泛吸收了中国山水画的理论,在构思、布局、意境上与传统山水画都有异曲同工之妙。中国传统山水诗、山水画深刻表达了人们寄情于山水之间,追求超脱,与自然协调共生的思想。因此,山水诗、山水画的意境成为中国园林造园艺术的特色。造园者在构造景观时,不是单纯模仿山水,再现客观的自然景色,而是在山水、花木与建筑之间融入自己的思想感情,使和谐优美的园林景观不仅仅是一种客观的物质对象,而是成为造园者主观意识的显现。

(四)中国古典美学思想的综合体现

造园艺术思想是儒家"中和"为美、道家"自然"为美、禅宗"空灵"为美三种古典美学思想的综合体现。中国文人重视园林建设有着深刻的文化渊源,因为中国知识分子的生存基座向来不大,思想不自由,而生活态度自由,因此他们不遗余力地在生活的细节中努力开拓创造空间,将万般诗书沉淀为衣食住行,从而形成了独具特色的园林建筑等文化。宋代以后消闲主义日益抬头,文人的山水诗画更为发达,而明清时期出现的江南园林建筑,似乎就是消闲心态——静本位的一种物质形态化的象征。佛教、道教文化是一种"静"的文化,故易融入园林文化之中。私家园林的造园艺术受禅宗文化影响较大,以"空灵、玄远"为美,如"小中见大""曲径通幽"的布局,具有"空灵之美"的太湖石,景点命名上的"空心潭""筛月亭"等。

三、园林景观的鉴赏方法

(一)园林构成要素的鉴赏

1.山

山是园林的筋骨,可分割空间以布置景物,构成不同特点的风景点。同时,用假山分割园林会使园林有层次感。园林内的山有真有假。依山建园是一种造园方法,在园中造假山则是另一种手法。假山创始于秦汉时期,最初是"筑土为山",到北魏时才出现石叠假山,以后假山的手法逐渐精湛。叠石假山要做到"存真为假,做假为真"。假山叠石具有点缀空间增添园林野趣自然美的审美功能。

假山叠石的审美标准如下。

(1)以假为真:巧于因借,混假为真,形象逼真,结构严密,主次分明,纹理体势明确。

(2)瘦(指山石体态苗条)、透(纹理贯通)、漏(石上有孔,四面玲珑)、皱(石表面有褶皱,以显其苍老)。

(3)丑:丑中见美、丑中见秀。"怪石之丑为美,丑到极处便是美到极处。"

2.水

水是园林的血脉。有山必有水,有水必有山,山水相映成趣。水还能创造许多景观,水能使山活,使园活,消除沉闷感。

3.建筑

建筑是园林的眼睛。亭台楼阁、桥榭厅廊是中国园林的主要建筑形式。园林建筑要体现意境,有助于扩大空间,丰富审美感受,以达到"纳千顷之汪洋,收四时之烂漫"的效果。总之,要在有限的空间内让人欣赏到无限的景色,扩大审美的想象和联想。

桥:桥可以连接风景,也可以点缀风景。中国园林中的桥有平直桥、曲桥、拱桥三种形式。

亭:在园林风景中起着"左右游人,奴役风月"的作用,引导游览,点明主题。

廊:即长廊,有直廊、曲廊、波形廊等。根据所处位置不同,又分为水廊、爬山廊等。供游人漫步,连接景点、装饰景点。

4.花木

花木是园林的毛发。园中有山方显俊美,有水则显生机,有花木则显秀媚。花木能增添生气,营造各种气氛,引发丰富的联想。

(二)园林造景艺术的鉴赏

1.因地制宜

自由灵活布局,在有限的空间里,建筑物的设置要与周围环境有机结合,再现自然山水之美。

2.空间分隔

多用假山、花墙作为隔景与屏障,以达到含蓄、曲折的目的,避免全盘托出,一览无余。中国园林有"园必隔,水必曲,隔则深,畅则浅"之说。

3.空间对比

注意大小、开合、抑扬等手法,以引人入胜。

4.空间的渗透与构图的层次体现

漏窗能够很好地体现园林的空间渗透和构图层次设计。漏窗能从整体景物中分离画面、凸显画面和组织画面。园林景观并不是处处皆成佳景,需要鉴赏者细心寻觅,精心选择,将某一局部从整体背景中分离出来。采用类似绘画方式的漏窗设计,有助于鉴赏者选择佳景,组织画面。

5.对景与借景

对景是在园内主要的游览线或视线方向布置景物,即连接对应景象;借景是把园林外的景物巧妙地组合到园内来,以强化景象的深度与广度,丰富观赏内容,提高观赏效果。

(三)园林所蕴含中国传统文化知识的鉴赏

"天人合一"的古老哲学观是中国园林艺术所追求的最高境界和空间理念的渊源。中国古人很早就通过征服和改造自然的活动认识到了自然与人类之间存在的密切联系。"天人合一"的哲学观深刻地根植于中国传统文化之中,因而它必然反映到园林景观的构筑上。中国古典园林景观是经过人工精心设计、苦心经营的艺术空间。在造园过程中,无论是堆山营水,还是修亭筑阁,或者栽花植树,都师法自然,顺应自然,妙造自然,讲究自然之理、自然之趣。

例如,在各地园林中,以鱼乐为主题的景点很多。像上海豫园有鱼乐榭、无锡寄畅园有知鱼槛、北京颐和园有知鱼桥、杭州玉泉有鱼乐园,都是借观赏鱼乐之景,表达了造园者的理想与情趣。鱼乐的典故出自《庄子·秋水》,庄子曰:"鲦鱼出游从容,是鱼之乐也。"造园者受庄子思想影响,向往逍遥自在、隐居山林的生活,渴求与自然相亲相近、融于一体的境界,所以构筑了这么多以"鱼乐"为主题的景点。

除体现中国传统哲学思想外,中国园林景观还结合了文学、书法、绘画、雕刻、工艺美术、盆景以及音乐、戏曲等门类艺术。例如,园林景观中有许多与园林相关的文学作品,其中以我国的匾额、楹联、题咏、诗词等最常见。这些诗文起到了揭示景物特色、开拓景观境界、激发游者情感与想象的作用。园林景观中与园林相关的文学作品点明了景物的特征,交代了造园者的立意,使观赏者可以借助文字的指点迅速把握景观的特征,理解造园者的匠心。中国园林景观与琴关系密切,从园林以琴为名的建筑中就能得以印证。苏州怡园有坡仙琴馆、石听琴室,网师园有琴室,吴江退思园有琴房等。弈棋又称为手谈。骚人墨客,多能手谈。园林手谈,更能添人游兴。苏州网师园撷秀楼有红木仿竹纹棋桌。它有两层,第一层为普通桌面,撤去第一层,为围棋棋盘,把桌面翻过来,则是象棋棋盘。书法在园林中也大有用武之地。它能构成人文景观,或在廊壁嵌成序列,形成节奏;或在无景空白处补壁,起造景作用;或在有景处点景、引景;或记述史事、表达情思、发抒议论等。绘画作品与书法作品的陈列形式较为相似,不过室外展出极少。在室内,由于纸质易损坏,通常均装入镜框,而古代保存下来的则大多刻于木石之上。好的绘画作品能产生强烈的艺术感染力和持久广泛的审美效应。园林中陈列的名师佳作常常吸引众多游人驻足观赏。琴棋书画之外,园林内还有家具、文玩、挂屏、器皿、灯具、盆花、盆景等陈设品。中国园林凝聚了中国传统文化的诸多精华,是综合艺术的大观园。

拓展链接

中国园林景观与西方园林
景观的审美旨趣迥然有别

审美实践

经典园林景观的鉴赏

　　分小组在网上查找资料并研讨,任选一经典的园林景观进行鉴赏,做成PPT,小组推荐代表在全班进行分享。

互动空间·自我评价

第三节　人文景观的审美鉴赏

案例导入

北京故宫,位于北京市城区中心,旧称紫禁城,是明、清两代的皇宫,是当今世界上现存规模最大、建筑最雄伟、保存最完整的古代宫殿和古建筑群。故宫规模宏大,东西宽753米,南北长达961米,总占地面积达72万平方米。全部建筑由大小数十座院落组成,建筑面积约为16万平方米,有大小宫室九千九百九十九间半。这些宫室沿中轴线排列,并向左右展开,南北取直。宫殿四周围有高约10米、长约3.5千米的紫红色宫墙。宫墙四面都建有高大的城门,城墙四隅各矗立着一座风格独特、造型绮丽的角楼。

故宫的整体布局为完全对称结构,有一条贯穿宫城南北的中轴线,在这条轴线上体现"五门三朝""前朝后寝"的布局。前朝以太和殿、中和殿、保和殿这三大殿为主体建筑,是皇帝举行大典和召见群臣、行使权力的主要场所。特别是太和殿,俗称金銮殿,是故宫中最大、居于宫城正中的宫殿建筑物,是皇帝发号施令、举行庆典的地方。"左祖右社""文左武右"也都强调了"王者居中"的模式。后寝的主要建筑包括乾清宫、交泰殿、坤宁宫。其布局重复了前朝三大殿的基调,但尺度上有所缩小。前后两组宫院布局基调一致,表现出后寝对前朝的呼应与衔接,如同乐章中的主旋律再现。

许多观赏者对故宫的建筑布局和象征意蕴感到模糊,以下将进行分析。

故宫

【案例解析】　故宫体现了封建帝王的意识形态。为了突出帝王至高无上的权威,最尊者居中而处。在古代,"天子中而处","中央"成为最尊贵、最显赫的方位。中国古代建筑在平面布局方面有一种简明的组织规律,即每一处住宅、宫殿、官衙、寺庙等建筑,都是由若干单座建筑和一些围廊、围墙之类环绕成一个个庭院而组成的。通常来说,多数庭院都是前后串联起来,通过前院到达后院。这是中国封建社会"长幼有序,内外有别"思想意识的产物。北京的故宫作为封建时代象征最高统治者无上权威的建筑群,它是以统治者"非壮丽无以重威"的思想为指导建造而成。北京的四合院更是中国传统文化的产物,它是几代同堂理想生活模式的典范,也是忠孝伦理观念的物质表现形态。这种布局与中国封建社会的宗法和礼教制度密切相关,便于根据封建的宗法和等级观念,在住房上体现出尊卑、长幼、男女、主仆之间的明显差别。

　　一般来说,自然景观的美主要体现在其突出的自然感性特征上,这些特征直接引发人们的美感。而人文景观的美则通过其形式和内涵,在审美主体的一系列审美活动中创造审美意境,从而获得美感。

一、人文景观的含义和分类

　　人文景观,又称文化景观,是指人们在日常生活中,为了满足物质和精神需求,在自然景观的基础上叠加了历史性、文化性的实物和精神文化特质而形成的景观。

　　人文景观通常分为以下三类:

(一)文化景观(文化遗迹)

　　文化景观包括古文化遗址、历史遗址、古墓、古建筑、古园林、古石窟、摩崖石刻、古代文化设施及其他古代经济、文化、科学、军事活动遗物、遗址和纪念物。例如,北京的故宫、北海,西安的兵马俑,甘肃莫高窟以及象征民族精神的古长城等闻名世界的游览胜地,都是前人为我们留下的宝贵人文景观。

　　通常来说,各种建筑物(包括游览道路)是风景区文化景观中最突出的内容。除了建筑物外,碑刻、摩崖石刻、书画题记、历史遗迹、革命文物等也是风景区珍贵的文物和重要的文化遗产,构成了我国风景区的主要特色之一。文学艺术之美被用来赞颂自然美,对风景区起到点题、润色的作用,使观赏者既能欣赏风景美和文化艺术美,又能获得历史文化知识。历史、文化艺术与自然融为一体,耐人寻味。如庐山仙人洞巨石上的“纵览云飞”,福州鼓山喝水岩的“溪山清净”,海南岛三亚的“天涯海角”“南天一柱”等,诗画题记既是风景的赞歌,也是风景价值的评价依据和历史见证。

(二)民族、民俗和宗教景观

　　民俗即民间风俗,是由民间创造并在民间世代传承的文化现象。它是人类历史上物质生活和精神生活的重要组成部分,体现了多种社会关系,属于一种历史文化现象。

　　各民族风景区都有特殊的人文景观相辅相成,如西双版纳热带丛林与傣族景观,呼伦贝尔草原与蒙古族景观等。

　　此类人文景观包括地区特有的风俗习惯、民族风俗、特殊的生产、贸易、文化、艺术、体育和节日活动,民居、村寨、音乐、舞蹈、壁画、雕塑艺术及手工艺成就等丰富多彩的风土民情和地方风情。例如,近年来旅游热门地云南,除得天独厚的自然条件外,还有赖于居住于此的各民族独特的婚俗习惯、劳作习俗、不同的村寨民居形式、服饰、节日活动等。傣族的泼水节、彝族的火把节、白族服饰上的“风花雪月”、石林和蝴蝶泉壮丽的爱情故事等,为如画的风景增添了神秘色彩,正是这些独特的人文景观,使得云南更具魅力。

(三)神话和民间传说

在风景区还有一种抽象的美——神话和传说(也属人文景观范畴)。

祖先以丰富的想象力和高度的审美力,创造了众多优美动人的民间传说和神话故事,使名山大川闪烁着智慧的光芒和神奇的色彩。这种传说具有浓厚的地方性。比如溶洞、潭瀑等地貌水文现象,往往与龙王的传说联系在一起;沿节理面断裂的巨石,则成为"试剑石"的美谈。在造型地貌上形似人物走兽的,总冠以仙、神之名。这些现象,凡在风景地貌上有共性,则传说上亦有相似之处。这种相似也正是民族文化传统的一种反映。地方性的另一方面,表现在历史人文地理特点上。例如江西沪河风景区的传说多与上清宫张天师(汉朝张道陵—道教创始人)有关;庐山传说又与其交通位置便利,历代文人名士、高僧的活动踪迹相关。

二、人文景观的特征

(一)人文景观与自然景观和谐搭配

人文景观建设的目的在于更好地为人们在大自然中进行精神文化活动服务的,包括古往今来的祭祀、宗教、游览、审美、创作和科学研究等。因此,人文景观的总体布局与设计思想,首先是突出自然,以自然为主,人文为辅,二者相辅相成。为此,人文景观的空间分布特点是少、小、散、隐,即自然风景区内的人工建筑物较少,体量较小,布局较为分散,选址较为隐蔽。这样既能保持自然景观的完美性,又能渗透着人文景观之美。

例如,我国四大佛教圣地均位于风景宜人的山林之中,秀丽的风景、清新的空气、静谧的环境给人以独特的美感。不少寺庙依山而建,层层殿堂匠心独运,错落有致,神韵天成,为观赏者增加了审美的层次感。中国的古塔、楼阁建筑景观总是巧妙地与自然景色浑然融合。每到一处,在优美的山水风景中总能见到古塔和楼阁的绰约风姿点缀其间,甚至成为该地区的标志。

(二)人文景观反映了社会生活的美

人文景观是社会生活的反映。每个时代都有其标志性建筑,这些标志性建筑不仅反映了当时的社会生活,也成为社会发展和进步的里程碑。万里长城是为了抵御外敌入侵而修建的。一方面,我们看到了古代人民的创造力和修筑长城劳动的艰苦性及不屈不挠的精神;另一方面也可想象这种劳动充满了压迫,充满了血和泪。我们的先辈就是在与天斗争、与人斗争、与自然斗争的过程中创造了世界历史上最伟大的工程之一,展现了崇高的美。庄严的寺庙、佛塔建筑和石窟艺术也反映了古人的宗教生活和精神追求。

(三)人文景观体现了人类创造力的美

从美学的本质来说,美就是人的本质力量的感性显现。人文景观反映出人类在改造自然和适应自然的社会斗争中爆发的巨大创造性,是人的本质力量的感性表现,因而具有审美观照价值。这一点无论从规模空前的万里长城还是都江堰水利工程的伟大创造中都能得到证明。中国古代的许多建筑都是我们祖先发挥创造伟力的结晶,它们结构的科学性和造型的艺术性足以使它们成为一件件艺术珍品,供后人欣赏,并从中获得无限美感。

三、人文景观的鉴赏

住宅建筑
四合院欣赏

(一)人文建筑景观的鉴赏

人文建筑景观的审美鉴赏多以宗教建筑为主。在以"雄伟"为自然美形象特征的景区或景点中,建筑物常布置在山脊、山顶或明坡(坡峰)上,以协调和加强雄伟高大的气势。泰山雄伟壮观,并有皇帝登山封禅的传统,因此登山道较为宽阔。建筑物布局严整,富丽堂皇,如岱庙(建于泰山南麓冲积扇上)背依泰山,面向平川,中轴线直指岱顶。庙内汉柏苍劲、古松常青,与雄伟的泰岳浑然一体。

在以"险峻"为自然美特色的景区或景点,建筑物往往临悬崖而建,凭险而居,布置在险而不危的山岩之上。如华山的南天门,山西浑源县的悬空寺,建于两岩之间,飞梁穿石缝,楼阁通栈道。

对于以"秀"为特色的景区或景点,建筑物多依山傍水,向阳敞开,林木掩映。山清水秀的江南风景区,这类建筑景观尤为常见。通常多在主要观景点设置造型轻巧、体量适中、尺度合宜、色彩素雅的亭阁,引游人静观山水,使风景区更添雅趣。或在湖光山色的低丘陵区,或小山岗阜脊线上修筑宝塔,以突破平缓的曲线而得景。如杭州、桂林、太湖等风景区都有许多佳例。

在以"幽"为特色的景区或景点,建筑物常选址于山麓、山谷、山间小台地、小盆地的古树茂林之中,营造出幽谷藏古寺、密林隐殿宇的景观美。例如,雁荡山的灵岩寺、庐山的白鹿洞书院、福州鼓山的涌泉寺、北京的潭柘寺等。

以"奇"为特点的景区或景点,在建筑设计布局上采取出其不意、巧于安排的手法。例如,雁荡山合掌峰观音洞内顺势巧造十层殿堂,远观是天然洞穴,近看隐约可见殿阁,入内则展现出十层楼阁之大观,可容众数千。

建筑景观也是一种实用的物质产品,各类建筑景观都有其各自的实用功能。民居供人居住和活动;宫殿是帝王处理政务和生活的场所;寺庙供信徒进行宗教活动;桥梁用于交通等。优秀壮观的建筑景观,坚固耐用,给人以强烈的美感。著名的水利工程都江堰的功能美在于它历经两千余年,至今仍在发挥灌溉和排洪功能。

(二)民族、民俗景观的鉴赏

民俗风情美基本上属于社会美范畴,是极为普遍和重要的审美对象。

1.生产民俗鉴赏

我国有许多生产民俗传承,包括生产经验民俗、英雄崇拜民俗、自然崇拜民俗以及神话偶像崇拜民俗。生产经验民俗多为长期生产实践中积累形成的良俗。

例如,云南绿春骑马坝傣族的"巡田仪式"便是其典型形式。为了不误农时,此地传承了早稻必须在农历正月十三日插秧的习俗。正月十三这天,全寨的人敲锣打鼓聚集在一起。当一位公推的长者讲完话宣布巡田开始时,人们便列队从东到西巡视田坝。内容涉及生产大检查,如查看秧是否插完、插秧的质量如何、田水是否自然流通且适量,有无损人利己的抢水或偷水现象,禁伐区内的树木是否遭到破坏等。如有违犯,便对当事人加以处罚。湘西土家族的"薅草锣鼓"、哈尼族的"栽秧号",也类似于"巡田仪式"。

英雄崇拜民俗将生产能手视为英雄予以崇拜和奖励。例如独龙族狩猎时,分配猎物实行是见者有份的原则,但对直接捕获猎物者会奖以兽头和兽皮。受奖者通常将野兽头骨悬挂在门前,以此彰显荣誉。

自然崇拜民俗是指拜高山、古树、巨石、岩洞等自然物为神,并向它们求福禳灾的习俗。原始社会生产力极其低下,人对自然的认识能力有限,相信万物有灵,常怀敬畏之心。他们认为进行生产活动即与神灵沟通,因此产生了各种自然崇拜的习俗。

神话偶像崇拜民俗是将神话中的主人公当作偶像来崇拜,以求生产丰收和生活安泰的习俗。蒙古族普遍供奉的"保牧乐"和"吉雅其"就是神话传说中的畜牧保护神。

2.居住民俗鉴赏

居住民俗指住所的风俗习惯,其形式多样。各民族的居住形式大致可分为三类:一是帐篷式,是古代北方游牧民族常用的居住形式;二是干栏式,是古代百越民族居住的文化特征,如今多见于南方民族地区,尤以云南西双版纳的竹楼为代表;三是上栋下宇式,是南方和北方广泛存在的居住样式。不同形式的居住方式展现了丰富多彩的建筑美。

布局讲究。各民族对于屋内火塘和厨房的位置、房间的分配、什物的堆放,以及祭祀、供奉、禁忌等方面都有各自的传统习俗和独特的文化内涵。通过对这些文化内涵的了解,可以获得许多审美情趣。

住室造型艺术。一些民族的建筑技术较为先进,对室内装饰、雕刻、绘画都有讲究。例如,云南大理白族民宅特别讲究门楼的装潢和门窗的雕刻。诸如此类的民宅富有较高的建筑艺术美。

3.民族服饰鉴赏

服饰民俗反映了人们的穿戴习惯。由于各民族的经济生活、文化传统、审美观念和自然环境的不同,形成了各具特色的服饰民俗,在服饰上呈现出多种美感。我国55个少数民族各有各的民族服装。即使在同一民族中,服饰也会因性别、年龄、时令甚至社会地位而有所不同。

满族妇女的旗袍穿起来显得自然明快,经过改进后已成为我国妇女最喜爱的一种中式服装。维吾尔族妇女喜戴"尕巴"(四楞小花帽),再佩戴耳环、手镯、项链等装饰品,加上画眉(两眉连成一线)和染指甲,颇富特有的民族风情。贵州苗族的服饰色彩斑斓,根据服装颜色可以分为黑苗、花苗、青苗、红苗、白苗、紫姜苗等,就是据其服装颜色来区分的。朝鲜族妇女则穿着白色短衣搭配长大黑裙,显得特别素雅。

(三)神话和民间传说鉴赏

神话和民间传说是民间口头文学的重要组成部分。民间口头文学是通过口述传承的文学形式,构成了民间文学的主要部分。人们通过讲述、韵唱、说唱等形式,创作民间口头文学作品,不仅可以享受到艺术的美感,还可以了解到丰富的民俗风情。

讲述是用口头语叙述人和事的方式,承载了神话、传说和故事的内容。神话通常源自原始社会,包含了关于世界起源、自然现象和社会生活的原始理解,其主人公是主宰自然和社会事物的神和半神。传说晚于神话,是对民间长期流传下来的过去事迹的记述和评价。故事晚于传说,是讲过去的事,侧重于事件过程的描述,包含人物、情节甚至细节。故事源于史实,但不同于历史,种类繁多,如爱情故事、英雄故事等在民间广泛流传。

韵唱主要包括民歌,也包括押韵的谚语和谜语。唱歌民俗在我国各民族中都很盛行,许多民族因其歌唱文化而被称为"歌的民族",一些地区被誉为"歌的海洋"。民歌内容多为传达爱情、抒发志向、赞颂劳动、赞美英雄等。其形式多为短篇,但也有长篇叙事诗、抒情诗等。藏族的《格萨尔王传》、柯尔克孜族的《玛纳斯》、蒙古族的《江格尔》,被誉为我国三大史诗,在国际上享有很高的声誉。

说唱是一种结合散文(说)和韵文(唱)来讲述故事的艺术形式。

拓展链接

相关人文景观简介

一、敦煌莫高窟

在黄沙漫漫的鸣沙山上开凿了数以千计的洞窟,其中492个洞窟内绘有壁画并塑有佛像。敦煌艺术堪称是我国中世纪的一部美术史。

二、唐三彩

唐三彩作为一种文化的载体,有着厚重的历史沉淀和丰富的文化内涵。作为中国艺术瑰宝,唐三彩可以说是唐朝陶瓷文化的代表,能够折射出唐文化的光彩。传世唐三彩马为数不少,这些唐三彩马造型优美,体型丰硕,比例协调,充分反映出马的动态美感与陶工高度的艺术水平的完美融合。唐三彩在唐代产生绝非偶然,它和当时社会的政治、经济、文化、风俗习惯以及对外文化交流,与陶瓷手工业的发展有着密不可分的联系。三彩马是唐代经济文化繁荣的表征,是朝气蓬勃的时代精神的体现。

三、四合院

在雄伟的北京城,有一种独具东方建筑特色的木构架院落式建筑群,就是四合院,这是一种四周建有房屋,中心有空地的院落。追溯历史,早在公元前12世纪末就有了以中轴线为准,左右对称的王城和王官。随着封建社会的发展,在汉代时,已经有了完整的四合院。

审美实践

景观分析

你的家乡有哪些旅游资源? 你认为最有特色的旅游景点是哪一个? 它属于三种景观中的哪一种? 或是两种、三种景观的结合? 请运用相关鉴赏技巧进行鉴赏,并在小组内分享。

_____

_____

_____

在线检测

练一练,更优秀

互动空间·自我评价

_____

_____

_____

_____

模块四　美轮美奂——艺术美

夫乐者,乐也,人情之所必不免也。

——荀子

艺者,道之形也。

——刘熙载

作画妙在似与不似之间,太似为媚俗,不似为欺世。

——齐白石

建筑是用石头写成的史书。

——雨果

艺术给我们插上翅膀,把我们带到很远很远的地方。

——契诃夫

专题九
凝筑空间之魂：建筑与雕塑

知识目标：

• 了解建筑、雕塑艺术的内涵以及审美特性。

• 理解建筑、雕塑艺术的代表作品和欣赏要旨。

能力目标：

• 能运用建筑、雕塑艺术的欣赏要旨与鉴赏方法去鉴赏具体艺术作品，提升艺术鉴赏能力，提升生活品质。

素质目标：

• 引导学生鉴赏不同国别建筑、雕塑艺术的代表作品，拓展审美视野，提升学生艺术审美素养，培养高尚的艺术情操，坚定文化自信。

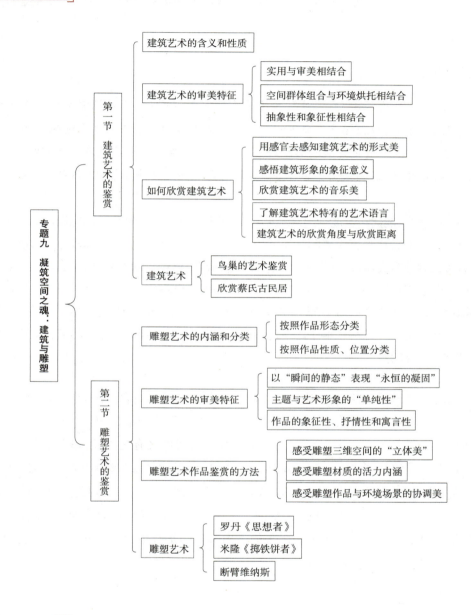

空间艺术是以空间为存在方式的艺术。造型是空间艺术的必要手段和必备因素,造型艺术必然存在于一定空间中,因而空间艺术的本质是对造型艺术存在方式的把握。空间艺术通常分为平面空间艺术和立体空间艺术。平面空间艺术如书法、绘画等,我们将在下一专题讲述;立体空间艺术如建筑、雕塑、篆刻等。本专题侧重立体空间艺术中富有代表性的建筑与雕塑的欣赏。

第一节　建筑艺术的鉴赏

案例导入

有一次假期外出旅游,在家庭讨论去向和目标的话题时,小倩埋怨爷爷总是沉迷于古建筑、教堂、寺庙,说他像走巷探街似的,而她却醉心于类似浦东陆家嘴般的城市天际线,父亲母亲呢,却是驻足于城市大剧院、艺术中心,哥哥和表弟奔跑在城市广场、体育中心,说"这些真漂亮"。结果大家的意见是:到一个城市住下来后,各跑各的,回来再交流旅游心得。

【案例解析】　把建筑当成一门艺术来看,我们已更注重它的审美性而忽视功用性了。小倩是年轻女孩,对现代摩天大楼印在天空的轮廓很陶醉,表现出她欣赏建筑外观形象的审美趣味;爷爷探微城市古建筑,沉迷于此,可见老人文化积淀深厚,建筑是"历史的年鉴"(果戈理语);父母对城市艺术中心之类建筑感兴趣,说明他们人到中年,更向往有象征意义的建筑空间、环境带给人的精神感受;男孩子喜欢体量大、类似"鸟巢"一样的怪异创意。年龄性别不一样,对建筑艺术的特性理解和偏嗜趣旨也不一样。这很正常,建筑作为一门艺术对不同层次人的影响是不一样的。

建筑艺术是通过建筑物的形体、结构方式、内外空间的组合、建筑群以及色彩质地、装饰方面的审美处理所形成的一种实用艺术。它按照物质的重力规律和美的规律,创造出既适应于人类的生存,又符合审美的需要,既有实用性又有艺术性,既具有民族性、时代感又具有一定象征意义的空间造型体系。建筑通过组织空间来组织人类生活,不同的建筑就是不同的组织人类生活的方式,首先是内部空间的组织,此为其艺术性的灵魂,通过内部空间的组织,才组织起了外部空间。外部空间是内部空间的延伸,而墙体、屋顶、装饰均是从内部空间的组织中生长出来的。内部空间是有生命的形式,空间与空间的连接、转折、变化、都应富有节奏韵律。

一、建筑艺术的含义和性质

建筑艺术是通过组织空间来创造审美意象,生产出一个供人活动的环境艺术。歌德认为其为"凝固的音乐",黑格尔认为其为象征艺术的代表。苏联鲍列夫认为是用石头写成的历史,是人类历史文化的纪念碑。因此,一个城市,一个民族,甚至一个国家寻找自己的象征物时,被看中的往往是那些伟大的建筑。法国作家雨果在其著作《巴黎圣母院》中写道:"人类没有任何一种重要的思想不被建筑艺术写在石头上。"雨果称建筑为"石头的史书"。俄国作家果戈理曾说:"建筑是历史的年鉴。"他们都认为建筑艺术反映人类深刻的文化。当代艺术家简森在《世界美术史》中说："当我们想起任何一种重要的文明的时候，我们有一种习惯，就是用伟大的建筑来代表它。"由于建筑与人类生活的密切联系，巨大的艺术表现力量以及它与人类文化的深刻的同构对应关系，杰出的建筑艺术作品都是文化的最鲜明、最深刻也是最长久的体现。不同文化圈的人群会有不同的建筑观念，不同的建筑艺术手法、趣味，不同地域、民族、阶级，不同时代，建筑艺术作品都有不同的面貌，反映出深刻的文化内涵。

二、建筑艺术的审美特征

（一）实用与审美相结合

长城的欣赏

人类的产品通常不是物质的，就是精神的，物质产品就是指该产品的具体用途。

建筑艺术的审美性首先在于它要给人以美好形象。即令人赏心悦目的外观造型，内部空间比例适宜、色彩协调等。建筑的审美性还表现在它具有纪念性。比如希腊的神庙、罗马的广场、巴黎的铁塔、中国的万里长城、非洲的原始村落，还有数不清的古城市、古村镇。当初并不是为了纪念而专门建筑的，但是到了后来，却成了纪念性很强的古迹，成为人们欣赏的历史文化了。

不同的建筑对象中实用和审美可以各有偏重。有的审美功能比重大些，甚至占主要的地位，比如纪念碑、游乐园、陵墓等；有的比重大体相等，如商店、学校、医院等；有的比重小些，如仓库、厂房、桥梁等。

（二）空间群体组合与环境烘托相结合

建筑群常常不是单独出现的，而是由很多单栋、单幢建筑或它们共同围成的广场组合成群。即便是单幢建筑，也是由许多不同性格的房间组成的。北京紫禁城—天安门、端门、午门、太和门、太和殿、后宫、御花园直至景山。一系列不同的建筑和不同的、空间的、顺序的出现，引起了像交响乐有序曲、高潮、尾声的顺序出现，使人的情绪发生一系列的变化，获得总体的享受，这种群体的艺术感染力，比起某一个单独的建筑单体来得更加强烈、更加深刻。与环境、雕塑、环境绘画、建筑小品、工艺美术甚至文学如匾额、对联以及家具、地毯、灯具组合在一起，还有自然环境的山、水、树、石头，它们的形体、光、色，甚至味道、气味，还有人文环境的历史，乡土、民俗这样高度的有机组合，由建筑艺术统率，并且协调它们，将会产生更为巨大的艺术表现力量。

（三）抽象性和象征性相结合

建筑艺术就形象本身而言，也分不出什么进步的或落后的，革命的或反动的。天安门曾是封建王朝的正门，今天却是国徽上的图案，是伟大祖国的象征。万里长城本来是民族交往的障碍，是刀光剑影的战争产物，现在却成了全体中华民族的骄傲，是闻名世界的游览胜地。同时，它塑造的这个正面形象又是抽象的。建筑艺术常用象征、隐喻、模拟等艺术手法塑造形象。比如,古希腊曾有人认为人体各部分都体现着理想的美,故而早在公元前6世纪,古希腊建筑艺术的精华——多立克柱式建筑就以粗壮狂放的线条,形象地模拟了男子挺拔雄健的体形特征;而爱奥尼柱式建筑则以柔和精细的线条,形象地模拟了女子优雅柔美的体形特征。

三、如何欣赏建筑艺术

(一)用感官去感知建筑艺术的形式美

建筑艺术属于造型艺术,欣赏建筑艺术首先从外观开始,即观察由各种材料构成的建筑外部形体和整体色调特征。没有审美眼光的人面对建筑物时头脑中只有"房子"之类的概念,感受不到令人心醉神迷的形式美及其散发出的人情味。欣赏建筑艺术首先要捕捉对象给予的形体印象。例如,万里长城是蜿蜒曲折的线形能够引发巨龙腾飞的联想。人们习惯将中国国家体育场称作"鸟巢",正是因为它那鲜明的外形特征。在这里,冰冷的钢桁架因人的联想变得富有情趣,灰色矿质般的钢网也变成了浪漫温情的摇篮。

建筑色彩同样能强烈地影响人们的心理情绪。人类在长期的生活实践中积累了丰富的色彩经验,特定地域环境总是给当地居民提供某种色彩"性格"的体验。由于地区、气候、民族习俗与文化传统的差异,不同地方的人们对建筑色彩各有偏爱。中国传统建筑的色彩一向极为强烈,如北京故宫金黄色的琉璃瓦顶与蓝天、高大的红墙与绿树构成强烈的色彩对比,而民居则多采用质朴的灰砖青瓦。英国的城市建筑偏爱棕色,日本倾向于使用灰色素雅的色调,美国则喜欢明快响亮的色彩。通过不同的用色习惯,观众由此感受到不同地区人民的普遍性格特征。

(二)感悟建筑形象的象征意义

建筑艺术通常借助象征意义来蕴含其审美意蕴。这种象征意义首先是最初的象征性,即建筑艺术在物化成特定的建筑物时就已经具备的象征意义。例如,北京故宫的对称和谐、层次分明及主要建筑位居中央,显示出封建时代帝王对国家的主宰地位以及封建制度的"宝塔"结构。秦朝建立的万里长城,当时象征着秦帝国的"大一统"。然而,随着社会历史实践的发展变化,建筑艺术又会产生一些新的象征意义。如今,北京故宫已成为中外游客所欣赏的审美对象,它既展示了我国古代建筑艺术的伟大成就,也是中华民族文明的象征。当我们现在登上万里长城,极目远眺,万里长城像一条巨龙在群山环抱中蜿蜒游动,显得气势恢宏辽阔。在我们的审美视野中,长城已不再仅仅是秦帝国"大一统"的象征,而是中华民族创造力量的象征,也是中华民族凝聚力的象征。历史上的建筑艺术充满了丰富的时代和文化内涵。"人们惯于把建筑称作世界的编年史,当歌曲和传说都已沉寂,已无任何东西能使人们回想一去不返的古代民族时,唯有建筑仍在诉说,在石书的篇章上记载着人类历史的时代。"

（三）欣赏建筑艺术的音乐美

建筑艺术通常以错落有致的空间造型展现出类似音乐的节奏感。歌德和谢林都将建筑视为"凝固的音乐"，因为他们感受到了建筑艺术中的音乐美。建筑艺术的外在造型皆依据形式美的规律创造，无论向空间哪个方向延伸，都是按比例、规划及变化有序排列，从而形成一定的节奏。"优秀的建筑物，它各方面的节奏，总能归于统一。这便形成一种统一的调子，统一的旋律。当你在观赏这座建筑时，你便能在一定时间过程中感受到节奏上反复多样的流动，产生音乐般的旋律感，正是这种旋律感，把你引向特定的情绪氛围。"从而获得类似感受音乐美的情感愉悦。要感受建筑艺术的音乐美，需善于调动自己的通感，以动态的视角对建筑造型显现的空间序列进行审美观照。欣赏建筑艺术同欣赏绘画不同，欣赏绘画主要依赖静态的精确把握，而欣赏建筑却不能只靠静态观照，还应运用动态观照，从视点的高低、视角的俯仰、视野的远近大小、空间的开合以及视觉的分隔联系中去观察建筑的空间序列，才能体会到空间序列的节奏感和音乐感。只有在这个意义上，我们才能说，建筑是凝固的音乐，音乐是流动的建筑。

（四）了解建筑艺术特有的艺术语言

每种艺术都有自己独特的艺术语言，不同艺术形式之间的差异很大程度上源于艺术语言的不同。建筑的艺术语言体现在以下四个方面：面、体型、体量和空间。

1.面

面的处理要注意运用形式美法则，古今中外均如此。均衡、对称、比例、对位、节奏、韵律、比例尺、虚实、明暗、色彩和材料质感等技法综合使用，结合建筑物的具体条件和性质，可创造出既富于变化又高度和谐完美的造型。

2.体型

体型处理更加丰富多彩，许多建筑体形组合丰富多样，组成了多种多样的形态，这同样需要遵循形式美法则。

3.体量

体量的巨大是与其他造型艺术的主要区别之一。有些建筑的面和体形处理都很简单，但主要依靠体量处理来显示艺术性格。例如埃及的"金字塔"，上小下大体形简单，四棱锥体，无太多色彩、虚实变化，很简单，但因其巨大的体量，人在它面前感到自身的渺小，给人以强烈的艺术感染。有些西方教堂为了体现上帝的崇高伟大，神性巨大力量，通常也用很大体量。教堂的高度可达数十米甚至上百米高，以此展现其神性力量。然而，体量的巨大不是绝对的，适宜才是重要的。中国文化更重视现实人生，而非神性伟大，建筑体量通常不太大，尺度接近人自身实际尺寸需要。园林建筑中的小别墅，小住宅更注重较小体量，体现亲切感。

4.空间

建筑拥有中空空间，四面墙壁、地面、天花板围成空间，或由多个建筑组成庭院、广场。空间是建筑独有的艺术语言,具有巨大的情绪感染力。宽阔高大明亮的大厅令人心情开朗,精神振奋;而低矮黑暗的大厅,则给人压抑,甚至恐怖的感觉。西方哥特式教堂的高耸狭窄空间设计让人联想到上帝的崇高和人的渺小。

(五)建筑艺术的欣赏角度与欣赏距离

欣赏角度可分为水平方向上的正视与侧视,垂直方向上的平视、仰视与俯视。欣赏角度也就是审美角度或审美视角。在审美活动中,审美角度是非常重要的,客体审美价值的实现,不仅依赖于客体自身的审美价值,还需要审美主体的密切配合,需要审美主体选择合适的审美角度,尽可能多角度、全方位地把握审美客体。建筑艺术是立体的空间艺术,欣赏者更应从不同的角度、全方位地欣赏建筑艺术的整体美。

建筑艺术也是视觉艺术,欣赏者与建筑物距离的远近直接影响着审美效果。一般来说,近距离适合欣赏建筑细节或局部;中距离适合直观全貌;远距离适合概观大致轮廓。若时间充裕,欣赏者可以兼顾近、中、远三种距离;若时间紧张,则只能选择中或远距离快速浏览。通常情况下,古典建筑更适合近距离和中距离的细致观照;现代宏伟建筑则更适合中、远距离的整体概览。当然,欣赏距离的远近不是绝对的,应根据个人兴趣和建筑特点灵活调整。

四、建筑艺术

1.鸟巢的艺术鉴赏

北京奥运会主会场鸟巢与水立方位于北京中轴线左右,作为2008年奥运盛会的标志性建筑,它与水立方一左一右、一方一圆、一大一小,相映成趣。它以壮观的设计和独特的美感吸引了全世界的目光。鸟巢由瑞士建筑师赫尔佐格与德梅隆设计,融合了现代科技与中国古老传统文化元素的设计风格而闻名于世。

首先,鸟巢以其巨大而优雅的外观给人留下深刻印象。它的外形酷似一个巨大的鸟巢,由钢铁构架交织而成,外观独特、线条流畅。鸟巢的外部覆盖着特殊的红色聚合物膜,不仅使得整体建筑呈现出红色的鲜艳色彩,还为体育馆增添了一份活力和动感。其次,鸟巢内部设计精巧,提供了无限的想象空间。步入鸟巢内部,宽敞开放的空间令人惊叹。内部采用了大量的钢结构支撑整个建筑,没有柱子遮挡,视野得以尽情展开。观众席位布局合理,无论坐在哪个位置都能清晰观看比赛,为观众提供了极佳的观赛体验。此外,夜晚的鸟巢显得尤为迷人。夜幕降临时,点亮的外墙灯光璀璨夺目,如同一颗耀眼的明珠镶嵌在北京的城市夜空中,成为城市的一道亮丽风景线。而且,鸟巢内部的灯光设计也十分独特,通过灯光变化与音乐

北京鸟巢

的配合,将整个场馆打造成梦幻般的视听空间,给人们留下了深刻难忘的印象。

　　总的来说,北京奥运会的鸟巢以其独特的外观设计、精湛的建筑工艺和卓越的灯光效果,展现了现代建筑的艺术魅力,同时也传承和展示了中国悠久的建筑文化。它不仅是一座体育场馆,更是一件艺术品,一座城市的象征,永远闪耀在人们心中。

　　2.欣赏蔡氏古民居(http://www.mnw.cn)

拓展链接

中国古建筑欣赏　　中世纪教堂
建筑艺术作品

审美实践

北大与清华建筑风格对比

　　中国两所有代表性的高等学府,北京大学和清华大学,其建筑分别体现了古典与现代两种风格。北京大学的教师办公楼以前都是"小房子",连图书馆也是小而古典式的。相比之下,清华大学的建筑则展现出更为宏大的规模,洋溢着青春和时代特征,通过查询资料分析两种建筑风格各自的内涵。

互动空间·自我评价

第二节　雕塑艺术的鉴赏

案例导入

　　读幼儿园的孙女彤彤看见爷爷书斋里的蒲松龄雕像，说："我也喜欢这个和我笑的黑胡子爷爷。"接着又表示，"不喜欢这个想问题的叔叔(指罗丹的《思想者》)"，又问道："爷爷，这个哥哥的铁饼怎么还不扔出去呀？"(指米隆的《掷铁饼者》)。一旁念大学的小叔笑着说："乖侄女，长大了你就明白了。"大学生的书房摆满了像"维纳斯"这样的美丽雕塑，但彤彤从来都不喜欢它们。试问，彤彤的审美视角反映了什么？

　　【案例解析】　雕塑是通过"瞬间的静态"来表现"永恒的凝固"，观赏者需要从静态的形象中想象作品的过去和未来。蒲松龄以花狐鬼妖的世界展示人性的至真追求，笑哂天下人情世故，小彤彤很喜欢，但她不喜欢《思想者》的悲情，这主要是由于年龄因素的影响。但她能够直观地感受到《掷铁饼者》的神形兼备。小叔书房的美女雕像则显示他作为青春男孩的审美偏好。由此可看出，雕塑为我们展示了一个既辽远又亲近的审美世界。

　　雕塑主要起源于巫术、宗教和祭祀，是一种非常古老的艺术形式。它通过占用一定空间的物质实体，创造出可视可触的审美意象。其主要的审美意象包括人体或人体的变形，这与其起源密切相关；因为这种艺术形式最初是为了满足对具有神性的人体形象的需要。在雕塑中，人们表达情感的能力及领域都非常广阔且丰富。然而，雕塑作品不像绘画那样可以进行复杂的精细描绘和环境空间的表现，因此形象较为单纯，通常赋予形体和体积以象征性和寓意性来表达主题。西方雕塑多借助人体来象征某种思想，表达某种思想感情和审美观念。作为三维空间的实体，雕塑给人的感受首先来自它的形体。形体美是雕塑形式美的灵魂。雕塑的形体不仅要比例匀称，结构严谨，更要通过形体展示形象的动势、情绪与生命力。

一、雕塑艺术的内涵和分类

　　雕塑是一种运用可塑性、可雕性的物质材料，通过雕、刻、塑、铸、焊等手段制作的表现社会生活、表达审美情感的具有三维实体造型艺术、属于纯观赏性的艺术。从"雕塑"这两个字上理解，我们也可以知道雕塑常用的手法包括"雕"与"塑"。此外，还运用"刻""铸""焊"等技术来创作具有三维空间的立体艺术品。既然要进行雕与塑，其材料必须具备可塑性和可雕性。例如，石头和木头具有可雕性，而泥土和陶瓷则具有可塑性。

（一）按照作品形态分类

1.圆雕

圆雕是指那些与被表现对象相似、占据一定空间的实体构成的雕塑个体或群体，它在各个可视点都能被观众所感知。圆雕通常不带背景，主要依靠自身的形象以及与之相协调的环境，共同构成统一的艺术效果，并通过集中、简练、概括地表达主题思想来打动观众。圆雕通常放置在可供四面观赏的环境中，也有出于宗教等原因和环境本身的限制，只允许有一个或几个观赏面的情况，如石窟艺术和庙宇中的佛像和壁龛等建筑雕塑中的圆雕。例如《思想者》《卢舍那大佛》等。

2.浮雕

浮雕是一种仅有一个面向（观赏面）的雕塑形式，通常是指有一块底板为依托的，并占据一定空间的被压缩的实体所构成的雕塑个体或群体。浮雕中的形体与其底板平行的二维尺度长宽的比例保持不变，仅压缩形体的厚度。压缩的原则是根据透视的规律，按照近高（厚）远低（薄）的比例来表现，在限定的空间（厚度、深度）内尽可能展现更大的形体。浮雕的底板可做背景处理，以增强大作品的空间深度。根据压缩程度的不同，浮雕可分为高、低、薄三种。高浮雕的形体较厚，压缩比例较小，如巴黎的《马赛曲》雕像、中国唐代的昭陵六骏以及现代天安门广场人民英雄纪念碑上的浮雕均属于此类。低浮雕的形体较薄，压缩比例较大，如埃及神庙和陵墓墙面上的浮雕以及中国洛阳龙门石窟宾阳洞内的《帝后礼佛图》等。薄浮雕利用极薄的空间塑造形体，几乎与底板处于同一平面，常见于钱币、奖牌和纪念章的设计中，也可用于一般浮雕中的背景处理。

3.透雕

透雕是在浮雕的基础上镂空其背景部分，形成一种介于圆雕与浮雕之间的雕塑形式。根据艺术效果的不同，透雕可以分为单面雕和双面雕。例如《彩绘透雕小座屏》等。

（二）按照作品性质、位置分类

1.城市雕塑

城市雕塑通常指的是放置在城市室外的大型雕塑，它们不仅反映了城市特色和历史，还作为城市标志以及美化环境的一部分。例如：法国《共和国的凯旋式》。

2.园林雕塑

园林雕塑是指位于公园、街心花园、湖畔林中等处的装饰性雕塑，这些雕塑往往与所在环境的历史、人物、动物、神话、传说等相关联。例如《亚平宁山脉》。

3.纪念碑和纪念雕塑

纪念碑和纪念雕塑是安置在特定场合中的庄重且永久性的雕刻作品，旨在表彰历史人物或纪念重大历史事件。这些雕塑通常选择具有重大历史意义的象征性事物或有代表性的人物形象作为主题，规模和体积较大。纪念碑雕塑如中国《北京人民英雄纪念碑》、德国《战士——解放者》；纪念雕塑如中国《鲁迅》、法国《巴尔扎克》。

4.室内架上雕塑

室内架上雕塑的高度一般与人等身或略小于人体高度,可随时搬动,无固定位置。这类雕塑常为博物馆、陈列馆和展览会场所采用,同时也是公用建筑或客厅等公共活动场所常用的美化装饰艺术品,如山西平遥《渡海观音》等。

5.案头雕塑

案头雕塑的尺寸较小,适合放置在桌上、床柜、书架等位置,用作点缀装饰的艺术品,这类工艺雕塑较多见,如《观音》《大阿福》。

二、雕塑艺术的审美特征

大足石刻欣赏

(一)以"瞬间的静态"表现"永恒的凝固"

雕塑作为塑造静态空间形象的艺术形式,通常只能捕捉人物动作或事物情态的一个瞬间,难以自由、充分地叙述、交代或描绘人物的性格、命运,以及他们所处的环境和相互关系。在再现环境和色彩表现方面,雕塑也存在较大的局限性。因此,雕塑艺术在取材上必须追求简洁与纯粹,高度精练并浓缩生活的素材,使作品在有限的空间形象里蕴含丰富的内容。通过艺术形象的瞬间动作和表情来激发观赏者的审美想象。一方面,雕塑具有稳定性和凝固性,与动态的时间艺术相比呈现出静态的特征;另一方面,雕塑又具备想象性的特征,它以静为动,并在静中求动,使得观赏者能够从眼前的静态形象中联想到它的过去和未来。可以说,雕塑提供了一个可供观赏者想象和创造的三维空间,以静态的造型表现出动感的姿态。

(二)主题与艺术形象的"单纯性"

雕塑的艺术形象具有单纯性。首先,它通常无法直接表现背景。然而,把雕塑置于特定环境中,如纪念碑与群山或大地相结合,可以使环境成为其背景。其次,在雕塑中,色彩并不是关键元素,通常使用物质材料的自然颜色作为其色彩表现,这一点与绘画尤其不同。再次,雕塑在取材和主题方面也相当单纯,难以表达非常丰富的故事情节,而更擅长集中表现思想情感的纯粹性。主题与艺术形象的"单纯性"使得雕塑艺术的审美更趋于单纯而集中。美是雕塑这种造型艺术中的最高情形,"凡是为造型艺术所能追求的其他东西,如果和美不相容,就必须让路给美;如果和美相容,也至少须服从美"。

(三)作品的象征性、抒情性和寓言性

雕塑作品不像绘画那样能够进行复杂的精细描绘和环境空间的表现,因此其形象较为单纯,所以雕塑通常赋予形体和体积以象征性和寓意性来表达主题。一般而言,西方雕塑多借助人体来象征某种思想,表达特定的思想感情和审美观念。例如,罗丹的《思想者》、马约尔的《地中海》等。相比之下,中国雕塑则常用装饰性较强的人物、动物形象来传递象征性和寓意性,例如,龟、狮、龙、马等常见形象。

三、雕塑艺术作品鉴赏的方法

（一）感受雕塑三维空间的"立体美"

首先，雕塑总是在三维空间中以固定形式存在，允许观者从各个角度进行审视，再加上光与影的变化感与运动感，使其固有的空间形态具有某种时间性。其次，雕塑支配着周围的空间，仿佛周围的空间是它的延续和演化，产生一种强大的空间张力，与周围空间共同构成有生命力的形式。再次，体积是雕塑艺术表达中最重要的语言之一。苏珊·朗格认为，其基本审美意象是一种"虚幻的景致"。其中量感尤为关键。雕塑作为一种占有三维空间的立体艺术，所塑造的形象具备实际的高度、宽度和深度，是真正的静态艺术，蕴含了艺术本身的形式美。唯有依据雕塑艺术的独特规律和特点去欣赏，才能真正认识并感受到雕塑艺术品的美及其丰富的意境。雕塑是立体的艺术，需要从各个角度进行观赏，并在不同的光线照射下细细品味。每一个侧面，每一次光照的变化，都能够构成一幅独特的意境和画面，供人欣赏。

（二）感受雕塑材质的活力内涵

雕塑所使用的物质材料本身特性所蕴含的活力内涵是其重要的审美因素。在雕塑中，材料不仅是创作的工具手段，它本身的审美属性也直接融入了作品形象之中，材料本身构成了形式美的一部分，并产生不同的美感。例如，宋庆龄雕像利用洁白的大理石来表现伟大女性的纯洁与高雅；而《思想者》则选用青铜铸造，与作品深沉的内容相得益彰；汉代霍去病墓石雕中的《伏虎》，通过巧妙利用石料的自然形态稍事加工，使其神形得以体现，气势雄浑。这展示了物质材料原生态朴素、天然、简单的形式美，这是自然形态的形式美。将这种自然形式美与艺术构思美相结合，可以极大地提升作品的审美价值。罗丹塑造的《老妓欧米哀尔》使用青铜作为材料，增添了作品沧桑悲凉的气息。而塑造少女的《思》及青年男女的《吻》均采用了大理石材料，赋予了作品一种纯洁无邪的感觉。由于这些材料自身具有与作品意蕴相一致的审美特性，因此极大地增强了作品的感染力。

（三）感受雕塑作品与环境场景的协调美

雕塑作品的创作往往以适应某一特定环境为目的，置于室外就要与日影、天光、地景、建筑等发生关系，并受其制约。因此，雕塑作品不仅要与周围环境和谐统一，使作品作用于环境，使环境成为作品的组成部分，共生出新的景观。雕塑作品通常借用环境和景物来丰富作品的表现力。例如，丹麦哥本哈根海滨公园中的《美人鱼》雕像，倚坐在水边礁石上，巧妙地将礁石、海水、天光、倒影等融入作品之中，成为其不可缺少的内在元素。不同公共空间场景蕴含着不同的文化心理与背景，纪念性质的雕塑庄严、肃穆，具有建筑性与宏伟性，如奥地利的《约翰·施特劳斯纪念碑》。园林雕塑与园林宁静优美的氛围相匹配，给人以亲切感、轻松感，同时富有装饰性，如意大利的《木雕群》。

四、雕塑艺术

(一)罗丹《思想者》

《思想者》塑造了一位强健的劳动者形象。这位巨人弯着腰,屈着膝,右手托着下颌,静静地注视着下方发生的悲剧。他那深邃的目光以及拳头触及嘴唇的姿态,传达出一种

极度痛苦的心境。他渴望沉浸于"绝对"的冥想之中,努力把那强壮的身体收缩、蜷曲成一团。他的肌肉非常紧张,不但在全神贯注地思考,而且沉浸在深深的苦恼之中。他凝视着下方上演的悲剧,既同情又爱悯人类,因而无法对那些犯罪的人作出最终判决。这种矛盾的情感使他在深刻的沉思中,体现了伟大诗人但丁内心的挣扎与苦闷。这种内心的苦闷通过对面部表情和四肢肌肉起伏的艺术处理,生动地表现出来,例如突出的前额和眉弓使双目凹陷,隐没在暗影之中,增强了苦闷沉思的表情,又如那紧紧收屈的小腿肌腱和痉挛般弯曲的脚趾,有力地传达了这种痛苦的情感。这种表面沉静而隐藏于内的力量更加令人深思。

罗丹《思想者》

(二)米隆《掷铁饼者》

这尊被誉为"体育运动之神"的雕像,一眼便知是在表现投掷铁饼的一个典型瞬间:人体的动势弯腰屈臂,呈现出S形曲线。这样的设计使得单个的人体富于运动变化,但这种变化也可能带来不稳定感。为了解决这个问题,作者巧妙地将人物的重心移至右足,让左足尖轻轻触地以支撑辅助。同时,以头为中心两臂伸展成上下对称,从而使不稳定的躯体获得稳定感。身体的正侧转动,下肢的前后分列,既符合掷铁饼的运动规律,又创造出了一种在单纯中见多样变化的形式美感。米隆的这尊雕像成功解决了雕塑艺术中关于单一支点重心的问题,为后来的雕塑家们创作各种运动姿态树立了典范。

《掷铁饼者》取材于希腊的现实生活中的体育竞技活动,刻画的是一名强健的男子在

掷铁饼过程中最具表现力的瞬间。雕塑捕捉了铁饼摆回到最高点、即将抛出的一刹那,具有强烈的"引而不发"的吸引力。尽管这是一件静止的雕塑作品,但艺术家成功地把握住了从一种状态转换到另一种状态的关键环节,使得观众在心理上获得"运动感"的效果,成为后世艺术创作的典范。掷铁饼的强烈动感与雕像的稳定感结合得非常和谐。雕像的重心位于右腿,因此右腿成为整个雕像身体自由屈伸和旋转的轴心,同时确保了雕像的稳定性。掷铁饼者张开的双臂如同一张拉满弦的弓,带动了身体的弯曲,呈现出一种不稳定的状态;然而,高举的铁饼又把人体全部的运动统一了起来,赋予人们一种暂时的平衡感。整尊雕像充满了连

掷铁饼者

贯的运动感和节奏感,突破了艺术中时间和空间的局限性,传递了运动的理念,并将人体的和谐、健美和青春的力量表达得淋漓尽致。这不仅体现了古希腊的艺术家们在技艺上的卓越成就,也展现了他们在艺术思想和表现力上质的飞跃。因此,这尊雕像被誉为"空间中凝固的永恒",直到今天仍然是代表体育运动的最佳标志之一。

（三）断臂维纳斯

《米洛的维纳斯》(阿历山德罗斯,希腊),作为爱与美的女神——维纳斯,她美丽无比、温柔善良。这尊大理石雕像,也被称为《断臂的维纳斯》。尽管双臂残缺、双目无瞳,却成为世界女性美的典范。这件艺术作品给人带来了强烈的心灵震撼!

这尊雕塑最具审美标志的是其S形线条+S形旋律=适当的选择。S形线条,也称蛇形线条。"蛇形线比任何线条都更能创造美",因此可以视为美的线条。蛇形线灵活生动,同时向不同的方向旋绕,能使眼睛得到满足,引导观赏者的眼睛追逐无限的多样性,因此可称之为"富于吸引力的线条"。

我们知道,断臂维纳斯原作是有手臂的,只是因为雕像破损严重,无法修复,其手臂的具体姿势已无从得知,人们也只能带着遗憾进行猜测。然而,这种残缺为观者留下了想象、创造的空间。

断臂维纳斯

这样的创造和创造空间,赋予了审美学独特的视角,使人们能够包容、感悟并联想,可以说是一种了不起的审美再创造。

当然,观察欣赏断臂的维纳斯时,每个人都可以依据自己的想象,为这尊残缺的雕像重新设计手臂的姿态。在雕塑中,手是最难塑造的部分,假如这尊雕像被完整地出土,它还会成为世界议论的焦点吗?或许,维纳斯的完美魅力正是通过她的残缺才得以升华和永恒。

残缺,是一种遗憾的艺术!

拓展链接

中西雕塑的审美差异

从文化背景上看,中国与西方有着不同的文化传统和价值观,这直接影响了人们对雕塑的审美标准。例如,中国传统文化强调内在的含蓄和平和,而西方文化则更注重个体表达和自由精神。

从表现形式上看,中西方雕塑亦呈现出显著区别。中国传统雕塑注重意境的表现,往往追求"气韵生动",强调意蕴和内涵;而西方雕塑更注重形式的表现,追求形态的逼真和技术的精湛。

　　从主题和题材上看,中国传统雕塑的主题往往与宗教、哲学和历史等有关,强调对自然和人类情感的抒发;而西方雕塑的主题涉及更广泛的领域,包括历史、神话、人物肖像等,也更容易表现个人情感和经验。

　　此外,中西方在审美观念上也存在差异。在中国,雕塑被视为一种艺术形式,也常与建筑、园林等其他艺术形式相结合,强调与环境的融合;而在西方,雕塑往往被单独看待,更注重对雕塑本身形式和技术的赏析。

审美实践

城市"名片"式的雕塑欣赏

　　查找全国各主要城市的"名片"式雕塑,如广州的"五羊"、兰州的"黄河母亲"等,至少列举5个,分析其内涵。

_____

_____

_____

在线检测

练一练,更优秀

互动空间·自我评价

_____

_____

_____

_____

专题十
挥毫丹青之韵：书法与绘画

知识目标：

• 了解书法、绘画艺术的内涵及审美特性。

• 理解书法、绘画艺术作品的欣赏要旨。

能力目标：

• 能灵活运用书法、绘画艺术的鉴赏方法去鉴赏具体作品，提升审美素养和艺术鉴赏能力。

素质目标：

• 引导学生鉴赏各个时期不同国别书法、绘画艺术的代表作品，温润心灵，涵养艺术情操。

• 通过对中国经典的书法、绘画作品的鉴赏，增强文化自信。

要点一览

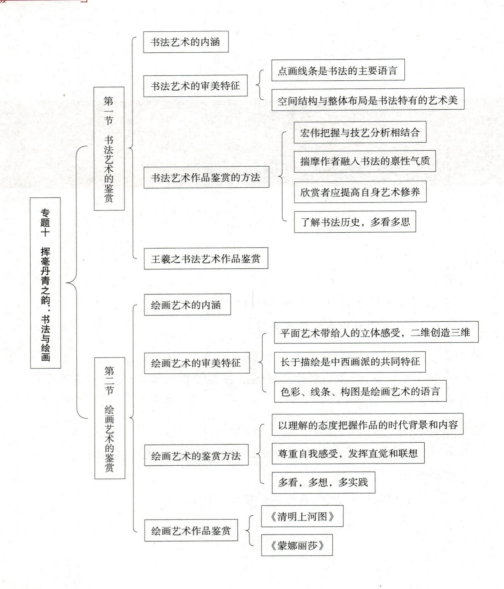

内容导航

　　"平面"，是相对于我们的三维立体空间而言的二维空间概念，在二维空间中完成的造型艺术主要有书法、绘画等。空间意识产生于视觉、触觉及运动觉中。一般来说，书法、绘画的空间性质依靠视觉；雕塑和建筑等三维空间艺术，除依赖视觉外，还分别依靠触觉和运动觉。平面艺术强调线条的使用、形状的变化、颜色的运用以及明暗的处理等，以创造出视觉冲击力和丰富情感的表达。本专题侧重书法、绘画艺术的学习和鉴赏。

第一节　书法艺术的鉴赏

案例导入

在一次书法艺术展上，一位参观者说道："某某是书法大家，但他的字在我看来并没有什么特别之处。我们单位有个连小学都没毕业的同事，他写的字比某某书法家还好。"另一位参观者在离开展厅时则表示："那些让人看不懂的书法似乎被认作是最好的，我怎么如何也分辨不出这些书法作品的高低好坏呢？"

【案例解析】　首先，书法艺术与写字是有区别的。书法是艺术，书法家书写一篇令人赏心悦目的文章或诗词，在此过程中，每一笔一画，每一个字，每一篇文字的布局均融入了书法家个人的禀性与气质，体现了其独特的风格和情操。相比之下，写字更注重的是字体的端正整洁。一般说来，书法家的字不会比小学没毕业的人写得差。其次，欣赏书法作品需要一定的艺术修养。从一个字、整幅书法作品的笔触墨韵中品味出书法家的性格与情操，感受到其中蕴含的"风起云涌""气吞山河"的气势，这要求欣赏者了解书法的历史和演变，了解书法艺术的特性。

书法，亦称"中国书法"，分为"软笔书法"和"硬笔书法"，是中国特有的一种传统艺术。古往今来，汉字是劳动人民创造的，开始以图画记事，经过几千年的发展，演变成了当今的文字，又因祖先发明了用毛笔书写，便产生了书法，一直以来，均以毛笔书写汉字为主，至于其他书写形式，如硬笔、指书等，其书写规律与毛笔书写规律相比，并非迥然不同，而是基本相通。

一、书法艺术的内涵

书法是一种通过线条和形体结构来表现人的气质、品格和情操的艺术。因此，人们常说："字如其人。"从狭义上讲，书法是指用毛笔书写汉字的方法和规律。包括执笔、运笔、点画、结构、布局（分布、行次、章法）等内容。例如，执笔指实掌虚，五指齐力；运笔中锋铺毫；点画意到笔随，润峭相同；结构以字立形，相安呼应；分布错综复杂，疏密得宜，虚实相生，全章贯气；款识字古款今，字大款小，宁高勿低等。从广义上讲，书法是指语言符号的书写法则。换言之，书法是根据文字的特点及其含义，运用特定的书体笔法、结构和章法进行写字，使之成为富有美感的艺术作品。随着文化事业的发展，书法已不仅限于使用毛笔和书写汉字，其内涵得到了极大的丰富。例如，在工具的选择上，仅笔这一项就五花八门，毛笔、硬笔、电脑仪器、喷枪烙具、日常工具等种类繁多。颜料也不再局限于黑墨块，墨汁、黏合剂、化学剂、喷漆釉彩等五彩缤纷，无奇不有。过去的文房四宝——笔、墨、纸、砚,其含义也大有扩展,品种之多,不胜枚举;从执笔方式上看,有用手执笔,还有用脚执笔的情况,甚至有用其他身体部位执笔的例子,更有甚者完全不用笔,如"指书""挤漏书"等;从书写文种上说,并非汉字一种,一些少数民族的文字也登上了书法艺坛,蒙文就是一例;从书体和章法上看,除了传统正宗的书派,在我国还出现了曲直(线)相同、动静结合的"意向"派,即所谓的现代书法。这种书法在传统书法基础上加以创新,强调"变"字,将诗书画融为一体,力求形式和内容的统一,使作品成为"意美、音美、形美"的三美佳作。

二、书法艺术的审美特征

(一)点画线条是书法的主要语言

书法的点画线条具有无限的表现力,它本身抽象,所构成的书法形象也无所确指,却要把全部美的特质包容其中。因此,对书法的点画线条提出了特殊的要求:要求它们具备力量感、节奏感和立体感。

1.力量感

点画线条的力量感是线条美的一大要素。它是一种比喻,指点画线条在人心中唤起的力量的感觉。早在汉代,蔡邕《九势》就对点画线条作出了专门的研究,指出"藏头护尾,力在字中""令笔芯常在点画中行""点画势尽,力收之"。这要求点画要深藏圭角,有往必收,有始有终,便于展示力度。需要注意的是,虽然我们强调藏头护尾,不露圭角,并不是说可以忽略中间行笔的重要性。中间行笔必须采取涩势中锋,以使点画线条浑圆醇和、温而不柔,力含其中。但是,点画线条的起止并非都是深藏圭角、不露锋芒(例如大篆、小篆均需藏锋)。书法中往往根据需要藏露结合,尤其在行草书中,千变万化。欣赏时,既要关注起止的承接和呼应,也要注意中段是否浮滑轻薄。

2.节奏感

节奏本指音乐中音符有规律的高低、强弱、长短的变化。书法由于在创作过程中运笔用力大小以及速度快慢的不同,产生了轻重、粗细、长短、大小等不同形态的有规律交替变化,从而使书法的点画线条产生了节奏。汉字的笔画长短、大小不等,更加强了书法中点画线条的节奏感。一般来说,静态书体(如篆书、隶书、楷书)的节奏感较弱,而动态书体(如行书、草书)的节奏感较强,变化也更为丰富。

3.立体感

立体感是中锋用笔的结果。中锋写出的笔画,"映日视之,画之中心,有一缕浓墨,正当其中,至于折处,亦当中无有偏侧。"这样,点画线条才能饱满圆实,浑厚圆润。因此,中锋用笔历来受到高度重视。然而,在书法创作实践中我们也注意到,侧锋用笔同样随处可见。除小篆外,其他书体都离不开侧锋。特别是在行草书中,侧锋作为中锋的补充和陪衬,更是屡见不鲜。

(二)空间结构与整体布局是书法特有的艺术美

1.空间结构

空间结构是指字的分间布白、经营位置,如大小、奇正、宽窄、比例等。字的造型有点类似建筑:西安大雁塔——庄重雄伟;小雁塔——基础窄、比较高,轮廓带有裙线,感觉玲珑秀美。书法也一样。不同书法家写同样的字,由于结构处理不同,感受就不同。例如颜真卿与王羲之同写兰花的兰,结构不同表现的特点就不同。甚至同一个书法家,在不同情感下写同一个字,结构也会有所不同。因此,结构主要描述的是书法的空间特征。

2.整体布局

整体布局,也称为"布白",在多样统一中显示作品整体的和谐。看一幅字时,一眼看上去的黑白大效果,有气势的字会立刻给人带来一种气势感。整体布局从开头至结尾,整个书写过程是一个生命的整体。即所谓的"积划成字,积字成行,积形成篇"。欣赏时要把握整体,讲究一气呵成,气脉连贯。李志敏先生书写的孟浩然诗句"气蒸云梦泽,波撼岳阳城",描绘了洞庭湖的壮阔景象。从整体上看,字与字间安排紧密,具有大气磅礴之势,对比强烈,用笔粗犷,字的大小对比、宽窄都很鲜明,表达了书法者对洞庭湖浩瀚气势的感受。李先生的另一件作品"山没清波里,帆在浮云中",则给人一种轻松愉快的感觉;布局方面,字与字之间舒展,中间空白较多;从字的结构看,横向扁平,横向地趋向于安静;用笔细腻柔和,柔中有刚。通过这些手法表现出一种优美的意境。山的影子在波光里闪烁,帆似乎在云中游动。可见书法作品,通过整体布局、字的结构以及用笔变化来表达不同的情感,这些都是书法特有的艺术美。

3.以墨色表现意境

墨法即书法用墨的技巧,是书法艺术形式中的一个重要课题。"字本于笔,而成于墨","肉生于墨,血生于水",没有墨色的变化与配合,用笔的效果就难以达到最佳状态。字缺乏血肉,便失去了生命力。清代包世臣说:"书法字法本于笔成于墨,则墨法尤书艺一大关键也。"唐代孙过庭说:"带燥方润,将浓遂枯",也点出了用墨的关键处。"燥""润""浓""枯"又是矛盾的法则。用墨不可太枯,枯笔多了则燥;又不可水分太多,湿度太大会肥浊不清。杜甫诗云:"墨气淋漓幛犹湿",就是理想的用墨效果。即使过了许多年,也好像刚写出来一样,精气神采不减。"不善用墨者,浓则易枯,淡则近薄,不数年间已奄奄无生气矣"。墨大致可分为浓、淡、干、湿、焦五种,但也不应过分悬殊,应在看似变化不大的墨色中,写出使人感到变化极为丰富而又保持"润"的特点,才是理想的用墨方式。

三、书法艺术作品鉴赏的方法

(一)宏观把握与技艺分析相结合

赏析书法既要从宏观角度把握如气势、神采、布白等要素,也要从微观层面细致观察用笔、用墨、结构、线条等细节。第一是欣赏线条质量,观察作者创作时的用笔、用墨及其笔法。第二是通过线条点画组合形成的汉字结构,感受艺术造型所蕴含的意趣和哲理。第三是关注布白艺术,包括结字、行气、章法。第四是体悟神采,即书法的精神气质、格调风韵。神采是作者精神境界的忠实记录,与作者的情感、性格、修养密切相关。如宗白华先生所言,中国的书法,是节奏化了的自然,表达着深一层地对生命形象的构思,成为反映生命的艺术。不像其他民族的文学,停留在作为符号的阶段,而是走上艺术美的方向,成为表达民族美感的工具。中国书法艺术在形式美中蕴藏着意蕴美,体现了博大精深的民族传统美学思想,并反映了书法家的精神气质和美学追求。优秀的书法作品必须形美神足,形神兼备。欣赏者就是要领会体势,捕捉神采。

(二)揣摩作者融入书法的禀性气质

一幅作品不仅体现了作者的爱好,还可能揭示其性格及书写时的情绪。例如,毛主席的作品。当我们阅读主席的诗词时,总能感受到他豪迈奔放、气吞山河的气势;而在欣赏主席的草书作品时,我们又能体会到"一座城中百万兵"的胸怀,这并非那种"势在外而内已空"的体现。这说明主席的处世风格建立在坚实的基础之上,从而体现出独特的豪迈风格。

(三)欣赏者应提高自身艺术修养

同一件书法作品也会由于欣赏者的素养不同可能会得出不同的结论。书法本身可以说是"既单纯又复杂",它单纯到仅以黑白两色的变化来征服欣赏者;但其本身又是一个多维结构。要深入理解一件作品,有赖于多方面的知识结构。应该从广泛的社会知识、人生的各种角度和层次。书法也如其他艺术一样,是人类社会生活的产物,它涉及政治、经济、文化等领域,并与哲学、宗教、历史、道德等意识形态有着密切联系。其间错综复杂,变幻莫测。此外,书法还与其他学科也有着不可分割的关系,如文字学、鉴定学、心理学、生理学、民俗学、历史、美学及音乐绘画等。它还与其他艺术门类互相交融、借鉴。因此,对书法的鉴赏,你的知识越丰富、阅历越广博、对作品的认识理解就越深刻,评价和结论也就越中肯准确。

(四)了解书法历史,多看多思

书法也与其他艺术门类一样,如果不了解书法的基本规律和发展历程,就无法给予准确的评价和欣赏。中国书法的发展历经三千多年的历史,自公元前11世纪起便产生了书法艺术,甲骨文就是先用毛笔书写然后镌刻的,有的刻后还用毛笔填朱或填墨。在漫长的岁月中,汉字经历了甲骨、篆、行、草、楷等发展阶段,出现了众多流派和书法家。王羲之、颜真卿、怀素等伟大的书法家,流传下数以万计的宝贵遗产,可谓异彩纷呈。尽管我们无法一一实践,但对于书法发展的基本概况、各个时期的代表性书家以及当前书法发展的状况和流派,我们应该有所了解。对各种书体的特点、规律有一定的认识。学习研究一两种书体,通过学习、研究、分析、比较等方式掌握书法的基本规律,提高对书法美的感受能力。看得多，融会得多，研究得深，眼界就提高得快，对欣赏和评价就越有发言权。否则，书法欣赏就无从谈起。一个不辨欧、颜、柳、赵，不知苏、黄、米、蔡的人是难以进行书法欣赏的。

四、王羲之书法艺术作品鉴赏

王羲之《兰亭集序》欣赏

　　王羲之是东晋伟大的书法家，他一改汉魏质朴的书风，开创了后世妍美劲健的新风格，并为楷书、行书、草书树立了典范。他的行书字帖《兰亭序》作为其代表作，被书法界誉为"天下第一行书"，千百年来倾倒了无数习书者，因此王羲之也被后人尊称为"书圣"。行书《兰亭序》如行云流水般潇洒飘逸，骨骼清秀，点画遒美，疏密相间，布白巧妙，在尺幅之内蕴含着极丰裕的艺术美。无论横、竖、点、撇、钩、折、捺，真可说是极尽用笔使锋之妙。《兰亭序》凡三百二十四字，每一字都姿态殊异，圆转自如。王羲之的出神入化不仅表现在异字异构上，而且更突出地表现在重字的别构上。例如，《兰亭序》中的二十个"之"字，各有不同的体态及美感，无一雷同，宋代米芾在题《兰亭集序》中便说："廿八行，三百字，'之'字最多无一拟"。重字尚有"事""为""以""所""欣""仰""其""畅""不""今""揽""怀""兴""后"等，都别出心裁，自成妙构。

王羲之书法截图

　　唐太宗李世民对《兰亭序》十分珍爱，赞叹它"点曳之工，裁成之妙"。唐太宗亲为王羲之作传云："详察古今，研精篆素，尽善尽美，其惟王逸少乎！观其点曳之工，裁成之妙，烟霏露结，状若断而还连，凤翥龙蟠，势如斜而反直，玩之不觉为倦，览之莫识其端。心摹手追，此人而已。其余区区之类，何足论哉。"而且，唐太宗倡导王羲之的书风，他亲自为《晋书》撰《王羲之传》，搜集、临摹、欣赏王羲之的真迹，《兰亭序》摹制多本，赐给群臣。在中国书法史上，帝王以九五万乘之尊而力倡一人之书者，仅此而已。宋代姜夔酷爱《兰亭序》，日日研习，常将所悟所得跋其上。有一跋云："廿余年习《兰亭》皆无入处，今夕灯下观之，颇有所悟。"历时二十多年才稍知入门，可见释读之难。一千六百多年来，无数书法家孜孜不倦地释读过，何尝不想深入羲之的堂奥，但最终只能得其一体。因此，《兰亭序》可以说是杰出书法智慧所营造的迷宫。在唐太宗之前，王羲之的书法就已为人称道。萧衍（梁）《古今书人评优劣评》中提到："王羲之书字势雄逸，如龙跳天门，虎卧凤阙，故历代宝之，永以为训。"董其昌在《画禅室随笔》中写道："右军《兰亭叙》，章法为古今第一，其字皆映带而生，或小或大，随手所如，皆入法则，所以为神品也。"解缙在《春雨杂述》中亦赞曰："右军之叙兰亭，字既尽美，尤善布置，所谓增一分太长，亏一分太短。"

　　由此可见，王羲之得享天下盛名，与唐太宗的推崇备至不无关系。

拓展链接

书法的五大系列介绍

书法主要分为五大系:篆、隶、楷、行、草。每种字体根据时代的文化背景以及个人的文化修养、思想内涵又呈现出各自不同的书法风格,所以书法的特点因时与人之变而异,不可笼统论定。如初唐四家:欧阳询、虞世南、褚遂良、李邕均以楷书著称,却各具风格;宋四家:苏、黄、米、蔡虽皆以行书盖世,却各不相同。以下简单概括有代表性的书体:

一、篆书

先有大篆后有小篆,笔法细劲挺直笔画无顿挫轻重。公元前221年秦始皇统一中国,废除六国异体由丞相李斯整理,简化,统一字体,后人称之为"小篆",字体略长而整齐笔画圆匀秀美。

二、隶书

隶书结体扁平、工整、精巧。到东汉时,撇、捺等点画美化为向上挑起,轻重顿挫富有变化,增强了书法造型艺术的美观,风格也趋多样化,艺术欣赏的价值大大提高。

三、楷书

楷书又称"正书""真书"。从隶书逐渐演变而来,更趋简化,字形由扁改方,笔画中简省了汉隶的波势,横平竖直,特点在于规矩整齐所以称为楷法,是因为此书法可以作为"楷模"通行的书体,一直沿用至今。

四、行书

行书是楷书的快写体。相传始于汉末,它不及楷书那样工整,也不像草书那样潦草。行书中带有楷书笔法或接近于楷书的叫作"行楷",带有草书笔法或接近于草书的叫"行草"。

五、草书

草书是按一定规律将字的点画连字,结构简省,偏旁假借,并不是随心所欲地乱写。草书的特点是艺术欣赏价值大于实用价值,通常分章草和今草二种。章草是隶书简易快写书的书体,字字独立不连写,今草是楷书的快速写法,点画飞动,上下之间笔画痕迹往往牵连。

审美实践

怀素及作品鉴赏

怀素(737—799年),唐代杰出书法家,被誉为"草圣"。其草书被称为"狂草",用笔圆劲有力,使转如环,奔放流畅,一气呵成,和张旭齐名,有"张颠素狂"或"颠张醉素"之称,对后世影响极为深远。请查找历代书法家对他的高度评价,写在下面;并对其作品《小草千字文》或《自序帖》进行简要鉴赏,上传学习通。

互动空间·自我评价

第二节 绘画艺术的鉴赏

案例导入

　　大学生张志强虽然主修理工科,但自幼就对艺术抱有浓厚的兴趣。在众多艺术门类中,他觉得绘画是最让他感到困惑的一环,尤其是西方的印象派作品和抽象派绘画,更让他找不着北,不知美感在哪,如何理解。

　　【案例解析】 首先,张志强遇到的问题是一个普遍现象,并不意味着绘画艺术越来越违背大众或远离大众。的确,绘画的欣赏者须具有一定的审美水平,但此审美水平并非意指文化水平,而是要求对绘画理论、技巧,诸如绘画艺术的审美特征有所知晓。然而,在当前我国的教育体系中,尽管提倡素质教育,但在中小学阶段,主课(语文、数学、英语)常常占据了艺术、音乐等副课的时间,导致当代中国的美盲要比文盲多,解决这一问题的办法是提高学生对绘画艺术的认知水平,并最好有一些绘画实践。印象派和抽象派强调外观和色彩的运用,对于当代艺术而言,是对古典油画的一种颠覆。

　　绘画是在二维平面上创造三维空间的艺术,可以称为视觉空间的艺术。它通过明暗对比和形象结构来表现物体的凹凸,从而营造出立体幻象,令观者感到物象是立体的。并通过物象大小、遮挡关系、透视变化和色彩变化、虚实等手法,造成深远的空间效果。不同的绘画种类由于使用的工具材料和技术的不同,形成各画种独特的艺术趣味,也展现画家驾驭艺术语言的功力之美。例如,中国写意画,是利用宣纸吸水的敏感性和渗印墨色的艺术效果,讲究线条要有力透纸背的力度美,用墨具有变化和厚重感,笔墨构成气韵生动。西方油画,讲究色彩要有浑厚、凝重和丰富、和谐的美感。版画讲究"刀味""木味"等和印制的美感。水彩画讲究水、色彩和笔法形成的明快、清丽、水分丰润的艺术美。

一、绘画艺术的内涵

　　绘画是运用线条、形体、色彩、明暗、笔触等造型语言在二维平面上塑造艺术形象,以表达人的思想感情的艺术。绘画区别于雕塑、建筑等其他造型艺术的特征是其实体的平面性,即画家是在平面材料(如画布、画纸、墙面等)上进行描绘。通过描绘,画家创造了一个视觉空间,即画面上的形象构成了与现实生活有一定联系但却是视觉上的,也即虚幻的空间。由于画家表现的内容和艺术风格不尽相同,绘画作品呈现出的空间面貌也各具特点。

　　绘画的种类很多,分类方式多样。根据绘画所使用的工具材料分类,可分为素描、油画、水彩画、水粉画、水墨画、版画、壁画等;根据绘画所表现的内容或对象分类,可分为历史画、风俗画、肖像画、风景画(山水画)、花鸟画、静物画等;还可以按照国家或民族的文化传统分类,例如中国画、日本画等。

二、绘画艺术的审美特征

(一)平面艺术带给人的立体感受,二维创造三维

尽管绘画是在平面上,如宣纸上、帛上、麻布上等进行创作,但艺术家利用光影、比例、色彩的变换,块面的结构,透视法等手法创造出立体的感受和纵深的幻觉,故苏珊·朗格称其基本意象为"虚幻的景致"。空间意识尤其重要,它能够创造出不同风格的绘画。西方古典绘画采用的是"焦点透视",而中国古典绘画则采用的是"散点透视",印象派采用的是"空气透视"。这个空间是为了观赏者的审美视角而设计的,与现实世界分离,是一个人为创造的完整世界。雕塑是空间的凝聚,建筑是空间的扩张,绘画却是分离的空间。画框具有重要意义,强调了内空间与外空间的区隔。绘画中具体的图像是艺术家想象和创作的支点(或起点),看见的像不仅是空间的形象,更是空间的生成。此外,色彩和线条本身的美也只有在这种虚幻的三维空间中才能充分展示。

(二)长于描绘是中西画派的共同特征

长于描绘是传统绘画的艺术特点之一。再现性绘画的精确描绘能达到乱真的程度。虽然随着不重形似的中国写意画和西方现代绘画的兴起,精确描绘的重要性有所下降,但在商品广告和工业设计、建筑设计的效果图中仍然体现着绘画这一特点。与再现性绘画相反,表现性绘画则是着眼于表现主观世界。不仅表现主观心态、思想哲理,还可以描绘幻想、梦境,有些表现性绘画弱化甚至排除描绘的技术性,但必须有感人的艺术魅力。这种艺术魅力体现在形式的独创性,手法的新颖性,以及造型给人视觉冲击的强烈性和形式美感。

(三)色彩、线条、构图是绘画艺术的语言

克莱夫·贝尔在《艺术》中表示,在各个不同的作品中,线条、色彩以某种特殊方式组成某种形式或形式间的关系,激起我们的审美感性。

1.色彩

色彩是最具表现力的形式元素之一,画面的色调对内容的传达起到重要作用。例如,《开国大典》的色彩富丽明快,《白夜光》的色调暗绿、深静,都与各自的表现内容相统一。明暗的分布与明亮度的高低,影响观者对作品的情绪反映和心境。低调阴暗的作品通常营造出严肃、忧郁甚至阴森冷酷的氛围;高调明亮的作品往往带来快乐、满足、喜悦的感觉。中国绘画以墨色为主,在画面上,浓墨表现出厚重沉着,淡墨表达轻盈含蓄,浓淡相宜的效果使得作品层次丰富而气势酣畅。西方绘画在复杂的设色之中,表现出物体具体而细微的真实,对光的运用、色的运用和对色度、色性的把握极其严格。画家不但必

须准确表现出物体固有的色彩和所处的特定光线,还要准确地处理好物体与周边环境背景的色彩与光线关系。

2.线条

线条可以是笔直的,也可以是弯曲的。在绘画作品中可以看到这两种基本线条的诸种变形。水平线意味着放松、平静与休止。垂直线代表静态张力、准备就绪、抵抗力和支撑。对角线意味着动作、活力与不平衡。

3.构图

构图是绘画的基础,是对色彩、线条进行组织,使之构成一幅完美的画。也是能否表达作者构思和给人以形式美感之所在。从欣赏的角度来讲,应注意把握绘画构图的以下几方面:①宾主关系明确,位置安排得当。例如油画《开国大典》,毛泽东站立于人群前面,居主要地位,身着深色服装,在明亮天空的衬托下显得格外突出,并在灯穗的飘向、栏杆透视线的引向和其他人物精神意向的作用下,使观众一眼便注意到这一伟大人物并看出所表现的伟大事件。②构图结构形式与内容相统一。作品的画幅尺寸和艺术语言的结构形式应服务于内容的表达。例如日本画《白夜光》表现的是开阔而宁静的意境,利用长方形画幅和水平线给人以平静舒展的心理作用,将树木沿着条状带的结构形式进行组合,弱化个体树木的显明性,强化水平线给人的宁静感。中国画《太行丰碑》,画家用竖幅构图,将山按方形结构组合,并运用强烈的黑白对比构成一种坚实、敦厚、沉重的宏大气势,契合了太行山作为抗日历史纪念碑的主题。

三、绘画艺术的鉴赏方法

王希孟
《千里江山图》欣赏

(一)以理解的态度把握作品的时代背景和内容

不论哪种流派或风格,不论你第一眼是否喜欢,在欣赏之前首先要确立一种理解的态度。所谓理解,就是设法了解作品产生的原因和背景、作者想要表达的内容以及作品结构与形式的特点等。只有真正理解了这些,并与作者的作品在情感上产生了共鸣,欣赏者才能作出较为客观公正的判断和批评。欣赏和批评时切忌带有先入为主的偏见。有人常常不研究作品,不了解艺术家的意图,对自己不喜欢的东西妄加"批评",这样的做法难以提升其欣赏能力。历史不仅留给我们绘画作品,还在其中蕴含了人类的文化精神和理想启示。那些创造了优秀绘画作品的艺术家早已远去,当我们今天面对这些绘画作品时,实际上是在面对历史和艺术家思想感情的"化石"。对于作品,尤其是古代绘画遗产,通常需要将其放在诞生的时代背景下加以品评,并与前代、同代或后代的绘画加以比较,才能准确找到它在绘画发展史上的位置,理解这幅作品所具有的艺术美的真谛。

(二)尊重自我感受,发挥直觉和联想

欣赏绘画是一种"见仁见智"、没有固定模式的创造性活动。由于欣赏主体的年龄、经历、修养和兴趣各不相同,即使是观看同一幅画,每个人的感受也会有所不同,这是正

常的。欣赏绘画的动机在于人们希望通过艺术来理解和体会历史文化,同时也更好地理解自身。艺术品一旦从艺术家笔下诞生,就成了新的现实,每个人都可以从自己的角度去欣赏它,它赋予每个人的感受也不同。因此,在掌握了一定的绘画知识和欣赏技巧后,应充分尊重自己对绘画作品的直觉,在画作面前自由驰骋自己的联想与想象。联想是绘画欣赏中的一种高级思维过程,是欣赏者将自己的经历、知识与作品所传达的内涵相联系,从而认识和理解作品的过程。清代恽正叔在《南田论画》中提到:"春山如笑,夏山如怒,秋山如妆,冬山如睡,四山之意,山不能言,人以言之。秋令人悲、又令人思,写秋者必得可悲可思之意,而后能为之。"其意乃绘画艺术形象是在主客体相互作用下产生的,山之形被赋予人之情,乃绘画的真意象也。在欣赏过程中,从视知觉到心理联想,不仅依赖于一定的文化修养,还需要摆脱陈规与公式的束缚,开阔视野。联想和想象是情感的双翼,借助它们,欣赏层次得以不断深化,达到心旷神怡的最佳审美境界。

(三)多看,多想,多实践

唯有通过多看、多想、多实践,才能逐渐对一般的艺术规律有基本的认识,有了这些认识有助于我们在今后的美术鉴赏中更好地感受和理解每一件具体的艺术作品。广泛接触我国优秀的传统文化艺术及世界各国各民族的文化艺术遗产,了解必要的地域文化和历史知识,熟悉各类艺术规律及其独特的艺术语言,为提高审美和美术鉴赏能力奠定坚实的基础。显然,如果不知道红军长征的故事,就很难理解潘鹤的著名雕塑《艰苦岁月》;如果不了解西班牙内战和纳粹德国对格尔尼卡的轰炸,也难以读懂毕加索最著名的反法西斯大型壁画《格尔尼卡》。毕加索看到格尔尼卡遭到法西斯轰炸后,决定创作这幅画,并说:"当我描绘那幅将被称为《格尔尼卡》的画时,我清楚地表明了对那些把西班牙沉浸在痛苦与死亡的海洋中的好战集团的厌恶和鄙视。"以此揭露法西斯的罪行。由此可见,每一件优秀艺术作品的产生都不是孤立存在的,而是与历史、社会、文化乃至艺术家本人的经历、个性、艺术天赋等方面紧密相连的。仍以《格尔尼卡》为例,即使了解了画家创作的社会历史背景,但如果对毕加索的立体派画风一无所知,仍然无法完全欣赏该作品。因此,为了提高美术作品鉴赏能力,大学生不仅要多接触作品本身,还需了解不同艺术样式和流派的风格特点,同时具备相当的历史文化修养,才能成为真正有水平的鉴赏者。

四、绘画艺术作品鉴赏

(一)《清明上河图》

《清明上河图》是一幅具有重要历史价值的风俗长卷。该画长525厘米,宽25.5厘米,描绘了众多人物、牲畜、房舍、轿子、舟船以及树木。作者张择端(公元12世纪),山东诸城人,是北宋末期的职业画家,曾在画院任职,擅长描绘人物、楼阁和舟车等场景。这幅长卷采用了散点透视的构图方法,将繁杂的景物统一在一幅富于变化的画面中。画中的人物衣着各异,神情不同,其间穿插着各种活动,注重戏剧性效果。构图疏密有致,节奏感和韵律变化丰富,笔墨章法精妙。画作以精致的工笔记录了北宋末年徽宗时代首都汴京郊区和城内汴河两岸的建筑和民生,描绘了清明时节北宋汴梁以及汴河两岸的繁华景象和自然风光。

清明上河图

图中所绘城郭市桥屋庐之远近高下,草树马牛驴驼之大小出没,以及居者行者,舟车之往还先后,皆曲尽其意态而莫可数记,全幅场面浩大,内容极为丰富。

(二)《蒙娜丽莎》

《蒙娜丽莎》是一幅享有盛誉的肖像画杰作,代表了达·芬奇的最高艺术成就。这幅画成功地塑造了一位城市有产阶级妇女的形象,反映了资本主义上升时期的社会风貌。画中人物坐姿优雅,笑容微妙,背景山水幽深茫茫,充分展示了画家独特的烟雾状"空气透视"技法。达·芬奇力图将丰富的内心情感与美丽的外形达到巧妙的结合,特别是在眼角、唇边等表露感情的关键部位上,他精确而含蓄地捕捉到了这种辩证关系,赋予了蒙娜丽莎的微笑一种神秘莫测的千古奇韵,那如梦似的妖媚微笑,被不少美术史家称为"神秘的微笑"。此外,蒙娜丽莎的手部描绘得柔嫩、精确、丰满,不仅展示了她的温柔及身份和阶级地位,彰显了达·芬奇精湛的技艺和敏锐的自然观察力。

《蒙娜丽莎》

在人文主义思想的影响下,达·芬奇注重表现人的情感。在构图上,达·芬奇摈弃了以往画肖像画时采用侧面半身或胸部截断的习惯,采用了正面胸像构图,并略微提升了透视点,使整体构图呈现出金字塔形状,使蒙娜·丽莎显得更加端庄稳重。她的微笑历经岁月仍令人捉摸不定,她洞察一切又包容一切的眼神,端庄沉稳的姿态,高贵且朴素的装束,以及无懈可击的构图都让人赞叹不已。唯有列奥纳多·达·芬奇凭借其近乎神般的智慧,整合了众多美的元素,创造出这一完美的形象。因此,美、智慧与永恒在这幅作品中达到了极致的和谐统一,难以被超越。蒙娜丽莎激发了人们无限的美好遐想,同时也带来了沉重的思想负担。一方面,人们渴望在她的庇护下获得滋养;另一方面,又希望能走出她的阴影,呼吸自由的空气。多少年来,无数热爱绘画的人因这种矛盾而感到困扰。

拓展链接

中西绘画艺术的异同

中西方绘画自成体系,具有显著的区别。在长期发展过程中,由于工具材料的不同以及政治、宗教、哲学和审美趣味等因素的影响,传统的中国画和传统的西洋画有各自特点,形成了两大体系。

第一是表现手法上的区别。一是主要造型手段的区别。中国画以线描作为造型的主要手段,扬弃对象的光影明暗,注重形象的神韵。西方油画以明暗、色彩为主要造型手段,重视形体光影描绘,注重表现立体空间感的真实效果。中国画用色讲究概括性和装饰性,水墨画以墨色的浓淡变化,描绘对象的色彩关系。西洋画重视客观对象色彩的精确再现,以色彩的丰富变化为特点。二是空间处理方法的区别。中国画不是定点写生,而是将不同时间、不同角度观察对象获得的形象特点,有机地组合在一起,着重表现审美感受的真实。中国画往往不画满背景,利用空白造成虚实相生的艺术效果。西方油画是定点写生,按透视法描绘特定视域内的景物,全方位地描绘所见对象的形体、色彩、光线等,力求真实再现客观对象。

第二是文化上的原因。西方艺术的源头是古埃及和古希腊,古埃及的一神论以及木乃伊制作的讲究都为后来以人为主的艺术奠定了基础,而在古希腊中有一句非常著名的话"健全的思想寓于健康的体魄之中",这些就构成了西方艺术以人为主的文化倾向;而由于中国文化的早熟,使得艺术很快就从以人为主的儒家思潮转向了讲究"天人合一"的老庄,这为后来的艺术题材从人物转向花鸟和山水奠定了基础。

第三是地理的原因。古埃及天气炎热,人们常常赤膊;古希腊气候温和,人们喜欢外出,展示自己的身体;而中国由于受到传统文化的束缚,赤膊的情况大多局限于室内。

第四是物质工具的原因。西方绘画早在早期就使用与中国不同的笔,西方用的是硬质画笔,我们一直用软质毛笔。更加重要的是,中国书法的早熟及其地位的上升,使得艺术与笔墨紧密联系。掌握中国笔墨技法需要长期训练,其表现力和修改难度与西方工具有别。

第五是历史与社会角色的原因。中国的绘画早在文人参与时便登上大雅之堂。正因如此,中国的艺术逐渐脱离了写实,其目的发生了变化,不再是为展现,而是为了抒情。相比之下,西方的艺术家直到19世纪才获得如今意义上的独立地位,之前他们主要为他人绘制肖像,因此西方的艺术一直侧重于写实,并且主要是人物画。

审美实践

东晋顾恺之《洛神赋图》鉴赏

在网上查找顾恺之《洛神赋图》并进行审美鉴赏,写在下面并在班级群里进行分享。

在线检测

练一练,更优秀

互动空间·自我评价

专题十一
舞动韵律之魅：音乐与舞蹈

知识目标：

• 了解音乐、舞蹈艺术的内涵及审美特性。
• 理解音乐、舞蹈艺术经典作品的欣赏要旨。

能力目标：

• 掌握音乐、舞蹈艺术的鉴赏方法，并能运用其欣赏要旨去鉴赏作品，提升艺术审美能力。

素质目标：

• 引导学生鉴赏音乐、舞蹈艺术的经典作品，温润心灵，陶冶情操，提升审美素养，提升生活品位。

要点一览

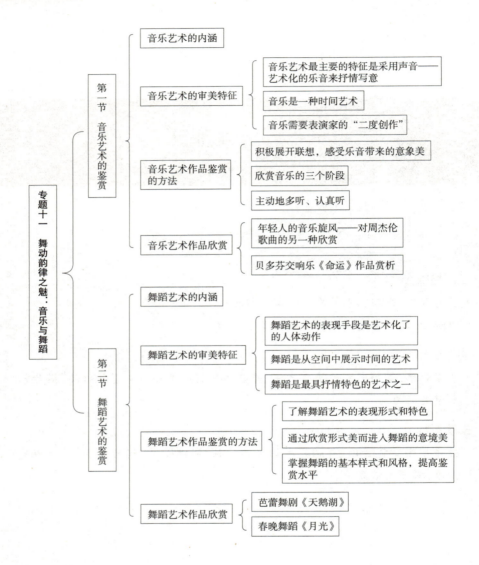

专题十一　舞动韵律之魅：音乐与舞蹈

- 第一节　音乐艺术的鉴赏
  - 音乐艺术的内涵
  - 音乐艺术的审美特征
    - 音乐艺术最主要的特征是采用声音——艺术化的乐音来抒情写意
    - 音乐是一种时间艺术
    - 音乐需要表演家的"二度创作"
  - 音乐艺术作品鉴赏的方法
    - 积极展开联想，感受乐音带来的意象美
    - 欣赏音乐的三个阶段
    - 主动地多听、认真听
  - 音乐艺术作品欣赏
    - 年轻人的音乐旋风——对周杰伦歌曲的另一种欣赏
    - 贝多芬交响乐《命运》作品赏析
- 第二节　舞蹈艺术的鉴赏
  - 舞蹈艺术的内涵
  - 舞蹈艺术的审美特征
    - 舞蹈艺术的表现手段是艺术化了的人体动作
    - 舞蹈是从空间中展示时间的艺术
    - 舞蹈是最具抒情特色的艺术之一
  - 舞蹈艺术作品鉴赏的方法
    - 了解舞蹈艺术的表现形式和特色
    - 通过欣赏形式美而进入舞蹈的意境美
    - 掌握舞蹈的基本样式和风格，提高鉴赏水平
  - 舞蹈艺术作品欣赏
    - 芭蕾舞剧《天鹅湖》
    - 春晚舞蹈《月光》

内容导航

　　表演艺术是由表演艺术家完成的，直接诉诸人的视觉、听觉的艺术形式，涵盖了如音乐、舞蹈、曲艺等多种需要通过表演来实现的艺术种类。其美学特征在于演员将脚本中的间接形象转化为直观的形象，使人在欣赏演员绘形绘声绘色的表演中，仿佛身临其境、亲闻其声、亲见其形，从而理解作品形象所反映的社会生活及思想内容，并产生情感交流与共鸣，获得审美享受。表演艺术通过表演者表演后，具有再创造性特征。本专题重点就表演艺术中最富有代表性的音乐和舞蹈进行审美鉴赏。

第一节　音乐艺术的鉴赏

案例导入

　　在中学音乐课上,有学生问老师:"贝多芬的《英雄交响曲》据说是为他崇拜的拿破仑而创作的,但我们为什么体会不到这种崇拜呢?"老师反问道:"那么你们觉得这首曲子给你们带来了什么样的感受?"学生们讨论后回答:"高尚而悲壮。"老师点头称是。

　　【案例解析】　学生对贝多芬的这首《英雄交响曲》的感受是真切的,我们通过音乐能感受到悲壮和高亢的情绪,感受到英雄气吞山河的气概,但具体表达这种感受可能比较困难。这是因为音乐艺术不像文学或戏剧那样可以直接表述概念或叙述情节。音乐具有不确定性和非语义性,无法直接描绘事物,而是通过节奏、旋律和和声等元素间接地营造氛围和意境,尤其是表现人物情感的变化。

　　音乐是作曲家精心谱写的创作,经由表演家精湛演绎而呈现给听众的。实际上,被听众所体验到的音乐是一个特定的音响过程,这个过程中融合了多种要素,承载着一定的生活内容和思想感情。欣赏活跃、流动、组织有序的音响过程本身是轻松愉悦的。当心情烦躁不安时,可以听一首舒缓的歌曲;在感到忧伤无语时,则可以选择一首充满动感与活力的歌。每个人都可以成为音乐的欣赏家。换句话说,美的东西,美的音乐,人人都能够欣赏。

一、音乐艺术的内涵

　　音乐是通过有组织的声音创造审美意象的艺术。音乐的艺术材料包括音色、音调和音强。艺术语言则涵盖节奏、调式、和声和旋律等。音乐是一种流动的声音的艺术,不同于文学、美术或雕塑,音乐艺术需要音乐表演这一中间环节连接作曲家与听众。因此,音乐表演被视为音乐存在的活化机制,使整个音乐活动处于激活状态。作为二度创作,音乐表演赋予音响动态结构以新的生命力,即充满了丰富情态意味的音乐运动。同时,音乐与舞蹈一样,拥有强大的情感表达能力,不仅能够表现人类细微复杂的情感情绪,还能触及心灵深处,激发和释放人的激情。"音乐是心情的艺术,它直接针对着心情"。

二、音乐艺术的审美特征

(一)音乐艺术最主要的特征是采用声音——艺术化的乐音来抒情写意

　　构成音乐的艺术材料——乐音,在未组成音乐之前,它只是一种没有任何意义的单纯音响。它不像语言、文字那样本身就具有某种语义和概念。今天,当我们听《英雄交响曲》时,所体验到的是那种高尚而悲壮,并没有联想到此曲曾是表现拿破仑的。由此可见,光凭音乐本身是不能像文学、戏剧那样明确地表现出某个概念或某种情节的。不同的乐器演奏不同的乐音,可以表达不同的情感诉求。例如,小提琴协奏曲《梁山伯与祝英台》,通过富有戏剧性的奏鸣曲式结构,表现了原作的基本情节。在轻柔、抒情的背景式序奏之后,独奏的小提琴奏出纯朴美丽的爱情主题;接着在小提琴与大提琴对答时,我们不由得会联想到梁山伯与祝英台在草桥结拜时的情景;而在听到铜管乐奏出凶暴、象征着封建势力的主题以及小提琴奏出不安痛苦且带着强烈切分节奏的和弦时,我们又会想到逼婚与抗婚的故事情节;最后,长笛和竖琴将我们带入充满诗情画意和幻想色彩的情境之中,小提琴重新奏出了爱情主题,描绘出梁山伯与祝英台死后双双化蝶、翩翩起舞的意境。假如我们事先不知道乐曲的标题,对具体情节也一无所知,谁能保证当优美深情的主题出现时,联想到的是表现爱情这一抽象概念呢?即使我们感到了乐曲在展开过程中梁山伯与祝英台楼台相会时那种如诉如泣、依依不舍的情绪,谁又能保证想到的一定是梁山伯与祝英台而不是其他人呢?

(二)音乐是一种时间艺术

音乐艺术的展现要在一定的时间过程中完成,是在时间中展开生成的审美意象,由乐音的运动形式构成。虽然乐谱随生随灭,但基本的审美意象是"虚幻的时间"。音乐成为时间,可听可感,从现实世界中分离出来。它不仅仅是一种非时日的时间,更是一种情感的时间,在时间的运动中呈现出情感的过程与变化。通过存在于时间中的生命律动创造出审美的意象。音乐是时间艺术,它所有的表现手段都是在时间中展开的。现代科学技术的发展,尤其是立体声音乐的出现,使得音乐表现的不仅仅是乐音的线条运动,而是一种艺术的空间。音乐是在时间中运动展开的,无论多长的音乐,从时间的意义来讲,乐音的运动是有限的,但在感知的空间感上是无限的。多声道立体声音通过立体声效果的配器方法、电子合成音色元素以及立体声录音技术等手段,使我们感受到除音乐本身的表现功能外,还有一种运动着的体积感。尽管我们看不见也摸不着这种体积的大小及形状,可是我们感觉到了,它是无限的。在这样一个艺术空间中,我们不仅能感受到音乐在时间中的运动形式所体现的一种美,更能感受到周围存在着一个音乐的世界。

(三)音乐需要表演家的"二度创作"

将用符号记载的音乐转化为实际音响的过程,需要通过演唱或演奏来实现,这一过程被称为"二度创作"。二度创作可以无数次地进行,而每次唱、奏,无论对于谱面的原作来讲,还是对于前次的表演来说,都不是"复述"或"重播",而是对作品的一种再创造。这种再创造是积极主动的,包含着演奏、演唱者对作品的再理解、对作者艺术表现意图的再领会以及技术和艺术上的再处理和发挥。因此,音乐表演被视为"对作品的解释"和"对作品的表现",优秀的演唱者和演奏者也因此被称为"表演艺术家"。正是由于不断的二度创作，音乐艺术才能持续注入新的智慧、才华和创造力，从而保持其永不凋谢的生命力。音乐艺术之所以如此鲜活，正是因为它在不断地再创造和丰富中流传和发展。

三、音乐艺术作品鉴赏的方法

（一）积极展开联想，感受乐音带来的意象美

作曲家试图通过直接或间接地模拟自然界中音响、象征手法及类比等描绘性音乐手段，并借助欣赏者的想象和联想，间接感受到某些客体形象，产生一种类似于视觉艺术的美感。例如，民间乐曲《百鸟朝凤》通过对各种鸟鸣声的模仿，描绘出一幅色彩斑斓、生机勃勃的晨景；钢琴独奏《牧童短笛》犹如一幅淡淡的水墨画，让人联想到牧童悠然自得的情境。

这种视觉与听觉之间的类比联想，对于创作者而言，是将客观事物的颜色、形状和线条转化为声音，即将视觉形象转化为听觉形象；而对欣赏者来说，则是将听到的音乐音响重新转换为由颜色、形状和线条构成的视觉形象。尽管这种描绘性的音乐表现手法能唤起欣赏者对相关生活形象和意境的联想，但所感知的形象毕竟不同于实际看到的形象。因此，在欣赏这类音乐时，我们应像欣赏中国的写意画那样，追求的是神似而非形似。音乐的审美意蕴是非语义性的非造型性的，它不具有明确的概念思考，语言往往难以准确描述。音乐主要表现与情节相关的气氛和意境，尤其是人物情感的发展变化。

（二）欣赏音乐的三个阶段

通常欣赏音乐可以分为三个阶段：官能欣赏、感性欣赏和理性欣赏。官能欣赏是最基本的，主要是满足于悦耳动听的感受。有人认为这是浅层次的欣赏，但我们并不完全同意这一观点。要全面领略音乐作品的魅力并获得完美的艺术享受，最好进入感性和理性的欣赏阶段，这意味着需要了解以下知识：作者与作品的时代背景、民族特性、作者的创作个性、标题、音乐语言的表现功能、曲式与体裁等。因此，如果连基本的官能欣赏都无法实现，如何更深层次地欣赏呢？毕竟，大多数听众都是普通人，而不是专业的音乐人。举个简单的例子：有的人喜欢琵琶曲《彝族舞曲》，首先是被其悦耳的声音吸引，然后逐渐理解了曲子的意义，从而达到感性和理性的认识。然而，如果不喜欢《十面埋伏》，即使解释其创作背景和意义也无济于事，因为个人感觉嘈杂而不愿意聆听。所以，在欣赏音乐时，应该是一种轻松愉悦的体验，不应勉强自己。做到哪一步就停留在哪一步，不要被音乐牵着走，而是自然地融入其中。

（三）主动地多听、认真听

多听、静下心来仔细聆听，久而久之自然会有感悟，进而熟悉并逐渐理解音乐。首先，要注意抓住音乐的主题，细心感受它，同时充分发挥自己的艺术想象力，体味它所刻

画的、焕发的音乐形象；其次，熟悉一些音乐表现手段，特别是综合性的、总体的表现手法。进一步地，学习了解音乐家及其作品产生的时代、社会、文化等背景信息，这将有助于你更丰富、更准确地领会作品的内涵和特点。

四、音乐艺术作品欣赏

(一)年轻人的音乐旋风——对周杰伦歌曲的另一种欣赏

周杰伦创作的歌曲旋律优美，适合年轻人。他的嗓音也颇具特色，并且一直在进步。虽然不能说是登峰造极，但他愿意不断努力。此外，他的词风很有特色，除了浪漫的爱情外还有批判现实主义的作品，如《外婆》和《爸，我回来了》。而《四面楚歌》则是对狗仔队的讽刺。这些特点在当今的音乐人中显得尤为特别，因此非常符合年轻人叛逆的思想。同时，他个人的思想也融入歌曲中，《梯田》这首歌就表达了一些深刻的观点。他的歌曲不仅不空洞而且充满了灵魂。

(二)贝多芬交响乐《命运》作品赏析

贝多芬的C小调第五号交响曲《命运》，完成于1807年末至1808年初，是贝多芬最为著名的作品之一。交响乐是一种充满戏剧性的大型管弦乐套曲，不同历史时期的乐队规模各异。这首交响曲的声望之高，演出次数之多，堪称交响曲之冠。贝多芬在《命运》交响曲的第一乐章开头写下一句引人深思的警语："命运在敲门"，这句话也被广泛引用为本交响曲的主题标题。这个主题贯穿全曲，给人以一种无可言喻的感动与震撼。贝多芬在第三交响曲完成后便有了创作本曲的灵感，经过五年的推敲、酝酿才得以完成。这部作品体现了作者一生与命运抗争的精神，"我要扼住命运的咽喉，他不能使我完全屈服"，这是一首英雄意志战胜宿命论、光明战胜黑暗的壮丽凯歌。恩格斯曾盛赞这部作品为最杰出的音乐作品。整部作品精练、简洁，结构完整统一。

拓展链接

西洋乐器的认知　中国乐器的性格　为什么小泽征尔说人类应该跪听《二泉映月》

审美实践

家乡的民间音乐与乐器分享

　　你的家乡有什么民间音乐形式，有哪些民间乐器？请用文字和照片相结合的形式在班级群里进行分享和鉴赏。

_____

_____

_____

互动空间·自我评价

第二节　舞蹈艺术的鉴赏

即将参加艺考的高三男生程小逸一会儿沉醉于街舞，一会儿迷恋于西方的伦巴和恰恰，却对母亲扭秧歌似的傍晚群体自娱舞蹈不屑一顾，对舞会上的现代交谊舞也嗤之以鼻，认为档次不高。然而，他又不愿接受正规舞蹈学校的规范训练。高考在即，父母为之着急，但小逸却不以为意，认为自己天生舞材，一定能考上艺术高校。

【案例解析】　首先，艺术高考对舞蹈专业考生的要求虽然不如专业舞蹈团体招人那么严格，但小逸仍需根据高考要求训练基本功，凭借"天生舞材"的闪光点赢得考官的认可。其次，小逸作为一名男生，沉迷于街舞和伦巴、恰恰并不是坏事；前者注重随意发挥，娱乐自我，愉悦他人，后者讲究范式和技巧。但他轻视秧歌和交谊舞，认为它们没有档次是错误的。舞蹈是一种群体性审美活动，有助于增进友谊，促进人与人之间的和谐关系，起到社交润滑剂的作用。

舞蹈是人类文化史上最早产生的艺术形式之一。舞蹈的历史源远流长，是人类最古老的艺术之一。"昔葛天氏之乐，三人操牛尾，投足以歌八阙。"《吕氏春秋·仲夏纪·古乐》，这些史料从不同角度反映出舞蹈漫长悠久的历史。舞蹈以人的身体为表现工具，通过提炼、组织和艺术加工的人体动作为主要表现手段，表达人们的思想感情，反映社会生活。舞蹈起源于劳动，古老的舞蹈多模仿狩猎或欢庆丰收的场景。随着社会的发展，舞蹈逐渐转向以表达人的思想感情为主。它总是鲜明而形象地反映出人们不同的思想、信仰、理想和审美要求。既是一种供人欣赏和娱乐的艺术形式，也具有宣传教育的社会作用。

一、舞蹈艺术的内涵

舞蹈艺术是以经过提炼加工的人体动作作为主要表现手段，运用舞蹈语言、节奏、表情和构图等多种基本要素，塑造出具有直观性和动态性的舞蹈形象，表达人们的思想感情的一种艺术形式。它是以舞蹈动作为主要艺术表现手段，着重表现语言文字或其他艺术表现手段所难以表现的人们的内在深层的精神世界——细腻的情感、深刻的思想、鲜明的性格，以及人与自然、人与社会、人与人之间以及人自身内部的矛盾冲突。通过创造可被人感知的生动的舞蹈形象，来表达舞蹈作者（编导和演员）的审美情感、审美理想，反映生活的审美属性。此外，由于人体动作不停顿地流动变化的特点，它必须在一定的空间（舞台或广场）和一定的时间中存在；而在舞蹈活动中，通常需要音乐的伴奏，穿着特定的服装，有些舞蹈还需要手持各种道具，如果是在舞台上表演，灯光和布景也是不可或缺的。因此,也可以说舞蹈是一种空间性、时间性和综合性的动态造型艺术。艺术,是由各个不同的艺术品种所组成的。作为艺术之一的舞蹈,同样是一个非常广阔的天地,它由各种不同种类、样式、风格的舞蹈组成。研究舞蹈的种类有助于更深入地了解舞蹈艺术的特性、发展规律,并熟悉和掌握其反映和表现社会生活的各种样式和方法。

根据舞蹈的作用和目的,舞蹈可分为生活舞蹈和艺术舞蹈两大类。生活舞蹈是人们为了自己的生活需要而进行的舞蹈活动;艺术舞蹈则是为了表演给观众欣赏的舞蹈。生活舞蹈包括习俗舞蹈、宗教祭祀舞蹈、社交舞蹈、自娱舞蹈、体育舞蹈、教育舞蹈等。

二、舞蹈艺术的审美特征

(一)舞蹈艺术的表现手段是艺术化了的人体动作

舞蹈以人体的躯干和四肢为工具,通过头、眼、颈、手、腕、肘、臂、肩、身、胯、膝、足等部位的协调活动,构成具有节奏感的舞蹈动作、姿态和造型,直接表达人的内心活动,反映社会生活。而表演性的舞蹈艺术则以舞蹈动作、舞蹈动作组合、造型、手势、表情、构图、哑剧等表现手段,塑造典型化的舞蹈形象,表达人物的思想感情,体现完整的内容美和形式美。舞蹈动作不是对生活中自然形态的模拟,而是遵循舞蹈艺术的规律进行提炼、加工和美化的舞蹈语言的基本单元。由舞蹈动作组成的舞蹈组合——舞蹈语言在人们的眼前瞬间即逝,如果不能给观众留下印象,就不可能发挥舞蹈艺术的魅力和功能。舞蹈的造型性就是让舞蹈动作在连续流动的过程中给人以明晰的美的感受,并且在片刻的停顿和静止时呈现出舞蹈内在的含义和韵味。

(二)舞蹈是从空间中展示时间的艺术

有形的音乐,流动的雕塑,是从空间中展示时间的艺术。运动中生姿,静止中造型。本身便有音乐感,律动美,音乐的配合丰富了有形的意象。舞蹈在一定的空间(舞台或广场)和时间内,通过连续的人体动作过程、凝练的姿态表情和不断流动变化的队形画面,结合音乐、舞台美术(服装、布景、灯光、道具)等艺术手段来塑造舞蹈的艺术形象。

(三)舞蹈是最具抒情特色的艺术之一

舞蹈在揭示人的心灵,抒发内心感情方面,具有强大的艺术魅力。《毛诗序》说:"情动于中而形于言,言之不足,故嗟叹之,嗟叹之不足,故咏歌之,咏歌之不足,不知手之舞之,足之蹈之也。"这说明人只有在非常激动,内心情感用语言乃至唱歌都难以充分表达的时候,才会情不自禁地通过手舞足蹈来抒发。舞蹈正是运用了人们表达感情的这种特殊形态,构成了它独特的艺术表现手段。它表达感情的方式是心神结合,以感情引起体动,以体动表达感情,给人以生动的直观形象。

三、舞蹈艺术作品鉴赏的方法

(一)了解舞蹈艺术的表现形式和特色

要全面了解各种舞蹈的样式和风格,才能从不同形式和不同风格的舞蹈中领略其各自的特色。舞蹈必然有自己独特的表现形式和特点。舞蹈包含有舞蹈表情、舞蹈节奏和舞蹈构图三个基本要素。节奏是舞蹈动作的时间因素,舞蹈节奏运动的进行是表现音乐内在灵魂的形象,舞蹈动作的延续、重复与变化始终伴随着节奏。舞蹈与音乐的结合,节奏正是它们结合的纽带。构图涉及舞蹈表演者的表情和节奏的变化,含有空间因素。造型性舞蹈表情通过舞蹈家创造的人物形象表达人的情感和思想,因此它不同于一般自然状态下的情绪,不仅仅局限于面部表情,而主要通过力度、速度和幅度来体现。这些对比的形式和舞蹈的节奏,结合着表情构成了动态的构图。通过这种动态的构图,表达了人物形象特定的思想感情,创造出各种美的舞蹈想象空间。因此,舞蹈这三要素的互相结合、互相作用,形成了舞蹈艺术独特的表现形式。

(二)通过欣赏形式美而进入舞蹈的意境美

在观看演出时,观众首先会在观赏过程中获得初步印象,然后随着人物情感的深入表现,逐渐进入作品所创造的意境。根据自己的生活经验和对生活的认识产生联想和思考,从而与作品产生共鸣。这时,我们不仅欣赏了舞蹈,也获得了很好的艺术美的享受。通过美的形态去接受美的舞蹈;欣赏舞蹈动作的形体美,包括协调感、韵律感、节奏感、高难度技巧等。人体动作在舞台空间勾画出流动的画面,形成和谐统一的整体美;同时,也要欣赏舞台美术,包括背景、灯光、颜色、服装、道具、化妆等综合元素。欣赏者既要对形式有敏锐的感觉,又要有主体积极投入的心理冲动,用心灵的眼睛去体会形式美中所蕴含的情绪和意境,这样才能真正揭示舞蹈所传达的感情符号。

(三)掌握舞蹈的基本样式和风格,提高鉴赏水平

不同的舞蹈样式有不同的表现手段。例如,现代舞与民间舞反映了不同的文化心态。民间舞蹈是由广大人民群众在长期历史进程中集体创造、不断积累和发展而形成的,并在群众中广泛流传的一种舞蹈形式。它直接反映人民群众的思想感情、理想和愿望。由于各国家、各民族、各地区的人民生活劳动方式、历史文化心态、风俗习惯以及自然环境的差异,因而形成了不同的民族风格和地方特色。现代舞蹈是在19世纪末和20世纪初在欧美兴起的一种舞蹈流派。其主要美学观点是反对当时古典芭蕾因循守旧、脱离现实生活和单纯追求技巧的形式主义倾向,主张摆脱古典芭蕾过于僵化的动作程式的束缚,以合乎自然运动法则的舞蹈动作,自由地抒发人的真实情感,强调舞蹈艺术应反映现代社会生活。

四、舞蹈艺术作品欣赏

(一)芭蕾舞剧《天鹅湖》

1.作品介绍

《天鹅湖》是柴可夫斯基最著名的代表作之一,其音乐如同一首首沁人心脾的浪漫抒情诗,被誉为"首次让舞蹈作品具有了音乐的灵魂"。这部芭蕾舞剧取材于俄罗斯的神话故事,全剧共分四幕。

第一幕 故事发生在一个古老的城堡里。在城堡的王子成年日前夕,王后宣布明天将为王子举办盛大的舞会,届时王子需在邻国的公主中选出自己的未婚妻。王子满心不快,他期待的是另一种爱情。忽然,一群天鹅从王子头顶飞过,好漂亮的天鹅啊! 王子拿起弓箭和朋友们向天鹅飞去的方向追去。

第二幕 在美丽的湖水中,一只端庄高贵的天鹅变成了娇美的少女,王子惊呆了。美丽少女向英俊的王子讲述了她的悲惨身世。原来她是一位公

天鹅湖

主,被恶毒的魔王变成了天鹅,只有在深夜才能恢复人形。唯有坚贞的爱情才能破除邪恶的魔法。王子坚信公主就是他朝思暮想的爱人,发誓要永远爱她,并将她从苦难中解救出来。然而,万恶的魔王偷听了一切。

第三幕 在王子选妻的舞会上,魔王扮成骑士,用自己娇艳的女儿勾引王子。王子被迷住了,以为舞池中的女子就是他的公主,在魔王的要求下举手起誓。魔王的阴谋得逞了,伤心的公主飞回城堡废墟的天鹅湖中。

第四幕 王子在此刻醒悟到自己受到了欺骗。公主原谅了王子,但天快亮了,他们即将天各一方。泪水从公主的面颊滑过,王子决心誓死捍卫对爱的忠诚。魔王现出了狰狞的面目,将公主和姑娘们变成了天鹅漂流在湖面上。悲愤的王子和公主一起跃入天鹅湖中。正义战胜了邪恶,坚贞的爱情战胜了万恶的妖魔。魔王失去了魔力而死去。王子和公主相依相偎,沐浴在旭日的霞光中,他们驾舟远航,朝幸福的彼岸驶去。

2.美学鉴赏

《天鹅湖》的美学旨趣体现在以下几个方面:

第一,修长舒展的动作线条。每位芭蕾舞者都应以肢体线条的修长和舒展为美。因为芭蕾本是线条的艺术,贵族的艺术,所以,只有修长而舒展的肢体动作,才能充分展示线条的流动,充分地占有舞台空间,完美地体现出贵族的气派。

第二,诗情画意的舞蹈段落。芭蕾的本质是诗,是画,擅长传达某种朦胧的诗情,某

种淡雅的画意。因此,在芭蕾美学的殿堂中,像巴芙洛娃、乌兰诺娃和马卡洛娃这样的抒情明星,因其善于表演《白天鹅双人舞》,永远高居榜首,而那些只能完成《黑天鹅双人舞》的技巧明星,则只能屈居第二,即使其32个"挥鞭转"引来雷鸣般的掌声也不能提高其审美品位。

第三,洁白神圣的天鹅短裙。芭蕾女明星的短裙是《天鹅湖》中最典型的舞蹈服装,其洁白的颜色代表着天鹅形象的纯洁无瑕,而其超短的尺寸则对舞者腿部线条提出了苛刻的要求,民间俗称的"大腿满台跑",便来自这条天鹅短裙。

第四,对比鲜明的仙凡场面。《天鹅湖》在故事发生的地点、服装和布景的色彩、不同幕次间的基调和节奏等方面,均富于鲜明的对比。其中的一、三幕都是宫廷场面,前者是花园,后者是舞会,都是火红热闹、充满人间烟火气的现实世界,戏剧性占据主导地位;二、四幕都是天鹅湖畔,都是朦胧月色下扑朔迷离的虚幻世界,抒情性占据主导地位。如此鲜明的视觉节奏,不仅给了舞者以足够的喘息之机,也让观众能够尽享好戏的乐趣。

第五,沁人肺腑的音乐旋律。柴可夫斯基的《天鹅湖》在听觉上具有感人至深的力量,尤其是在第二幕的《白天鹅双人舞》中,那如泣如诉、哀怨委婉的旋律,形象逼真地表达出了奥杰塔公主对自己被困于魔掌之中的无助与无奈,以及对纯真爱情和自由生活的无限向往。正因为如此,《天鹅湖》的音乐常常作为独立的曲目,在音乐会上得到演奏,同样深受喜爱。

(二)春晚舞蹈《月光》

"月光"是杨丽萍的一个经典作品,它与其他舞蹈不同之处在于,杨丽萍从抽象的角度演绎这部作品,给人一种特别的感觉,体现了一种脱俗的美感。在这个舞蹈中蕴含着原始的生命态度,她为生命而歌,为生命而舞。为什么她能获得大众的普遍喜爱和专家的一致好评呢?仔细分析起来,杨丽萍那独特的动作语汇的运用正是艺术化技巧的最高体现。

在该舞蹈中,鲜明地体现了女性的温柔与月光的皎洁。观看她的舞蹈时,我仿佛看到一位翩翩起舞的女子如同丛林中的雾水般,将有形与无形完美结合。她用抽象和变形的肢体迎接云雾,拥抱高原天空下洁净的月光,宛如一湾湖水与光影交织,如花朵绽放生命的热情,意境之美令人陶醉。

杨丽萍《月光》

杨丽萍用她优美苗条的肢体展开想象的翅膀,表现了自己的情感与月光的圣洁。看她的舞蹈,会让人进入她构建的如诗如画般的意境中,情不自禁被其展现出来的美丽所打动,带来一种远离尘世喧嚣的心灵享受,非常容易使人出神。

在舞蹈中,琐碎的现实和凡俗的表情化作了剪影,"月光"中杨丽萍是一棵树、一只鸟、一条蛇,

　　她在与自然交流、融合、颤动,栩栩如生地展现了女人与现实,犹如月光下的舞蹈精灵,柔中带刚,刚柔并济。用形体代表语言,在舞台上表达自然最美妙的情感。

　　杨丽萍表现的不只是她自己的真实情感,而是整个人类的感情。舞蹈的形式美和技术性极强,但这种形式美和技艺性都是源自人体自身的,外部形态美与技艺都不可避免地与人体内部的精神情感相通,并受其支配且表达表现情感。这种以整体探索、整体品察、整体把握为背景,将哲理与情感融为一体的艺术,在"月光"中得到了很好的体现。

　　正如有些人评论的那样:"初看,令人赞叹她的指尖细腕的微妙语言;续看,你会领悟到其舞蹈神韵中含有一份灵气;而再三欣赏时,便可沉淀出一股隽永的心灵之美——在云南遥远的深山里,生活着她和她的族人,他们依附于大自然中。"

　　有时候我们在想为什么喜欢杨丽萍的月光舞,当然不仅仅在于她那优美的舞姿,更是一种心灵的感悟!面对现实和残酷的生存环境下的忧患,我们这些焦虑不安的现代文明人开始寻找快乐和安心,这份来源于自然的纯净和人类天性里的质朴,绝对是任何高级的形象设计师和化妆师望尘莫及的。这份水一样的柔、月光一样的媚,只有在没有受到人类文明和商业化污染前的真正的地球原始居民才可以体会和展现出来。就像非洲草原上的狮子和羚羊,它们自由自在地生活在广袤的非洲大草原,任凭风吹雨打,草木凋零或者重新变绿,一切的一切都在自然的伟大里,创造着生命的赞歌,并延续着蝴蝶和花的传说。

拓展链接

几种常见的
舞蹈形式

审美实践

民族舞蹈的鉴赏

　　我国是一个多民族的国家,每个民族都有自己的文化,很多民族都有特色鲜明的舞蹈。你所知道的民族舞蹈有哪些? 请列举至少5个,并选其中你最感兴趣的进行鉴赏分享。

在线检测

练一练,更优秀

互动空间·自我评价

专题十二
融汇光影之幻：戏剧与影视

知识目标：

• 了解戏剧、影视艺术的内涵及审美特性。

• 理解戏剧、影视艺术的欣赏要旨。

能力目标：

• 掌握戏剧、影视艺术的鉴赏方法，并能运用其欣赏要旨去鉴赏相应作品，提升艺术鉴赏能力。

素质目标：

• 引导学生鉴赏中外戏剧、影视艺术的经典作品，感受中西文化的差异，陶冶情操，提升审美素养。

要点一览

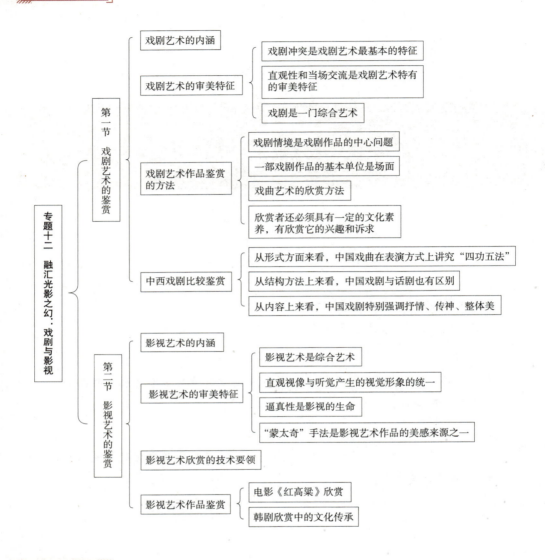

专题十二 融汇光影之幻：戏剧与影视

第一节 戏剧艺术的鉴赏
- 戏剧艺术的内涵
- 戏剧艺术的审美特征
  - 戏剧冲突是戏剧艺术最基本的特征
  - 直观性和当场交流是戏剧艺术特有的审美特征
  - 戏剧是一门综合艺术
- 戏剧艺术作品鉴赏的方法
  - 戏剧情境是戏剧作品的中心问题
  - 一部戏剧作品的基本单位是场面
  - 戏曲艺术的欣赏方法
  - 欣赏者还必须具有一定的文化素养，有欣赏它的兴趣和诉求
- 中西戏剧比较鉴赏
  - 从形式方面来看，中国戏曲在表演方式上讲究"四功五法"
  - 从结构方法上来看，中国戏剧与话剧也有区别
  - 从内容上来看，中国戏剧特别强调抒情、传神、整体美

第二节 影视艺术的鉴赏
- 影视艺术的内涵
- 影视艺术的审美特征
  - 影视艺术是综合艺术
  - 直观视像与听觉产生的视觉形象的统一
  - 逼真性是影视的生命
  - "蒙太奇"手法是影视艺术作品的美感来源之一
- 影视艺术欣赏的技术要领
- 影视艺术作品鉴赏
  - 电影《红高粱》欣赏
  - 韩剧欣赏中的文化传承

内容导航

综合艺术泛指几种艺术形式综合而成的艺术，通常指语言、造型、表演三大艺术门类及相关技术综合而成的戏剧、电影、电视剧等形式。有机整合是综合艺术最重要的特征。参与其中的单一艺术互相制约、互相渗透。综合艺术中各种单一艺术的地位不是对等的，常有主从关系。无论影视还是戏剧，表演是核心，虽然文学脚本是作品的根基，但观众欣赏的主要对象首先是演员的表演，编导的审美意象通过视觉和听觉元素传达，所以综合艺术是以表演为核心的综合艺术。同时，综合艺术不是各类单一艺术审美特征的机械相加，其效果是整体大于局部之和。本专题重点对戏剧、影视艺术进行鉴赏。

第一节 戏剧艺术的鉴赏

案例导入

总是烦奶奶在家哼戏曲的小美，突然一天也哼起了"千里刀光影，仇恨燃九城……"的戏曲调子，乐得奶奶笑不拢嘴，认为总算盼到了知音。可小美笑着说："奶奶，你也不要烦我在家表演话剧《雷雨》呀。"祖孙俩终于拆掉了各为其是的篱笆墙，"看来艺术是相通的。"奶奶说。"只是趣味、年龄有点不一样。"孙女小美补充道。

【案例解析】 小美哼的曲词是《四世同堂》的主题曲，且由八十多岁的京剧表演艺术家骆玉笙在春晚的一次亮相中演唱，加之悲情的历史情节和曲调的悲怆结合，燃起了年轻人的共鸣，而奶奶不熟悉"话剧"这个舶来品也情有可原。艺术可以相通，爱好可以相互影响，因为艺术最终以美的陶醉为旨趣。

各民族的戏剧都是在社会生产劳动和社会实践的基础上，由古代民族、民间的歌舞、伎艺演变而来的，后逐渐发展为由文学、导演、表演、音乐、美术等各种艺术成分组成的综合艺术，构成了戏剧的特有艺术形式。戏剧的基本要素是矛盾冲突，通过演员和布景再现现实生活的矛盾冲突，使观众有身临其境之感，激起观众强烈的情感反应，达到教育和审美的目的。

一、戏剧艺术的内涵

戏剧是演员扮演角色，在舞台上当众表演故事情节的一种艺术形式。在我国，戏剧通常指戏曲、话剧、歌剧的总称，也常专指话剧。据不完全统计，我国各民族地区的戏曲剧种约有三百六十多种，传统剧目数以万计。中华人民共和国成立后，又出现了许多改编的传统剧目、新编历史剧和表现现代生活题材的现代戏，这些都受到广大观众的热烈欢迎。比较著名的剧种有：京剧、昆曲、越剧、豫剧、湘剧、粤剧、秦腔、川剧、评剧、晋剧、汉剧、潮剧、闽剧、河北梆子、黄梅戏、湖南花鼓戏等五十多个剧种，尤以京剧流行最广，遍及全国，不受地区所限。

戏剧按作品类型可分为悲剧、喜剧、正剧等；按题材可分为历史剧、现代剧、童话剧等；按情节的时空结构可分为多幕剧和独幕剧。其中，悲剧是最主要的戏剧形式之一，它常常通过正义被毁灭、英雄人物牺牲、主人公遭受苦难等剧情展现巨大的精神力量和伟大人格。悲剧通过毁灭的形式造成观众心灵的巨大震撼，使人们从悲痛中获得美的熏陶和净化。

二、戏剧艺术的审美特征

(一)戏剧冲突是戏剧艺术最基本的特征

可以说,没有冲突就没有戏剧。戏剧内容的矛盾冲突是其戏剧性的重要因素。任何叙事艺术都讲冲突,而戏剧还要求高度集中与激烈,祛除不必要的过程,冲突多样,包括个人与个人、个人与群体、个人与社会、自然与个人、个人内心冲突等。戏剧正是通过一系列动态的矛盾冲突来展示情节和表现人物。

(二)直观性和当场交流是戏剧艺术特有的审美特征

戏剧是一种凭借舞台表演的直观性艺术。它使用的媒介和手段区别于文学、绘画、雕刻,也不同于影视靠影像再现人物形象,而是通过能呼吸、有动作、会说话、活生生的人——演员来演绎剧情。舞台形象既是视觉形象,也是听觉形象,并且是立体的、能活动的形象。这种形象由演员与观众直接交流来产生审美效果,而不是像影视那样靠影像与观众间接交流产生审美效果。因此,戏剧是一切艺术形式中最容易给观众以直接感性的真实性感觉的一种艺术形式,具有强烈的审美魅力。任何艺术都具有交流性,但戏剧却很特殊,它是人们进行群体性的思索和感情体验并直接进行交流的最重要方式之一。戏剧的最大特点是群体性和社会性,影院意识与剧场意识往往不同,剧场效应的一个突出特性是观众能够表现出一种共同感。古希腊一开始就将戏台作为教育公民的最佳场所,利用其共同感。此外,交流是多层次的,包括演员与演员、角色与角色、演员与角色、演员与观众之间的交流。最重要的是演员与观众的交流,演员是以代言人的身份而不是旁述人的身份来与观众进行交流,这种交流是直接而生动的。演员成为生活事件的当事人,观众是目击者,双方都清楚认识对方在场,因而相互影响。

(三)戏剧是一门综合艺术

戏剧艺术应包容诗(文学)、音乐、绘画、雕塑、建筑以及舞蹈等多种艺术成分,因而被称为综合艺术。"相比之下,戏曲比话剧更具有综合性,它是一门歌、舞、剧高度综合的艺术,唱、念、做、打、舞体现了这种艺术自身的综合美感功效。"戏剧中的多种艺术因素分别起着不同的作用,它们在综合整体中的地位不是对等的。在戏剧综合体中,演员的表演艺术居于中心、主导地位,它是戏剧艺术的本体。表演艺术的手段——形体动作和台词,是戏剧艺术的基本手段。其他艺术因素都被本体所融合。剧本是戏剧演出的基础,作为一种文学形式,虽然可以像小说那样供人阅读,但其基本价值在于可演性,不能演出的剧本不是好的戏剧作品。戏剧演出中的音乐成分,无论是插曲、配乐还是音响,其价值主要在于对演员塑造舞台形象的协同作用。戏剧演出中的造型艺术成分,如布景、灯光、道具、服装、化妆,也是从不同的角度为演员塑造舞台形象起到特定辅助作用的。以演员表演艺术为本体,对多种艺术成分进行吸收与融合,构成了戏剧艺术的外在形态。

三、戏剧艺术作品鉴赏的方法

观众欣赏戏剧,说到底,是对一种特殊的艺术形象——舞台形象的欣赏。演员通过自己的创造将剧作家塑造的文学形象转化为舞台形象,并与观众直接交流,同时带动观众之间相互影响。常见的把握戏剧欣赏的方法如下。

(一)戏剧情境是戏剧作品的中心问题

这里所说的情境,指的是人物生存与活动的具体环境,即突然发生的、直接影响人物的事件,以及特定的人物关系。由这些因素构成的情境,不仅是剧中人物生存与活动的特殊世界,是人物生存的条件,也是他们人格的集中表现。观众欣赏戏剧时,是与演员所扮演的角色进行现场直接交流,这种交流恰恰是以情境为媒介的。在戏剧作品中,情境总是具体的、明朗的、清晰的。当演员进入角色所生活的具体情境时,观众也随之进入角色所处的情境,并与演员一起进行一番"设身处境"的体验。"设身"指的是对剧中人物的认同或设想自己成为这样一个人物;"处境"则是指确认人物所处的具体情境。经历这种体验时,以上述逻辑模式为契合点。作为戏剧欣赏的方法,这里提出两个具体的问题:其一,"真实感"是观众欣赏戏剧的一个重要价值标准。戏剧中的真实性,并非指"实有其人,实有其事",而是指人物的心理活动及其表现是否符合个性与情境相契合的戏剧性逻辑。其二,在不同风格流派的戏剧作品中,情境有多种多样的形态,有的更贴近生活的自然形态,有的则远离生活,甚至是怪诞的。例如,像易卜生的某些作品(如《玩偶之家》等)及曹禺的《北京人》,情境就显得平常而自然。

(二)一部戏剧作品的基本单位是场面

一个完整的戏剧运动是在一个个场面的转换与连接中完成的。观众对剧中人物的内心世界和命运的体验与感悟,都是通过体验场面的实体内容来实现的。对单个场面的欣赏可能是不自觉的,但却是十分重要的。所谓"场面",都是指特定人物(一个或多个)在一定时间、一定场景内进行活动而构成的完整画面,当然是流动的画面。随着人物的上下场或随着时间、地点的变化,场面也不断变化。传统戏剧的一幕中可能包含着几十个场面,也可能只有几个。场面是由剧作家精心编排而成的,导演的创造性工作体现在对场面的精心处理上,他常常把演员的表演艺术及其他辅助因素(音乐、音响、舞台美术等)融合成一个个和谐、生动、富有表现力的单元,包括场面的转换与连接。

(三)戏曲艺术的欣赏方法

欣赏戏曲,首先要培养对戏曲表演特征的敏锐感受力,即通过观看戏曲演员的表演,能够在头脑中唤起意象,并进入到情感、理智和美的享受的意境之中。换言之,欣赏戏曲的观众步入剧场后,必须在与演员直接的双向交流中感受、理解演员的表演,与演员共同完成塑造剧中人物、推动情节发展的任务,享受共同创造的喜悦。如果达不到这种境界,戏曲的欣赏就无从谈起。其次,要认识到戏曲表演形式的相对独立性。我们说戏曲表演是熔唱念做打为一炉的,但在表演过程中,这四种手段并非平分秋色。在某些剧目中,这些手段明显有所侧重。例如,《二进宫》《坐宫》《辕门斩子》以唱为主;《拾玉镯》《柜中缘》则以表演见长;《四进士》《义责王魁》重在念白;而《三岔口》《十八罗汉斗悟空》《雁荡山》则是以武打取胜。这种情况无疑给持有不同欣赏兴趣的观众提供了选择的余地。最后,要善于分辨戏曲剧目所表现的思想内容是否健康。戏曲剧目的题材多取自历史故事、历史演义小说、民间传说或时事传闻,所表现的思想多是"扬善惩恶",歌颂真、善、美,鞭挞假、丑、恶。一些优秀的传统剧目,由于具有高度的人民性与民主性,长期以来受到人民群众的喜爱。然而,戏曲毕竟产生和发展于封建社会,在"扬善惩恶"的同时不可避免地宣传了封建的忠孝节义,甚至有一些庸俗、低级的内容,这是我们应该摒弃的。

(四)欣赏者还必须具有一定的文化素养,有欣赏它的兴趣和诉求

兴趣是可以培养的。现在的中老年观众很多都是自幼观剧受到熏陶,日久天长,认识了解了戏曲,深得其中三昧,才对戏曲发生兴趣,甚至成为一种癖好。当下,年轻人爱好戏曲的也越来越多。

四、中西戏剧比较鉴赏

在整个戏剧艺术中,中国戏曲占有特殊地位。它是将戏剧的内容与歌舞的形式高度结合的一种特殊戏剧艺术形式。它既具有戏剧艺术的一般审美特征,符合一般规律,又拥有自己独特的审美特征。可以说,中国戏曲比西方话剧更具综合性。

(一)从形式方面来看,中国戏剧在表演方式上讲究"四功五法"

所谓"四功",即唱、做、念、打四种表现方法;"五法"是指手法、眼法、身法、发法(甩发)、步法。在演出时,如何运用手势、眼神、身体动作、头发甩动以及脚步等都有严格的规范。即使是表现人物的喜、怒、忧、思、悲、恐、惊等情感,也全都提炼美化成一套完整的程式。不像话剧那样,演员可以根据自己对剧情的理解和个人经验自由设计动作,中国戏曲的动作具有相对固定性。从艺术形式上看,其表现手法具有两大特征:

首先,虚拟性——景物和动作通常是虚拟的,骑马、行舟、上楼下楼、登山涉水等,都是通过演员的虚拟动作来表现的。舞台上的高山、平地、江河湖海、厅堂卧室等场景可以在瞬息之间转换,厅堂、卧室可以转化为长街、小巷,一马平川可以转化为浩荡江河。因此,戏剧舞台的时间与空间非常灵活,不受限制。其次,规范性——即程式化,它把日常生活中的某些动作加以夸张,并使之节奏化、美化,成为一种规范化的表演形式,大家约定俗成,沿用至今。这两点是中国戏曲与西方戏剧在审美表现上的根本区别。可以说,虚拟性是产生程式化(规范化、标准化)的理论依据,而程式化则是虚拟性在艺术实践中的具体应用。

（二）从结构方法上来看，中国戏剧与话剧也有区别

话剧虽然有一条主线贯穿全剧，但每一幕或一场的情节主线与副线总是纵横交错，如同绕成的线团一样，形成一个立体的团块。例如曹禺的《雷雨》，一幕开场便呈现出复杂的人物关系和尖锐的冲突，立刻就呈现在观众面前：四凤与鲁贵、鲁贵与大海、四凤与繁漪、繁漪与周萍、繁漪与周冲、周朴园与繁漪、周朴园与周萍之间的关系错综复杂。四幕戏构成了四个团块，全剧通过一条隐伏的主线将其串联起来，展示了一幅深刻的人生悲剧画卷。相比之下，中国戏曲常常采用点线结合的方式，每出戏围绕一条主线展开，每场戏聚焦于一个中心事件，强调一线到底，有头有尾，脉络清晰。比如《西厢记》共五本二十折（有说二十一折），第一本第一折惊艳，第二折借厢，第三折酬韵，第四折闹斋，每个情节都围绕一个中心事件展开。

（三）从内容上来看，中国戏剧特别强调抒情、传神、整体美

例如，汤显祖的《牡丹亭》与莎士比亚的《罗密欧与朱丽叶》均以青年爱情故事为主题，两者都非常富有抒情性。然而，对比两剧可以发现，莎士比亚的作品在哲理性和动作性方面更为突出，而汤显祖的作品则更擅长抒情。汤显祖的作品充满了诗意氛围，人物内心的情感表现细腻丰富。"袅晴丝吹来闲庭院，摇漾春如线。停半晌，整花钿，没揣菱花偷人半面，迤逗的彩云偏……"一缕细长柔弱的晴丝吹进了静静的庭院，逗起了情思，春天少女的心绪是多么如游丝般的摇曳飘忽啊！慢慢地等待那激动跳跃的心平静下来，唯恐他人觑见内心的秘密，陡然在镜里看见自己的面影，一刹那的慌乱，梳好的头发都激动得乱了……这一段文字生动描绘了少女细腻多变的心绪，十分传神，容易理解。同样是内心善良，外形丑陋的人，电影《巴黎圣母院》中的卡西莫多是写实的，化妆得十分丑陋，而在《玉堂春》中的崇公道，只需简单几笔化妆，鼻子涂一片白，观众就能明白角色的特点，这便是追求神似而非形似的表现手法。

中国戏剧强调内容的完整性，强调有头有尾，强调内在联系，这就是我们通常所说的整体美。当然，任何艺术都要随着时代进步而发展，随客观环境变化而演变。艺术与艺术之间，剧种与剧种之间，民族与民族之间都会互相影响、互相吸收。例如，现代戏曲吸收了很多话剧的特点，已为中国观众所熟悉；中国戏曲的表现手法也给国外戏剧艺术以一定的影响，布莱希特的演剧方法就借鉴了中国戏曲的表现手段，并得到了西方观众的认可。京剧本不姓"京"，原为徽汉、秦腔的演变；川剧也是弋阳、昆腔的发展。每一个剧种都有其形成、壮大和衰亡过程。因此，戏剧必须不断改革，推陈出新。

对于西方的戏剧形式，我们既不能毫无批判地照搬，也不应因噎废食一概排斥。例如，西方的荒诞剧曾一度被一些人认为毫无价值，但近年来，一些剧作家大胆借鉴荒诞剧的某些形式，取得了显著成就，引起了强烈反响。因此，在戏剧创作中要有自己的眼光和判断力。

京剧四大名旦

京剧四大名旦的称谓是由沙大风于1921年在天津《大风报》创刊号上首次提出的。1927年6月20日,北京《顺天时报》举办了"五大名伶新剧夺魁"(首届京剧旦角最佳演员)评选活动,梅兰芳、程砚秋、尚小云、荀慧生当选,被誉为京剧"四大名旦"。

1. 梅兰芳

梅兰芳集京剧旦角艺术之大成,综合青衣、花旦、刀马旦的表演特点,创造出自己特有的表演形式和唱腔——梅派。梅兰芳(1894—1961),出生于京剧世家,8岁学戏,11岁登台,擅长青衣,并兼演刀马旦。在五十多年的舞台实践中,梅兰芳对旦角的唱腔、念白、舞蹈、音乐、服装、化妆等各个方面都有创造和发展,形成了独特的艺术风格,世称梅派。他功底深厚,文武兼长;台风优美,扮相极佳;嗓音圆润,唱腔婉转妩媚,创造了众多姿态各异的古代妇女典型形象。梅派代表作有《宇宙锋》《贵妃醉酒》《断桥》《奇双会》《霸王别姬》和《穆桂英挂帅》等。梅兰芳曾率京剧团多次赴日本、美国、苏联演出,是把中国戏曲传播到国外并享有国际声誉的戏曲表演艺术家。梅兰芳先生在促进我国与国际文化交流方面作出了卓越贡献。他的这些活动不仅增进了各国人民对中国文化的了解,也使我国京剧艺术跻入了世界戏剧之林。梅派传人包括魏莲芳、李斐叔、李世芳、张君秋、言慧珠、杜近芳、丁至云、罗蕙兰、杨荣环等,梅兰芳之子梅葆玖,是梅派目前的领军人物。

2. 程砚秋

程砚秋(1904—1958),自幼学戏,演青衣,曾受师于梅兰芳。他在艺术上勇于革新创造,讲究音韵,注重四声,追求"声、情、美、永"的高度结合,并根据自己的嗓音特点,创造出一种幽咽婉转、起伏跌宕、若断若续、节奏多变的唱腔,形成独特的艺术风格,世称"程派"。程砚秋擅长演悲剧,编演过《鸳鸯冢》《荒山泪》《青霜剑》《英台抗婚》《窦娥冤》等剧目,大多表现封建社会妇女的悲惨命运。晚年的程砚秋致力于教学和总结舞台艺术经验的工作。程砚秋将他的一生全部献给了京剧艺术事业,他所取得的卓越成就,是京剧艺术近百年来达到的高峰之一,对整个京剧及戏曲的发展产生了深远的影响。程派代表剧目包括传统剧目经过程派独特演绎的有《四郎探母》《贺后骂殿》《三击掌》《汾河湾》《朱痕记》《玉堂春》《武家坡》《三娘教子》等。新戏则有《青霜剑》《文姬归汉》《梅妃》《红拂传》《春闺梦》以及后期的《锁麟囊》《女儿心》等。

程派传人即程砚秋弟子包括荀令香、陈丽芳、赵荣琛、王吟秋、李丹林、新艳秋、侯玉兰、江新蓉、李世济、李蔷华等。

3. 尚小云

尚小云(1900—1976),幼入科班学艺,14岁时被评为"第一童伶"。初习武生,后改正旦,兼演刀马旦。他功底深厚,嗓音宽亮,唱腔以刚劲著称,世称"尚派"。其唱腔特点:他的嗓音响亮遒劲,音域宽广,高、中、低音运用自如,善用颤音,气息深沉持久,《祭江》《祭塔》等剧的大段唱功举重若轻,并能连续使用高腔、硬腔,绝无衰竭之象,听来酣畅痛快。行腔往往寓峭险于浑厚,旋律富力度,顿挫分明。念白爽朗而有感情,京白的刚、劲、辣尤为出色。尚派代表作有《二进宫》《祭塔》《昭君出塞》《梁红玉》等,塑造了一批巾帼英雄和侠女烈妇。

较著名的亲传弟子有张蝶芬、赵晓岚、雪艳琴、张君秋(后自创"张派")等。长子尚长春攻武生,幼子尚长荣攻花脸,女婿任志秋攻旦角。女儿尚秀琴未从艺。

4.荀慧生

荀慧生(1900—1968),幼年在河北梆子班学艺,19岁改演京剧,扮演花旦、刀马旦。他功底深厚,能汲取梆子戏旦角艺术之长,熔京剧花旦的表演于一炉,形成独特的艺术风格,世称"荀派"。擅长扮演天真、活泼、温柔一类妇女角色,以演《红娘》《金玉奴》《红楼二尤》《钗头凤》《荀灌娘》等剧著名。其唱腔特点为将河北梆子的唱腔、唱法、表演的精华融入京剧的演唱之中,是他的艺术特色之一。荀慧生由河北梆子改演京剧,后拜王瑶卿为师,又曾受业于吴菱仙、陈德霖、路三宝,在继承王派、陈派艺术的基础上,进行了较大的创新。他的嗓音甜美,用嗓有特殊的技巧,善于用小颤音、半音和华丽的装饰音,又常以鼻音收腔来增添唱腔的韵致。

学荀者极众,荀派主要传人有毛世来、许翰英、李玉茹、吴素秋、童芷苓、赵燕侠、张正芳、曲素英、刘长瑜、孙毓敏、宋长荣等。

审美实践

最理想的演员与最理想的观众

莎士比亚著名悲剧《奥赛罗》在纽约上演时,发生了一件令人震惊的事件:当坏人伊阿古挑唆奥赛罗将苔丝蒙娜掐死时,台下一名军官因情绪激动,竟然上台开枪打死了扮演伊阿古的演员威廉·巴支。当他意识到这是剧场时后悔不已,当场自杀。纽约市民将这两位戏剧艺术的"牺牲者"合葬在一起,并在墓碑上刻下了:"最理想的演员与最理想的观众。"分析这一事件如何体现了戏剧舞台表演的"情境化""直观性"的特征。

互动空间·自我评价

第二节　影视艺术的鉴赏

案例导入

　　中年女性沉迷于韩剧,小女生偏爱充满青春气息的港剧,小男生则热衷于观看美国大片。更多不同阶层的人被帝王剧和近年来流行的间谍剧所吸引。这一文化现象有时在同一家庭内出现,导致一家购买多台电视以互不干扰,令人啼笑皆非。

　　【案例解析】　中年女性大多成长于琼瑶剧盛行的时代,而韩剧与琼瑶剧有诸多相似之处,体现了这类曾经年轻的女性特有的审美趣味。小女生喜爱港剧中激情与时代感,反映了女孩独有的年龄性别趣味;男生大多倾向于大场面制作,追求异域情调,并对蒙太奇式的时空切换表现出特别的兴趣。而帝王剧反映了各阶层观众对历史事件和人物的现代性理解,间谍剧的成功往往得益于演员(如《潜伏》中的孙红雷)的精湛表演以及对特定历史背景(如抗战内战时期)的独特解读。

　　影视艺术是当代最具群众性的艺术之一,通过银幕或荧屏上的艺术形象进行思想熏陶和情绪感染,是一种精神活动。影视作品巧妙地将科技与艺术结合,利用可变的距离、摄影摄像角度、场景分割以及从整体中抽取细节和特写镜头,有意识地变换多种手段,构成了其独特的审美特征。

一、影视艺术的内涵

　　影视艺术是一种综合艺术形式,它通过视觉、听觉和叙事等多种方式,以影像为媒介,表达情感、思想和故事,深刻反映现实与想象,引发观众思考与共鸣。运动是影视画面最独特且最重要的特征,运动的画面创造了前所未有的活动的艺术形象,带给欣赏者惊叹的审美体验。影视的产生和发展与光学、化学、科技及机械学密不可分,科技直接融入其审美性质中,成为不可或缺的组成部分。例如,20世纪50年代意大利新现实主义电影流派的兴起与当时小型摄影机和高灵敏度的录音设备的发展有关,使得电影能够由影棚摄制进步到现场实景拍摄,进而产生了以巴赞为代表的长镜头电影美学理论。

二、影视艺术的审美特征

(一)影视艺术是综合艺术

　　综合性是影视艺术的重要特征,可从以下几个方面理解影视艺术的综合性。首先,艺术与技术的结合。其次,多种艺术元素的有机结合。它融合了文学、戏剧、绘画、音乐、舞蹈、建筑等多种艺术形式,形成一种新型的现代综合性艺术。再次,时间艺术与空间艺术的综合。最后,以导演为组织领导者的艺术集体的智力综合。影视不仅是综合艺术,也是综合技术。

(二)直观视像与听觉产生的视觉形象的统一

电影作为一种国际性语言,被不同文化和民族所接受很大程度上归功于其视觉表现力。法国评论家马尔丹曾言:"声音扼杀了画面,音乐腐蚀了画面。"画面是电影语言的基本元素之一。影视艺术的一个本质特征就是其视觉造型能力。影视的视觉美,体现在由光线、色彩、影调构成的运动银幕屏幕形象中。

其一,影片中的人物对话,既有画内对白,又有画外之音。

——你昨天上哪儿去了?

——我开会去了。

——有人看见你和你女朋友在公园呢。

——是,我没有请假。

其二,影片中的声响用来渲染情绪,衬托事件、人物,加强节奏,制造环境气氛的听觉形象。

——一声枪响和一个人的惨叫。

——争吵声和拳打脚踢声的交叉剪辑。

——人物演讲,警笛声,群众口号声,枪声,打破宁静。

其三,根据主题思想,故事情节、事件、人物动作选择或创作的主题音乐、插曲等。分为有源音乐和无源音乐。如:低沉悲哀的音乐、进行曲、古风音乐等。

(三)逼真性是影视的生命

影像虽是一种幻象,却能获得最大的真实感。"以幻显真"是其最大优势。尽管存在假定性,但对细节真实性要求极高,要求与角色相像。视觉可信性是其生命,所以电影的逼真性是它的优势所在,这来源于摄影的本性和艺术家的努力,它们最大限度地逼近生活的原貌和形态,把文学形象转化为直接客观的形象,突破戏剧的时空,故银幕在瞬间展示给观众的是个片段,电影的发展都是为了满足观众对逼真性的要求。和其他艺术相比,影视的画面和形象自然更接近于社会生活的原本状态。影视艺术正是靠逼真地反映生活,使万千观众为之倾倒。逼真性是影视的生命,银幕上任何虚假失真的东西,都会有损艺术的效果,都会破坏视觉形象的可信度。谈到影视艺术的逼真性的时候,还应该注意一点,影视艺术并不追求自然主义"有闻必录",也并不排斥艺术应有的假定性、虚拟性。直观的逼真性与艺术假定性的统一,是影视文化的重要审美特征之一。

(四)"蒙太奇"手法是影视艺术作品的美感来源之一

镜头与画面的剪辑和组接这一艺术手段被称为"蒙太奇"。被誉为电影艺术的真正创始人的美国导演格里菲斯,在其1916年拍摄的电影《党同伐异》中首次有意识地运用这一手法,创造了全景、远景介绍环境,近景、特写突出细节,并实现了镜头交叉快速剪接。苏联电影艺术大师爱森斯坦进一步发展了蒙太奇理论,其核心思想是:"把无论两个什么样的镜头对列在一起,他们必然联结成新的观念,也就是由对列中产生出一种新的性质来"。随心所欲地组合,意味着可以从特定的艺术材料中抽取,打破了现实时空与上演时空的限制,戏剧可以打破现实时空,但不能打破演出时空,可以集中、压缩,又可以延伸、扩展,可以自由地转移,反跳,可以灵活地跨越,用心理时空代替了物理时空,引导观众穿越空间和时间。蒙太奇使画面产生运动,电影的运动性也就成了电影电视的重要美学特征之一,正如法国电影理论家马赛尔·马尔丹所说,正是这种运动使最早的电影观众看到树叶在微风中摇晃或一列火车向他直冲而来时惊叹不已为止,运动正是电影画面最独特和最重要的特征。时至今日,诸如《今日说法》《天网》《探索·发现》《走近科学》等节目中也常见闪回、插叙、倒置等蒙太奇手法。

三、影视艺术欣赏的技术要领

鉴赏影视作品时,我们通常会关注以下几个方面。

叙事/故事情节:故事情节是影视作品的核心,人们会关注故事的情节设置、发展及结局是否吸引人,能否引起观众的情感共鸣。

演员的角色塑造:观众会关注影视作品中角色的性格、情感及其成长轨迹,以及演员对角色诠释的准确度和生动性。

视听效果:包括影片的摄影、音乐、特效等方面。观众会关注影片的画面质量、镜头运用、音效和配乐是否符合情节需求,并能增强观影体验。

导演风格:导演对影片的整体风格和节奏的掌控能力也是影响观众欣赏的重要因素,不同导演有着不同的审美取向和创作风格,观众会关注导演在影片中的独特视角和手法。

作品的主题和意义:观众会关注影片探讨的主题及其表达的意义,特别是关于社会、人性等方面的思考和反思。

影片的文化/历史背景:观众也会关注影片反映的文化背景和历史时期,以及对特定时代和社会环境的再现和解读。

影片的情感召唤:观众会关注影片是否能够触动自己的情感,引发共鸣,让人产生共情之感。

四、影视艺术作品鉴赏

(一)电影《红高粱》欣赏

电影《你好,李焕英》欣赏

《红高粱》是一部具有神话意味的传说,整部影片在神秘氛围中歌颂了人性与蓬勃旺盛的生命力。赞美生命是该片的核心主题。"通过人物个性的塑造来赞美生命,赞美生命的那种喷涌不尽的勃勃生机,赞美生命的自由、舒展。"(张艺谋:《〈红高粱〉导演阐述》)正因为这种对生命的礼赞以及影片精湛的电影语言的运用,使得《红高粱》获得了国际荣誉,这也是中国电影迄今为止在国际上获得的最高荣誉。

《红高粱》并不十分具有现实性,也不是对民族文化的寻根。相反,在这个跨越三代、以过去时回溯的故事中,塑造的是一个未来意义的人格理想,超越了具体的社会表层,深入到人的本性和本质之中。影片自始至终所呼唤的主题就是蓬勃的生命力,即不扭曲、无拘无束、坦荡的生命观。因此,摆在观众面前的作品并非已被理解的世界,而是对一个世界生命的理想。这种理想体现在那具有"太阳崇拜"的神话中。不同于以往任何一部反映农民生活的影片,《红高粱》的视角从传统的土地礼赞转向了对生命的礼赞。故事的超常特点决定了叙事的非现实性,地点也被淡化。在影片中甚至淡化了社会最基本的结构——村落。所有叙事元素与视听元素都服务于自然生命的热烈、自由自在和痛快淋漓的风格。与以往的探索影片不同,尽管《红高粱》承载了导演对生命主题的意念,但它并未完全像《黄土地》等探索片那样淡化情节,靠纯粹的电影视听语言的震撼力来直接表达导演的意念。张艺谋在这部影片中是从实处入手,从规定情境下的具体人物性格入手,编织了一个完整、美妙动人的故事框架,使意念通过故事的曲折、人物的行为、动作自然而然地流溢出来。

当我们面对《红高粱》时,就会感知到全片都被辉煌的红色所浸透。红色象征着太阳、血、高粱酒的色彩。导演对色彩的运用高度风格化。影片开头便是年轻漂亮、灵气逼人的"我奶奶"那张充满生命的红润的脸,接着就是占满银幕的红盖头、那顶热烈饱满的红轿子、野合时那在狂舞的高粱秆上的闪烁阳光、似红雨般的红高粱酒、血淋淋的人肉、直至日全食后天地通红的世界……整部影片都被红色笼罩。导演对这种基调的选择几乎完全剥夺了我们对戏剧情节的关注,而引导我们进入一种对特定造型空间的纯粹情绪体验。这是一种对完美自由的自然生命的渴望与赞美,不是完全现实时空的再现,而是内在生命力的精神外化。影片结束于神秘的日全食中,红色的扩张力获得了一种凝固的近乎永恒的沉寂效果。黑红色的高粱舒展流动充满了整个银幕空间,极为辉煌、华丽、壮美。《红高粱》结合了传奇性、情节性,表现了相当强烈的人物情感冲突,将中国电影的戏剧性传统与当代电影的声像造型进行了较为完美的结合。

(二)韩剧欣赏中的文化传承

当前,韩剧在娱乐媒体上非常流行,部分电视台全天播放韩剧。原因是其拥有大量的观众群体,并逐渐形成了一个观赏韩剧的社群。主要由时尚青年和部分中老年女性朋友组成。为什么在中国的娱乐影视圈中会有如此多的观众喜欢韩剧?我们应该如何鉴赏韩剧呢?

在观赏韩剧时,不仅要关注内容和剧情,还应重视韩剧中潜移默化的传统文化熏陶和意识形态渗透的功能与作用,这也是值得我国影视剧创作借鉴的地方。

1.学习韩剧的意识形态功能

韩国人,尤其是年轻人,注重进取意识,国家鼓励青年人开创民族先例。例如,过去汉城大学校园内雕塑了世界各国科学家和名人的雕像,唯独留有一个空位,寓意没有韩国人,以此激励韩国青年为之努力奋斗。确实,这样的做法起到了重要的激励作用。如今,韩国在经济、体育、医学、艺术等多个领域已经达到世界先进水平。韩剧同样强调国家观念、民族意识以及意识形态宣传和鼓动。即使在看似娱乐消遣的内容中,也在鼓舞青年人的奋斗、创业精神,包括社会底层的贫民。因此,在观看和欣赏韩剧时,不应仅仅关注俊男靓女的衣着打扮、恋爱生活或酒店谈情说爱的情节,而应注意到青年人是如何学习、奋斗的。为了学好料理(厨师),他们可能自费到美国、法国进修,以掌握世界最先进的技术并为本民族服务。工作、职务没有高低贵贱之分,只有能力和专业水平之别。在意识形态方面,韩国注重宣传青年人的创业和奋斗精神。

2.突出宣传青年人的自立自强精神

韩国特别注意突出宣传青年人的自立与自强精神。比如电视连续剧《谢谢》,尽管剧情主要围绕几位年轻人的婚恋故事展开,但它向观众展现了一个很高的欣赏境界。剧中有一位只有8岁、刚上一年级的小女孩叫李永新,她因出生时感染的艾滋病而备受挑战。她坚强的母亲教育她遇到任何问题时都要自己处理,不接受任何人的帮助。有一次,小女孩在篮球场上观看别人打篮球时不小心撞破了鼻子,一位男士想要帮她处理鼻血,但她妈妈站在一旁鼓励她说:"妈妈是怎样告诉你的?"小女孩坚定地回答:"不接受任何人的帮助",说完便从书包里拿出妈妈准备的手纸自行清理干净,并放入塑料袋中。这虽然是一件小事,但其中蕴含的精神却十分宝贵。"事情虽小,精神在","一滴水可以折射出阳光"。韩剧最大的魅力在于通过这些有意义的宣传潜移默化地影响韩国人的自立、自强精神。

3.虽然韩剧非常生活化但很现实

韩剧并不追求好高骛远,而是贴近生活的现实,这也是观众喜爱的一个重要原因。"高贵"的家庭背景可能会为子女的发展提供助力;而家境贫寒的年轻人则可能因为家庭原因生活在社会底层,甚至影响到他们的婚恋感情生活。这是非常现实的社会现象,暂时无法改变的事实。然而,在韩剧中,这些问题并没有成为阻碍青年人奋斗精神和心理健康的障碍。家庭条件优越的年轻人有机会出国深造,他们会努力奋斗寻找自己的爱情;家境贫困的年轻人也不会因为出身卑微而感到沮丧,在平等竞争的社会环境中寻求自己的出路和爱情。例如,《神秘男女》《我叫金三顺》《爱情游戏》等电视剧都讲述了类似的故事。

4.韩剧不放弃宣传东方文化传统美德

由于我们同属东方文化体系,都是孔子文化的传承者,对于传统文化中的美德,韩剧表达得淋漓尽致。例如,人与人之间的相互尊重、在社交场合中的文明礼貌、青年人对长辈的孝顺、老人对子女的厚爱关心、男人的责任感与忠厚、女人的善良温顺与贤惠等。这些人物性格特征在剧中被刻画得鲜明生动。因此,我们在欣赏韩剧时,一定要抓住最本质的东西。在尊重他国文化的同时,我们也应更加关注和解决自身的问题,关注我们的未来和发展,用韩剧触动我们的心灵,同时建立我们自己的文化娱乐和意识形态。这才是我们关注、欣赏韩剧最重要的意义所在。

拓展链接

电影与电视的异同

一、制作方式和用途

电影通常是为了在电影院等大屏幕上展示而制作的,其制作周期较长,可能需要几个月甚至几年的时间。电影制作的成本通常较高,制作团队包括导演、演员、摄影师、编剧等,资金投入较大。相比之下,电视节目则是为了在电视台播放而制作的,制作周期较短,可以是每周一集、每日一集或者根据需要灵活调整。电视节目的类型多样,包括情景喜剧、电视剧、综艺节目等。

二、播放方式不一样

电影通常在电影院等专门场所上映,观众需购买电影票,然后在大屏幕上观看。而电视节目则通过电视台播出,观众可以在家中通过电视机收看,也可以通过网络平台等多种途径观看。

三、欣赏的方式、视听效果不同

电影(电影院放映的电影)通常是在一个封闭空间一次性观看,由于其一次性的原因,具有较强的仪式感。观众需要在一个较长的时间段内集中注意力来体验整部影片,这往往带来更加深刻的视听感受。更大的屏幕可以呈现更多的视觉元素和更细腻丰富的色彩。而电视节目(无论是电视还是其他移动终端上播放的节目)则提供了更大的灵活性,观众可以根据自己的时间安排随时观看,并且可以暂停、回放或跳过不感兴趣的部分。

四、叙事安排不同

电影的叙事结构较为完整,一部电影通常讲述一个完整的故事,包含引子、发展、高潮和结尾。电影的叙事方式丰富多样。电视节目则有多种形式,可以是单集独立的故事,也可以是多集连续剧或单元独立的综艺节目。

审美实践

小说与影视的对比欣赏(二选一)

(1)莫言的《红高粱》(小说)、张艺谋执导的《红高粱》(电影)、郑晓龙执导的《红高粱》(电视剧),你更喜欢哪一种形式?请说出原因。

　　（2）观看王家卫执导的电视剧《繁花》，并阅读金宇澄的同名原著，尝试从文学艺术、造型特色、布景效果、文化背景、情感特点、人物设置、音乐风格等多个角度中选取你感兴趣的方面分析其艺术价值、审美特点，亦可谈它们的优点或不足。（提示：重点在于从个人的角度出发力图谈出真知灼见，可从文本与电视作品中任选一个为对象，也可综合二者对比分析）

在线检测

练一练，更优秀

互动空间·自我评价

模块五　强国之基——科技美

科技兴则民族兴，科技强则国家强。

—— 习近平

　　最终极的美是客观的，可以知道远在没有人类的时候，麦克斯韦方程式与刚才所提到的那些方程式就已经支配着宇宙的一切，所以科学里最终极的美与人类没有关系。

—— 杨振宁

数学，如果正确地看它，不但拥有真理，而且也具有至高的美。

—— 罗素

　　在技艺达到某一高度之后，科学和艺术往往在美学、可塑性和形式方面结合起来，最伟大的科学家也是艺术家。

—— 爱因斯坦

留住手艺，就是留住文明的记忆。

—— 盐野米松

专题十三
走进智造之域：科技美

知识目标：
- 了解科技与美之间的关系。
- 理解科学美、技艺美、技术美的特征。

能力目标：
- 掌握科技美的鉴赏方法。

素质目标：
- 培养学生尊重科技、热爱科技、积极投身科技实践的美好情感和基本的科学素养。

要点一览

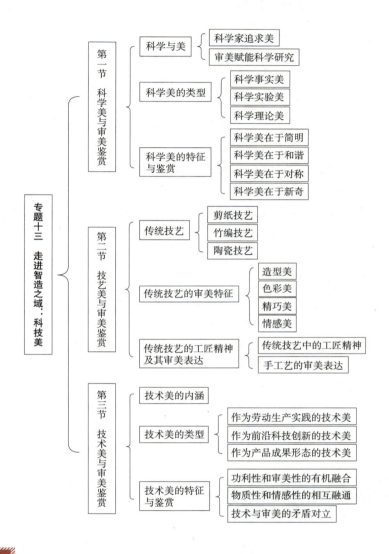

专题十三　走进智造之域·科技美

第一节　科学美与审美鉴赏
- 科学与美
  - 科学家追求美
  - 审美赋能科学研究
- 科学美的类型
  - 科学事实美
  - 科学实验美
  - 科学理论美
- 科学美的特征与鉴赏
  - 科学美在于简明
  - 科学美在于和谐
  - 科学美在于对称
  - 科学美在于新奇

第二节　技艺美与审美鉴赏
- 传统技艺
  - 剪纸技艺
  - 竹编技艺
  - 陶瓷技艺
- 传统技艺的审美特征
  - 造型美
  - 色彩美
  - 精巧美
  - 情感美
- 传统技艺的工匠精神及其审美表达
  - 传统技艺中的工匠精神
  - 手工艺的审美表达

第三节　技术美与审美鉴赏
- 技术美的内涵
- 技术美的类型
  - 作为劳动生产实践的技术美
  - 作为前沿科技创新的技术美
  - 作为产品成果形态的技术美
- 技术美的特征与鉴赏
  - 功利性和审美性的有机融合
  - 物质性和情感性的相互融通
  - 技术与审美的矛盾对立

内容导航

　　大学阶段学习非文史艺术类专业的学生，大多认为审美鉴赏乃至美育与自己关系不大，对自己没什么用处。但随着现代科技的进步，无数事实表明：自然科学、手工技艺、工程技术、物质生产和艺术一样，也存在着美和审美的问题，审美与科学技术之间存在密切关系。科技是一个综合性的概念，它涵盖了知识、学问、思维、技艺、方法等多个方面，具体来说，则包括科学、技艺和技术三个方面；与之相对应，科技美涵括科学美、技艺美与技术美三个部分。实践证明，人们只有正确认识科学、技艺、技术的美的规律，并按照"审美的规律"进行科学创造和物质产品生产，科学技术才能在满足人们物质需求的同时，满足人们的审美需求。在品味了艺术美的意蕴之后，让我们共同走进科学美、技艺美与技术美的奇妙世界。

第一节 科学美与审美鉴赏

案例导入

$E = mc^2$是爱因斯坦狭义相对论的一个推论,许多有一定科学素养的人都觉得它很美,但普通人却少有人觉得它美。那么那些觉得它美的人是如何从中获得美感的呢? 作为普通人,我们又该如何从中获得美感呢?

【案例解析】 科学结论或公式是美的。爱因斯坦的质能关系式$E = mc^2$深刻地揭示了自然界微观、宏观、宇观无数质能变化的规律,形式却十分简洁,具有强烈的审美价值。首先从公式中各个字母所代表的概念来理解其含义。公式中,E代表能量,m代表质量(指物质的多少),c代表真空中的光速。按照这个公式,两个鸡蛋(质量约100克)所蕴含的能量约为9×10^{15}焦耳。而1焦耳相当于将两个鸡蛋从地面举高1米所需的能量。这也就是说,两个鸡蛋所蕴含的能量足以将其自身举高1米达9×10^{15}次之多。若我们每秒举一次,那我们要举3亿年左右才能完成,其数量之大,足以用康德所理解的一种科学崇高美来形容。其次从应用角度来讲,原子弹所爆发出的巨大威力,其原理就是$E = mc^2$。太阳所发出的巨量的光和热也是依据$E = mc^2$,通过亏损自己的质量来发出它的光和热。$E = mc^2$通过其结构反映了客观物质世界的某一方面与对应物之间的联系,在引发人们对科学的惊叹、好奇、兴趣等积极情感的表达后,它就显得美了。

当我们在皓月当空、星汉璀璨的夏夜,借助天文望远镜看到巨大星云呈现着奇美的螺旋形时,我们不能不为大自然的精美、奇妙拍案叫绝。从古至今,大自然那种特有而深邃的美,以其不可抗拒的魅力吸引着无数企图探究它奥秘的人。美的世界,不仅是艺术家们的世袭领地,同样也是科学家们孜孜以求的极境。"科学和艺术是不可分割的,就像一枚硬币的两面"[①],科学和艺术在本质上都体现了人类对未知的探索和对美的追求;只不过科学家们穷尽毕生精力所追求的美,同艺术家和普通人心目中的美有所不同而已。科学家对美的追索是其从事科学研究的强大内在动力,也是一种自由的、自觉的、有目的的创造性活动。

螺旋星云"上帝之眼"

---

① 李政道.艺术和科学[J].文艺研究,1998(2):81-90.

一、科学与美

科学美是指存在于人类创造性的科学发明和发现活动中的美,它不仅涉及科学领域的理性美,还包括科学家在追求科学真理过程中所体验和感知到的美感;对科学美的追求是科学家的天性,审美同时也会赋能科学家的科学研究。

(一)科学家追求美

大自然的精妙奇美是无与伦比的。从天体、宇宙的运动到基本粒子的运行,从一望无垠的大海到巍峨挺拔的高山,从金刚石的晶体结构到脱氧核糖核酸的模型,自然界的一切是那么纷然杂陈而又和谐统一。科学家付出了比常人更多的心血,因此他们能在比常人更深刻、更本质的层次上看到大自然那震撼人心的美,并为这种美惊叹不已。是什么力量推动着科学家那样不倦地追求美呢? 除了自然奥秘的吸引和成功所带来的愉悦,更本质、更内在的原因恐怕还在于:科学家对科学美的追求是人类审美意识的自觉活动。

人类的审美意识是在人类社会实践的漫长历史进程中逐渐形成的。日月星辰、山岳河川、四季更迭、万物盛衰,自然界的对立统一与和谐有序在人类审美意识中历史地积淀为一种重要的倾向,这种倾向指导人们在宇宙万物中积极地追求和谐统一。这种和谐与统一被人们称为"美"。人们对美的追求不是出于单纯的理解或简单的评价,而是源自一种已在人类头脑里根植下深根的、蕴含着极为丰富的历史内容的审美理想。审美理想像一座灯塔,照耀着人类前进的道路,使人们能够猜测并热情地预感到所要探索的和所期望的结果,并对未来作出大胆的预测。

在古代,当人们还极少了解大自然的奥秘时,他们就已经能够对宇宙万物进行概括。这种概括与其说是科学,倒不如说是美感作用的结果。当人们还不完全懂得太阳的物理属性和化学属性时,他们已经从它得到了光和热,看到了它如何有力地作用于大地万物,觉察到了太阳与地上各种生命过程之间的联系。世界上许多民族将太阳的主宰作用人格化,创造了太阳神来崇拜和赞美。后来的科学证明,这种把太阳当作世界中心的思想,蕴含着多么天才的预测! 古希腊人虽然不能分析物质世界的复杂结构,但他们以审美的敏锐,猜测到了物质世界的某些根本的、普遍的规律,甚至猜到了原子的存在。"宇宙"一词,在希腊语中既意味着"天地万物",又意味着"美",在古希腊人的头脑里,美的概念和天地万物有条不紊的概念是融合在一起的。那时的科学家们便对数学、天文学、物理学等领域的美已有所体会。他们发现,"哪里有数,哪里就有美"(古希腊数学家普洛克拉斯);他们看到,最美的比例是1:1.618(黄金比例);他们深信,天体是永恒的、神圣的、完美的,整个天体就是一种和谐(毕达哥拉斯);他们推测,人体也类似于一个小宇宙,也是一种和谐,一种美(毕达哥拉斯、董仲舒等);他们感到,匀速运动是最美、最完善的运动。所以,匀速圆周运动应该是运动最基本的类型。此外,在日月运行、四时变化、万物生长之中,存在着无数的阳刚之美与阴柔之美(《周易》)。

人类社会实践的发展使人的美感日益进入人类深层心理,美感以十分隐蔽的形式制约着人们的社会实践活动,尤其是在那些除艺术以外的领域里。有研究表明,很多大科学家在谈及自己的科学发现时,都曾提到研究对象不经意间唤起了自己对美的感悟和好奇,让自己被一种强烈的情感所震撼,进而激发起自己的好奇心和探究欲。科学家的研究动机并不只是为了实用,而是蕴含了探索某种深邃之美的冲动。从这个意义上说,科学家对美的追索是科学研究的内在动因,追求美不仅是艺术家的天性,而且也是科学家的天性。

(二)审美赋能科学研究

许多伟大的科学家都曾表示,一颗"爱美之心"对科学事业来说至关重要,因为美的信念和直觉在科学研究中不可或缺。爱因斯坦曾经说过:"如果我不是一个物理学家,我或许会成为一个音乐家。我时常在音乐中思考。我在音乐中做我的白日梦。"[1]这段话虽然看似简单,却深刻地反映了这位科学家对科学研究的感悟。从爱因斯坦的传记中得知,音乐是他一生中的挚爱,并始终伴随他的一生。可以说,没有音乐的生活对爱因斯坦而言是不可想象的。有研究指出,爱因斯坦关于音乐本质的深刻理解,帮助他形成了狭义相对论中没有任何参照系具有优先性的想法,并且对广义相对论中至关重要的等效原理亦有所启示。

面对纷繁复杂的科学现象,科学家总是力求揭示其内在规律,并试图构建一套美的符号体系,以最准确、最简洁、最概括的方式传达所发现的规律。爱因斯坦非常重视理论建构时的美学动机,他坚信优美的数学形式与现实物理世界之间有着必然的联系。追求科学理论的臻于完美,成为科学家进行科学创造的持久动力。很多科学家自觉依据审美价值尺度,按照美的规律从事科学研究和科学创造,认为科学理论不仅应当是真的,而且应当是美的。

科学史上不乏科学家同时拥有艺术家身份的例子。许多科学家具备良好的艺术修养,因此,从艺术审美中获得启迪的事例在科学研究中也屡见不鲜。伟大的天文学家开普勒在研究行星的运行规律时,就受到了家乡民歌《和谐曲》的启发。他将行星围绕太阳运转的角速度与乐曲的和谐旋律相类比,由此进一步研究,最终得出了行星运动的三大定律,成为"天空立法者"。

二、科学美的类型

通常我们认为,科学美主要体现在科学事实、科学实验和科学理论三个方面,从而形成科学美的三种类型。

---

[1] 卡拉普赖斯.新爱因斯坦语录[M].范岱年,译.上海:上海科技教育出版社,2017:138.

(一)科学事实美

科学事实美是指自然界和谐的结构和运动方式等客观存在的科学研究对象的美。它是一种内在的理性美,不是感性直观而是纯粹理智所能感受到的。科学事实对常人来说可能并不会引起特别的美感,但科学家却能感受到其中的魅力。例如,达尔文把他所看到的热带植物描绘成永远留在人们心中的"一幅虽不清晰但无限美丽的图像"。达尔文每当谈到一草一木时,都将它们看作有生命、有人格的东西。即使在外观形式极不相同的自然对象中,科学家也能感受到相同的美。

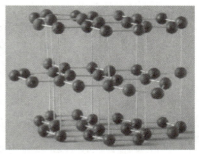

石墨晶体结构模型

比如,物理学家研究针尖上原子的排列,昆虫学家分析蚊子眼睛的结构,化学家观察晶体的显微结构,都可以在不同的对象身上感受到一种对称之美。古今哲人和科学家无不受到科学事实美的感召,去观察、发现和探究自然界千变万化、错综复杂的现象,深化对自然的理解,寻找其内在规律和万物本源,再通过对客观规律的认识来解释、预见更多的自然现象。因此,科学事实美是客观的,经得起实践检验的。

科学事实美建立在自然之真的基础之上,又将真包含于其中,因而隐藏在科学事实美背后的正是真的奥秘。一般来说,人们总把"求真"作为科学发展的动力,事实上,对科学事实美的热爱与对真的追求、对善的献身一样重要。科学事实美也是推动科学发展的重要动力之一,即所谓的"以美引真"。对科学现象之美的兴趣和好奇激发了科学家的探索欲望,激活了他们的创造性思维和创造性想象。古往今来,无数科学家在好奇心的驱使下努力奋斗,取得了巨大的成就。

(二)科学实验美

科学实验美是指科学家在审美思维的指引下,通过实施科学实验或设计科学模型来获得科学发现过程中的审美体验。它包括实验指导思想的创造性、实验装置设计的新颖性,以及实验技术与操作过程的艺术性等多方面因素。从设计到实施,科学实验让人感受到严谨、准确、简洁、有序,并富有艺术的韵律感,具有类似艺术审美的魅力。从美感效应来说,科学实验的巧妙和巨大成功,带给实验者的审美愉悦不亚于完成了一件艺术杰作。杰出的实验科学家常被人称为"实验艺术家"。德国物理学家维恩称赞俄国科学家列别捷夫测量光压的实验是"极其美妙的",认为其实验技巧之高超是他人难以企及的。美籍华裔学者吴健雄也是当代最杰出的实验物理学家之一。她以非凡的实验才能验证了诺贝尔奖得主李政道和杨振宁提出的"在弱相互作用下宇称不守恒"的假说。其实验不仅超乎寻常地艰难,曾让不少科学家望而却步,而且取得了无与伦比的成功,在实验科学史上写下了光辉的一页,同时也为实验科学增加了一个精彩的范例。

庞加莱曾说过:"逻辑是证明的工具,直觉是发现的工具。"科学实验或科学模型往往通过直觉、灵感来启迪科学家,从而打通科学实验或科学模型的探索之路。直觉源于广博的基础知识和经验积累；灵感则来自对复杂问题的深思熟虑，是在情绪最为充沛和活跃时的突发奇想，或由某事物引发的联想。有时想象会诱发直觉或灵感，有时直觉和灵感会激发想象。总之，科学实验中的美具有随机性、突发性和瞬间性。"踏破铁鞋无觅处，得来全不费功夫"，正是这种审美特点的最佳描述。

(三)科学理论美

科学家们将手中的科学论文和报告视为人类追求自然本质美的忠实记录，也将其看作人类理性美的忠实记录。著名物理学家朗道和里弗希慈曾把爱因斯坦所发现的相对论看作一切现有物理理论中最美的一个。美国天体物理学家S·钱德拉塞卡认为，广义相对论如同一座伟大的雕塑，无论从哪个距离欣赏，都能显露出新的美感。爱因斯坦自己也认为，一个物理理论的正确性必须是"外在的事实证明"和"内在的完美"的统一。因此，B.霍夫曼评论道："爱因斯坦的方法，虽然以渊博的物理学知识为基础，但本质上是美学的、直觉的。"[1]科学理论的博大精深和简明透彻给人以巨大的美的感染，这丝毫不逊色于艺术作品带来的美的享受。当然，科学的美是用一种特殊的科学语言表达的，这种美只有充分理解这些科学语言的人才能领会。

杰出的理论成果以其深刻透彻与和谐统一给人以美的感受，但是科学理论的美与艺术美毕竟还是有区别的。有人曾打过这样的比方：如果把科学和艺术各比作一枚硬币，那么对艺术硬币而言，"美"的一面朝前，"真"的一面在后；而对科学硬币而言则是相反，"真"的一面朝前，"美"的一面在后。换句话说，欣赏艺术美是"美中见真"，而欣赏科学美是"真中见美"。在艺术中，美本身就是创作的目的，而在科学中，理论系统形式上的美顶多是一种工具，只有当科学理论内容的美最终与大自然的美相一致时，美才能在科学中发挥良好的作用。因此，科学理论可以是美的，也应该是美的。

三、科学美的特征与鉴赏

科学美以其不可抗拒的魅力吸引着科学家们不断追求，并通过理论的美感体现出来。这种科学美的魅力主要体现在四个方面，即简明、和谐、对称与新奇。

(一)科学美在于简明

科学家通过创造性的科研劳动，从纷繁复杂的自然现象中概括出简单明了的规律，这本身就是一种科学美。酷爱音乐的爱因斯坦认为，原理上的简单性是评价一个理论是否美丽的重要标准。科学理论、定理、公式外在形式上的简单必须与其内涵的深刻和广泛相统一，也就是说，要从尽可能少的假设或公理出发，通过逻辑演绎概括尽可能多的经验事实。因为，外在形式越简单的理论，它内在所涉及的事物种类就越多，应用范围就越广，给人带来的美感也就越深。然而，这里所说的简单性是指理论赖以建立的独立的假

---

① 赵中立，许良英.纪念爱因斯坦译文集[G].上海：上海科学技术出版社，1979:229.

设或公式最少,而不是指学习这种理论时产生的困难最少。实际上,牛顿的万有引力定律公式 $F = g(m_1 m_2)/r^2$、普朗克的能量和频率的关系式 $E = h\nu$、开普勒的行星运动第三定律公式 $T^2 = D^3$ 以及爱因斯坦的质能关系式 $E = mc^2$ 等,无一不是用极为简洁的公式表达了极为复杂的自然规律。

(二)科学美在于和谐

和谐是指事物内部各部分以及事物之间能够配合得当,协调一致并均衡舒畅,达到多样性的统一。大自然有序而和谐,万物虽杂陈却彼此相关,遵循着严整的规律进行永恒的运动,以丰富的形式互相渗透、转化,在纷繁中见协调,在差异中见统一。因此,万物是以"和谐"为表现特征的自然本质之美,所有能表达自然这种内在特征的理论都具有和谐美。例如,平面几何的美学价值在于它将代数、几何和逻辑学有机地统一起来;元素周期表中,各种化学元素按原子序数顺序排列,展示了一种极为和谐、统一的自然连贯性。所以,科学理论的美在于它能反映自然内在的这种和谐。

(三)科学美在于对称

自然界的物质形态及其运动图景具有广泛的对称性,如蜘蛛能把极细的丝织成对称的网。这种对称性成为科学理论对称性的来源之一。德国化学家凯库勒提出的苯分子结构理论之美,不仅因其与实验事实相符,还因为它采用了双轴对称的几何图形,给人以美的感受。对称美体现在自然界中的原子、分子及生物结构中,给人以均衡、稳定的美感。因此,科学理论如果能反映自然这一特征就是美的,如波动平衡理论、超对称理论、稳定理论等都具有较高的审美价值。科学理论中对称美常令科学家心驰神往,如中心对称、空间对称、时间对称、守恒对称(各种守恒定律)等,一旦被发现,常令科学家因窥探到自然奇异美丽的内部而兴奋不已。数学上的充分条件和必要条件;物理上的电场与磁场、波粒二象性、负电子与正电子;化学上的合成与分解、氧化与还原;生物学上的遗传与变异、同化与异化等,都是由于其对称形式而受到欣赏。许多科学家为了追求理论的对称美耗尽毕生的精力。

(四)科学美在于新奇

这里的"新奇"意指如同人们观赏戏剧时的感受那样:意料之外,却在情理之中。例如,德国物理学家海森堡发现量子力学原理时的感受令人激动:"当计算的最后结果出现在我面前时,差不多已是凌晨三点钟了。能量守恒原理对所有项都成立,我不能再怀疑量子力学在数学上的坚实和条理。最初的一瞬间,我深感惊慌,我感到,透过原子现象的表面,我正在窥探一个异常美的内部。当想到现在必须探明自然界如此慷慨地展示在我面前的这个数学结构的宝藏时,我几乎眩晕了。"[①]科学家的思维独创性和方法新颖性使得科学美体现出新奇的特征。科学理论的生命力在于其独创性,这也是其审美价值所

---

① 夏禹龙.科学学基础[M].北京:科学出版社,1983:281.

在。科学理论的新奇美在于其内容具备某种和谐性,显示出新奇与和谐的对立统一。原则上,科学理论只向人们提供关于自然界的新知识。对于人们知识背景中所没有的知识,如果科学理论阐明了它,并提出了意料之外的科学假说,且能凭借前人可靠的科学成果取得新颖成就,那么这种理论将引发科学革命,并推动科学向更高一级发展,这种重大新奇理论的审美价值更大。伟大的物理学家爱因斯坦所发现的相对论便是科学世界中一件绝美的杰作,是这种新奇美的典型。仅凭单纯的观察实验来积累资料,无论多少都无法直接、必然地导出独创性的思想来。在平时的观察或实验中有时能得到新奇科学思想的启发和萌发,但在本质上它却是创造思维的结晶。

总之,科学美以简明、和谐、对称和新奇为主要特征。许多科学家认为,如果一个理论未能达到"简明""和谐"的境界,那么这个理论就一定还存在缺陷和毛病。因此,"简明""和谐"是科学美的最基本因素。

拓展链接

科学需要想象

审美实践

爱美之心助力科学研究（文史经管等专业）

科学研究史上,有无数伟大的科学家在艺术中寻求到科学研究困境时的"灵光一闪",请收集审美赋能科学研究的经典故事,在小组进行分享并讨论。

_____

_____

_____

不同学科的科学美（理工农医等专业）

不同的学科有不同的科学美:数学是一个"美的王国",数学中的美,不仅表现在数的美、形的美、比例的美,还表现在它的精确美、抽象美、逻辑美、简单美、符号美、和谐美、对称美、秩序美、统一美上。物理学中的美,有物理现象的美,如阳光在棱镜下分解成不同色光的美,更重要的是,物理规律所显示的美。化学中的美,既包括在高倍显微镜下物质结构显现的因素美,也表现在化学实验美,更表现在化学理论所反映的和谐与统一美。生物世界绚丽多彩,生机勃勃,生物本身就是美的,但生物学上的美,更离不开生物科学理论美。结合你所学的专业,试分析你所属专业所学学科的科学美,在小组进行分享并讨论。

互动空间·自我评价

第二节　技艺美与审美鉴赏

案例导入

　　青铜器是中国古代手工技艺的重要成就之一，"后母戊鼎"（原称司母戊鼎）是中国青铜器中最典型的代表。该鼎于1939年在河南安阳出土，据说是商王祖庚或祖甲为祭祀其母戊而制，现藏于中国国家博物馆。后母戊鼎因鼎腹内壁上铸有"后母戊"三字而得名，

重达832.84千克，是迄今世界上出土最大、最重的青铜礼器，享有"镇国之宝"的美誉。现为国家一级文物。鼎身四周铸有精巧的盘龙纹和饕餮纹，器耳上饰以浮雕式鱼纹，首尾相接；耳外侧饰浮雕式的双虎食人首纹；腹壁四面正中及四隅各有突起的短棱脊，腹部周缘饰有饕餮纹，均以云雷纹为地。后母戊鼎除了造型的厚重古朴，美在哪里？如何去欣赏？

后母戊鼎

【案例解析】　后母戊鼎不仅造型厚重典雅，气势恢宏，而且纹饰美观，铸造工艺高超，反映了商代青铜铸造的超高工艺和艺术水平。其美主要体现在极具视觉冲击力的纹饰上，比如饕餮纹，是想象中的神兽头部的正视图案。商代至西周时，这种纹饰常作为器物上的主题纹饰，展现了一种奇特的美感。美学家李泽厚把这种美称为"狞厉的美"，认为"如同给人以恐怖效果的希腊悲剧所渲染的命运感，由于体现着某种历史必然性和力量而成为美的艺术一样。"[1]这种狞厉的美以其神秘恐怖与无可阻挡的巨大历史力量相结合而成为美——崇高之美。他还对这种美做了这样的论述："由于早期宗法制与原始社会毕竟不可分割，这种种凶狠残暴的形象中，又仍然保持着某种真实的稚气。从而使这种毫不掩饰的神秘狞厉，反而荡漾出一种不可复现和不可企及的童年气派的美丽。"[2]这是非常精准的评价。饕餮纹在当代也是装饰艺术使用的重要纹样，比如第五套人民币20元纸币上就有其身影。

　　传统技艺有着独特的魅力，与纯艺术品不同，传统技艺制品具有造型美、色彩美、精巧美、情感美的审美特征。在传统技艺的传承和学习过程中，工匠精神已成为中华民族精神的重要组成部分。

---

① 李泽厚.美学三书[M].安徽:安徽文艺出版社,1999:45.

② 李泽厚.美学三书[M].安徽:安徽文艺出版社,1999:46.

饕餮纹

一、传统技艺

传统技艺全部靠手工完成，因此传统技艺又称为手工技艺或手工艺。传统技艺主要指具有高度技巧性或艺术性的手工劳作。并非一切手工劳作都可被称为传统技艺，也并非所有手工制品都是传统技艺制品，只有高超技艺的手工活及其制品才称得上传统技艺及传统技艺制品。中国的传统技艺典范有剪纸技艺、茶道技艺、竹编技艺、陶瓷技艺等。茶道技艺在前文已经讲述，在此不再赘述。

（一）剪纸技艺

剪纸是中国最为普及的民间传统装饰艺术之一，用于装点生活或配合其他民俗活动，表达了广大民众的社会认知、道德观念、实践经验、生活理想和审美情趣，具有认知、教化、表意、抒情、娱乐、交往等多重社会价值，有着悠久的历史。因其材料易得、成本低廉、效果立见、适应面广，样式千姿百态，形象普遍生动而广受欢迎。大到国际交流，小到个人爱好，剪纸艺术无不发挥着弘扬中国传统文化的作用。剪纸创作是中华优秀传统文化作品，赠送国际友人，可以向国际传播中国

双鸟报春

文化；剪纸创作是弘扬社会主义核心价值观的作品，可以向全国人民生动形象宣传，人民乐于接受；剪纸创作是中国传统喜庆文化作品，家中办喜事时可以表达喜庆；还可以用剪纸创作装扮家庭、办公室及公共区域。这样不仅能让我们享受剪纸技艺带来的美感，更能传承和弘扬中国传统文化，让中国人民充满幸福感、自豪感。

全国各地都能见到剪纸艺术，甚至形成了不同的地方风格和流派。例如南方派系的自贡民间剪纸，始于明清，传承了400多年，是老百姓祈求美好生活的一种精神文化形态。自贡剪纸的特点是质朴丰润，清新明快，拙中带巧，平中有奇，装饰味浓，现代感强。又如江浙派系的扬州剪纸，扬州是中国剪纸流行最早的地区之一，唐宋时期就有"剪纸报春"的习俗。扬州的剪纸艺人还根据需要创作绣品底样，有绣花必有纸样。扬州剪纸线条清秀流畅，构图精巧雅致，形象夸张简洁，技法变中求新，形成了特有的"刀味纸感"艺术魅力。

剪纸拥有独特的造型特点,不仅反映了群众的审美爱好,还蕴含着民族的社会深层心理。民间剪纸历史悠久,风格独特,深受国内外人士的喜爱。它通常通过谐音、象征、寓意等手法提炼和概括自然形态,构成美丽的图案。在表现形式上,剪纸具有全面、美化、吉祥的特点,并用特定的表现语言,传达出传统文化的内涵和本质。民间剪纸艺术之所以能够流传和沿革如此长的时间,主要是依靠"传承"实现的。上辈人通过言传身教,将一些民俗文化观念以及剪纸中的艺术符号、创新体验传授给下一代,这一过程代代相传,从而实现了传承、整合、发展和沿革。

(二)竹编技艺

竹编技艺是运用竹子作为原料,将其加工成篾片、篾丝,再编织出各类器具的过程和方法。竹子在中国传统文化中被誉为"四君子"之一,因其繁殖能力强、生长快、柔韧性好及天然环保等特点而备受青睐。从古至今,竹编以多种形式的手工艺品和生活用品形式伴随在我们的生活中。

竹编的起源可以追溯到新石器时代,距今已有5000多年的历史。在原始社会,人们用竹子编成篮、筐、器具类农业用具,主要用于盛放食物和进行简单的农业生产。随着时代的发展,竹编的技法和纹理变得更加丰富多样,如人字形、菱形格、梅花眼等,编结工艺的基本传统和许多技法已初步形成。战国秦汉时期,竹编技艺达到了相当高的水平,人们开始使用六角形空花、八角形空花或盘缠编织法,技艺精湛,图案美观。唐代以来,日常生活用品的生产日趋发达和繁荣,竹编的生产规模、种类品质、工艺技术和艺术水平均达到了前所未有的高度。近现代,随着人们审美需求的变化,竹编逐渐向工艺化转变,激活了其装饰性,赋予竹编新的生命力。如今,竹编不仅是日常生活中不可或缺的生活用具,也是备受欢迎的装饰品,如竹扇促进了中华优秀传统文化名扬远播,竹包装赋予了商品的档次,竹家具给予了环保的生活空间。

随着新技术、新材料涌现,不锈钢、塑料等制品丰富了市场,但它们无法替代或淘汰竹编。竹编技艺有别于其他技艺,机械化生产难以完全取代手工制作,这是因为竹子加工后的特性决定了其不能完全依赖机械生产。近年来,竹编逐渐由家庭作坊生产向合作社、企业生产转变,产品也逐渐由低附加值的生活用具向高端工艺品转变,营销方式也从个人贩卖向新型营销转变。这些变化都激发了竹编的新活力。同时,作为国家级非物质文化遗产,竹编技艺得到了保护,延续了传统的手工艺。随着人们对高品质生活的追求和审美需求的提高,竹编产品推陈出新,类型更加广泛,塑形更加精细,颜色更加丰富。一个高质量的竹编作品需要多重复杂的工序,有时甚至需要长达数月的精心制作,更需要精湛的技艺,这考验着工匠是

工艺竹编

否能够心无旁骛地坚持下去。令人欣慰的是，一代又一代的竹编工匠始终保持了竹编技艺的原始性、自然性和本真性，他们执着专注、精益求精、一丝不苟、追求卓越的工匠精神，推动了竹编技艺不断发展，促进了竹编文化的繁衍生息，并使竹编艺术走向世界。

彩陶

（三）陶瓷技艺

据考古发现，中国的陶瓷技艺与竹编技艺相似，也始于新石器时代。当时，制作陶器主要是为了满足炊器、伙食器、盛储器等日常生活用品以及祭祀器物的需求。主要形式为彩陶，并且在陶器上常常刻有动物图案。这一时期的陶器类型和图案都呈现出多样化的特征。其后，中国陶瓷技艺经历了四个典型发展阶段，从最初的制陶发展到后来的制瓷，直至两者并行发展。

1.汉朝至隋朝时期

这一时期，政治、经济和文化繁荣，民族之间相互交流融合，对外贸易十分发达。统治者关注陶瓷的本地化发展，使陶瓷成为文化交流的重要象征。特别是丝绸之路开通后，中国与欧亚国家之间的交流更加紧密，合作更加频繁，这极大地推动了陶瓷技艺的发展，尤其是烧制技术的进步。汉代出现了表面较硬的釉陶，这被认为是瓷器的雏形。

宋瓷欣赏

2.唐宋时期

唐宋时期，经济空前繁荣，陶瓷技艺达到了炉火纯青的地步，并与雕塑、建筑艺术等技艺不断融合。唐三彩，全名唐代三彩釉陶器，是唐代陶瓷工艺的珍品，是盛行于唐代的一种低温釉陶器，釉彩以黄、绿、白三色为主。唐三彩技法成熟，釉色绚丽，造型丰富，充分展示了唐朝时期的审美风尚，其绚丽斑斓的艺术效果在雕塑精美、造型生动的作品上得到了淋漓尽致地发挥和展现。到了宋代，陶瓷技艺继续蓬勃发展，产品广泛出口。以汝窑、官窑、哥窑、钧窑、定窑为代表的各地名窑纷纷涌现，产品色彩愈加丰富。

3.元明清时期

元代时，枢府窑出现，景德镇开始成为中国最大的陶瓷生产基地，享誉全球。这里出产的白瓷和釉下青花装饰尤为著名。清代康乾盛世期间，陶瓷工艺更进一步，开发出更为精美的陶瓷产品，釉色和釉上颜色极其

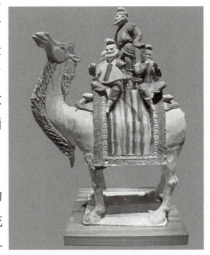

唐三彩

白瓷

丰富。然而,清代末期由于战乱不断,民不聊生,中国陶瓷制造业停滞不前,甚至有所衰落。

4.近现代时期

民国时期,由于军阀割据,生存是最大的需求,整个陶瓷工业也陷入衰落的状态。中华人民共和国成立后,陶瓷工业逐渐复苏,陶瓷工艺继续优化,丰富了陶瓷雕塑新工艺、新表现的途径,陶瓷工业蓬勃发展。

我国陶瓷制品大多由工匠们手工精心打造而成,历代陶瓷工匠坚守初心、孜孜不倦、精益求精、追求卓越,在这种工匠精神的传承下,陶瓷技艺薪火相传,生生不息,日益精进,创造出许多珍奇精美的作品。随着科学技术的进步,陶瓷技艺逐步实现数字化、产业化和工业化,陶瓷工匠们创造了用途广泛、色彩鲜艳、工艺精湛的传世佳作,不仅促进了人类文明的进步,也向世界传播了中国陶瓷文化。这是传统技艺与现代技术完美结合的结果,更是陶瓷工匠们坚守工匠精神的体现。

二、传统技艺的审美特征

传统技艺的审美感知是视觉与触觉的交互作用,这是其一个显著的审美特点。因为在其他艺术形式中,除雕塑的质感会引发触觉体验外,这种感觉通常被边缘化。从人类感知与艺术的关系来看,触觉的退化和视听感官的主导是一种发展趋势,而传统技艺则在维系和丰富人的触觉体验方面发挥着重要作用。基于这一特点,我们可以进一步探究传统技艺的审美特征。

(一)造型美

艺术的魅力在于其"有意味的形式",其中造型美是评价艺术品价值的重要指标之一。无论是流畅的线条还是厚重的块面,一件器物往往凭借其独特的形式就能打动观者。在这个过程中,人们会发现传统技艺制品的造型美与其他艺术作品有所不同。在一般艺术作品中,与造型相对应的是内容,造型与内容的冲突构成了艺术发展的主线;而对传统技艺制品来说,需要与造型相协调的是它作为某种工具所要实现的功能和作用。不论是传统技艺制品还是现代工业设计产品,个中佼佼者往往是那些完美结合了造型与功能的例子。

陶器制作是一个很好的例子。我们不难发现,大多数陶器都具有柔和的曲线,特别是那些为日常使用而制作的器具,它们的设计往往非常贴合人手的形状,体现了墨子提出的"便于身"的器物造型原则。在此基础上,传统技艺制品的形式有一种"合适",这不同于艺术创作中的"合式"(即符合

陶器

某种古典理想的标准),而是遵循"便于身"的原则,在创作物品时充分考虑实际使用的需要。我们的祖先在进行手工艺创作活动时的所思所想,并非追求某种超乎自然的理想,而是基于切实的生活经验来进行考量,用手来认识和改造世界。

天青色釉盘

(二)色彩美

在传统技艺制品中,色彩的独特之处在于它提供了一种"不期而遇"的体验。中国灿烂的陶瓷文化中,关于釉色的研究和由此产生的故事数不胜数。例如充满浪漫想象的汝窑的"天青色"(据传最初源自五代后周时期的柴窑),这种颜色似蓝非蓝,似绿非绿,犹如雨过天晴的瞬间,又如天空将亮未亮的光景,呈现出一种引而不发的光鲜和含蓄内敛的气质。同样难得的还有"祭红釉",这是景德镇陶工在明宣德时期烧制的一种著名红釉品种,其釉色如同初凝的鸡血,深沉安定,莹润均匀,釉中无龟裂纹理,因其用于祭祀而得名。由于祭红釉瓷器难以烧制,因此比其他色釉更加名贵,其色彩成为重要的审美特征。

如果说上述案例展示了典雅方正的色彩美,代表的是一种色彩的权威性,那么在色彩上带来更多惊喜的应属被评为"艳丽绝伦"的"窑变"。本为青色的釉色,由于紫红色铜在窑炉中的复杂反应,最终形成了斑驳的釉红色,且其纯度和色块形状大小均不可预测,因此有"钧瓷无对,窑变无双"的说法。例如北宋"钧窑玫瑰紫釉菱花式三足花盆托"的边缘便恰到好处地出现了浅紫红色的渐变颜色,与内部的青色交相辉映,形如流云,灿如晚霞。窑变是一场"天地人神"的四方圆舞,充满了激情、创造与未知。

前工业时代的传统技艺不同于现代工业化的精准控制流程,手工制作过程充满了变数。瓷器的开片和窑变不约而同地指向人与世界的不期而遇。虽然在一般人的观念中,偶然性常常意味着无法如愿,但如何欣赏这种"瑕疵"呢?吉永祯和田渊太郎都是日本当代著名的陶瓷手艺人,均擅长制作白瓷器皿。然而,与大众追求白瓷胎体和釉面洁白无瑕、晶莹剔透不同,他们更倾向于呈现白瓷的"瑕疵美",因为这些瑕疵正是这件独一无二的器物最重要的特征,是它们与世界相遇留下的痕迹。正如田渊太郎所言,根本不存在所谓的传统美学,"白不再是瓷器唯一的美学准则,本来,美就有很多种"。与机械生产的标准化量产相对,传统技艺制品的制作需要手工艺人在技巧和工具运用上用心体悟工艺之道。由于制作者个人经验和情感的不同,每件传统技艺制品都包含了独特的个性和痕迹。而传统技艺制品的创作过程也正因为具有偶然性,总是充满惊喜。偶然性和瑕疵不再是美的对立面。传统技艺具有的偶然性和不可控性以及由此创造的"美",实际上启迪我们思考一些更为宏大深远的人生命题:如何从容面对和应对人生的偶然性和不可控性?是像范仲淹所说的"不以物喜,不以己悲",还是"身处天地谁非客,

苗族银饰

得意江湖便是家"？

（三）精巧美

传统技艺之美的另一个重要层面是其技艺的精巧美。精巧一词可拆解为两个不同的意思：一方面是造物的精致，它代表着匠人娴熟的技艺与制作手工艺品时一丝不苟的态度；另一方面，精巧还意味着匠人在制作和使用器具时融入的巧妙构思。例如收藏于南京博物院的汉代错银铜牛灯，不仅设计精美，而且在制作时巧妙地利用铜银两种不同材质的色泽，形成了颜色的完美搭配。铜牛灯通体光滑，工艺精湛，整体运用流云纹、三角纹、螺旋纹等装饰，并饰以龙、凤、虎、鹿以及各种珍禽异兽的图案，线条流畅飘逸，堪称汉代众多青铜灯具中实用性与艺术性完美结合的杰作。

同样以精巧著称的还有苗族的银饰。苗族银饰工艺复杂，一些大型的银饰往往由成百上千个装饰或支撑部件组成，最多需要数十道工序才能完成。根据需求，银匠首先将熔炼过的白银制成薄片、银条或银丝，然后通过压、錾、刻、镂等工艺制作出精美纹样，最后再焊接或编织成型。

正如柳宗悦在其《日本手工艺》一书中所解释的："手与机器的差异在于，手总是与心相连的，而机器则是无心的……手工作业也可以说是心之作业，没有比手更加神秘的机器。"[①]手工制品具有人的生命、情感和温度，它们是制作者多年潜心修炼才能取得的结果。这些通过手、眼、心、脑紧密配合创造出来的物品，凝聚着千百年来人类最真切的身体经验，透露着岁月无声的流逝与绵延。

（四）情感美

传统技艺之美还与怀旧、岁月等情感因素密切相关。传统技艺制品常常被视为某种文化记忆的载体，尤其是在科技迅速发展的现代社会，传统技艺往往能唤起人们对带有"温度与情感"的文化技艺的回忆和向往，许多人愿意以此留住乡愁和童年的美好记忆。在工业化生产的时代，大多数传统技艺制品都以一种"老物件"甚至"文物"的方式呈现给我们。那些真正打动我们的可能不是器物本身的功能，而是上面的一道划痕或一处掉色。这些痕迹是造物的独特姿态，承载了我们集体的历史或独特的个人记忆，并在我们与其相遇的时刻被重新唤起。

传统技艺作为情感的凝聚还体现在日常生活中不可或缺的仪式感上。从普遍意义上讲，器物是人们正在生活的证明。在18世纪欧洲流行的"中国风"潮流中，宫廷贵族和有产者，尤其是英国的上流社会，常以拥有精美的成套中国瓷器为荣，并会在下午茶或特

---

① 柳宗悦.日本手工艺[M].张鲁，译.桂林：广西师范大学出版社，2011：3.

殊宴会等场合展示和使用自家收藏的瓷器。特定场合与特定器物形成的固定关系和内在秩序，就是所谓的"仪式感"。在现代社会中，人们越来越注重日常生活中的仪式感，而工艺品在其中扮演着极其重要的角色，成为审美生活中不可或缺的一部分。

正是由于传统技艺制品具有独特的审美体验，即使身处科技日新的当代社会，人们对于传统技艺的热情也不会因大工业生产和人工智能的发展而减退。相反，传统技艺制品在今天愈发成为人们生活之中不可或缺的象征、铭记和陪伴之物，逐渐获得了超越功能和价值存在的更为精神化的审美生命，极大地丰富并满足了人的感性生活和感知体验。如今，人们越来越强调全方位地感知世界和万物，这需要我们尽可能运用身体的一切感官进行体验。即使有时只需依靠一种感官去感受工艺品，但通过联觉和通感等活动，我们也可能获得（至少在想象和意识上）被补充完整的感知。这就是传统技艺制品作为一种全官能参与制作的物品的本质属性所赋予的强大魅力。试想，如果我们此刻正在使用一枚哥窑的瓷碗或瓷杯喝水，看着精美的开片纹理等装饰，品着碗中或杯中的普通白水是否也别有一番甜美？

三、传统技艺的工匠精神及其审美表达

（一）传统技艺中的工匠精神

从人类创作出第一件器物至今，随着科技文明的不断进步，那些曾在往昔岁月中陪伴人类成长的传统技艺及传统技艺制品，要么已离我们远去，要么正经历深刻的变化，而不变的是人存在所带来的对手工艺的不断认识、尝试和反思，这些构成了手艺人对自身的要求和追求，成为他们特有的气度和禀性，即所谓的"工匠精神"。工匠精神之美，在于美的追求和享受，在于追求价值的善美，在于尊师重道的美德；体现在工匠执着专注的做事态度、精益求精的职业品质、一丝不苟的工作习惯和追求卓越的创新思维四个方面。

1.执着专注的做事态度

"执着专注"是对作品精雕细琢的坚持，是干一行、爱一行、术业有专攻的追求。态度决定行为，行为影响习惯，习惯决定品性。工匠精神是一种执着专注的实干精神，优秀的工匠完成任何事情都不是凭运气或靠投机，而是认真对待、执着追求、慎终如始。只有始终如一地潜心钻研、脚踏实地，坚守永不懈怠做好一件事的职业信念，才有可能成为一个真正的"匠人"。晒纸车间里的"铁人"毛胜利专注于晒纸30年，续写宣纸传奇；"雕刻大师"马荣一拿起刻刀便仿佛进入了点与线构成的世界。这些取得杰出成就的工匠，都在用才智长期坚守本职工作，即使面对丰厚物质利益的诱惑，也不改其志。传统工艺繁杂的工序对匠人的专注力来说是一场极大的考验。现代社会中碎片化的娱乐享受让当代人难以集中注意力，而手工艺制作中所需的专注和耐心，正是减少这种注意力损耗的一剂良方。工匠的本领在于能长时间耐心地制作器具。高超的技艺来源于

长久的练习,打磨器物和打磨人心一样,需要足够的沉静。在这个过程中,工匠需要抵抗枯燥无聊的时光,专注于自我工艺的训练。可以说,聚精会神地学习手工艺不仅能够帮助当代人培养专注精神,还能让人暂时脱离社会的压力,与自己的内心世界进行交流。

2.精益求精的职业品质

"天机云锦用在我,剪裁妙处非刀尺""追求极致完满和一丝不苟""十年磨一剑"等词句,都展现了"工匠精神"的深刻内涵。精益求精是在追求美的基础上设定更高标准,付出全部心血,精雕细琢,不允许半点瑕疵,始终保持做事的新鲜度和激情,把事情做得更加完美。例如,"中国陶瓷艺术大师"朱文立不断精益求精、超越自我,最终烧制出了如同古老传世品一般的天青釉瓷器。精益求精的精神不仅反映在产品制作上,也体现在工匠对技术的追求上,其核心是对材料、技艺以及成品质量的精益求精,使手工艺不至于完全湮没在仅为追求商业利益的投机和钻营之中。在优秀的工匠心中没有最好,只有更好,追求完美永远在路上。精益求精意味着在职业道路上没有终点,只有起点,需要永远朝着更好的方向努力。每一个工匠在精益求精的过程中,职业技能得到提高、产品品质得到提升,从而实现从优秀到卓越的自我超越。

3.一丝不苟的工作习惯

天下大事,必作于细。"一丝不苟"是恪尽职守、认真履职尽责的工作习惯,是追求完美细节的严谨,是做事认真细致的坚持。细节决定成败,工匠们一丝不苟的工作习惯体现了他们对职业的高度负责和尊重。每一道工序、每一个步骤和环节都是极其重要的,一丝一毫的疏忽都有可能导致全盘皆输。只有认真对待、扎扎实实地做好每一步,才能制造出完美的产品。"刀要在石上磨,人要在事上练"。工匠们精湛绝伦的技艺不是与生俱来的,而是在职业生涯中用真心、细心、耐心磨炼出来的。

4.追求卓越的创新思维

"追求卓越"是超越自我的理想信念,是不断进取、勇于突破自我,敢于开拓的创新思维。追求卓越的创新精神意味着工匠要摒弃墨守成规、因循守旧的"匠气",胸怀锐意进取、敢为人先的"匠心"。传统并不意味着守旧,它的生命力在于创新。传统技艺与艺术的不同之处在于其实用性,制造器物终究是要为了解决实际生活中的问题,这就要求手工艺制品与匠人贴近时代,了解人民群众对美好生活的需求。一方面,匠人们依靠过往的经验,遵守严格的规范,保证工艺的精益求精;另一方面,他们也会基于切身的体验,重新审视每一次制作过程,尝试创新。以陶瓷为例,从泥条盘筑到轮制,再到后来更为成熟的陶瓷工艺的出现,都是技术创新的成果。如今中国的制造业正面临从量变到质变的突破,要想真正实现这种飞跃,需要不断追求卓越的创新精神。

(二)手工艺的审美表达

中国传统手工艺起初主要是为了满足衣食住行等实用功能而发展起来的。传统技艺的美是一种结实的、无害的健康之美,这样的审美观也对传统技艺制品的设计产生了一定的影响。中国传统的手工艺不仅受实用性的限制,在审美表达上也展现了其对人与自然关系的思考。例如,御窑瓷器注重顶部和底部的修饰,器型讲究骨架,纹饰普遍堆叠。梅瓶模拟人体后背的线条,柔和的曲线透射出力度、美和健康,蕴含着人与自然和谐共生的美学思考。中国传统手工艺还重视材料的自然属性,在手工艺制作的过程中能够充分表现出材料的自然之美。虽然手工艺的制作具有极大的偶然性,但由于自然材料的物理属性限制,总是能够充分展现出手工的痕迹。在《考工记》"天人合一"美学观念的影响下,传统工艺品讲究"天时、地气、材美、工巧",只有合此四者才能创造出优秀的手工艺品。天人关系是人类与自然环境之间的永恒命题,将其融入手工艺的表达之中,实则彰显了中国传统的"大美"精神。

传统手工艺的审美表达常常以符号化的方式介入人们的日常生活。了解传统工艺的审美表达,不能仅停留在对手工艺器物的感受之上,还需要了解工艺生产流程及其文化背景。传统手工艺之所以能经久不衰,关键在于其核心价值——"手工性"是对时代和社会集体记忆的表达。手工艺的发展也体现了当代人对大规模机械生产带来的冷漠性的警觉。

因此,传统技艺的情感表达构成了其审美语言的重要内涵。苗族人民有这样一句俗语:"男看田边,女看花边。"刺绣是苗族姑娘必备的技能,贵州花溪苗族姑娘从小便在家中的女性长辈指导下进行刺绣,待到未来出嫁时完成刺绣。相传,在上古苗族南迁之时,有位名叫兰娟的女首领,她为了记住迁徙跋涉的路途经历,想出了用彩线记事的办法。因此,苗绣的画面常常会有一些故事性,这既包含了苗族姑娘对未来生活的期盼,也记录着一个苗族少女的生活和成长过程。传统手工艺情感表达的重点是人性温度,通过手工,人们往往能从中获得内心的平和。传统手工艺既彰显着中国重要的审美传统,也体现着中国劳动人民的个体经验。在手工艺美育中,我们不但要关注工匠精神在工艺品形态上的审美表现,还需要用生动优美的语言来表述自己对手工艺之美的内心体验。

最后,让我们再次回归工匠精神,它也是传统手工艺的审美体验之一。工匠精神与工艺制作相关,代表着制作者精益求精的境界和对完美的近乎苛刻的追求。优秀的手工艺品是灵感与高超技艺的结合,二者缺一不可。非凡的想象力借由精湛的技艺具化为现实的物件。工匠们将毕生精力投入手中的事业,以沉静之心,精雕细琢、不断革新,力求使每一件作品臻于完美。精益求精,守正创新,是历代工匠们留下的美好品质,也是贯穿时代的精神追求。要体会和表达工匠精神的可贵之处,可以与当代社会生活相联系。在生活节奏加快、信息碎片化的社会,工匠精神或可抵御浮躁之风,为当代人提供一方沉静内心、专注生活的天地。

拓展链接

古今中外有无数关于工匠精神的表述：

知者创物，巧者述之守之，世谓之工。——《考工记》

用志不分，乃凝于神。——庄子

工贵其久，业贵其专。——陈亮

我亦无他，惟手熟尔。——欧阳修

书痴者文必工，艺痴者技必良。——蒲松龄

不怕一点一点加，天长日久成巨匠。——赫西奥德

对好产品的追求是无止境的，它来自对每个细节的打磨和探究，它是基于一种将细节做到极致的欲望，是对以往的颠覆和创新。——乔纳森·艾夫

如果一个人想要精通任何技艺，他需要奉献一生的练习，把自己变成技艺练习中的一件工具，让这件工具被使用到的功能，任何时候都处于最佳状态。——埃里希·弗洛姆

审美实践

田野调查——记录家乡的传统技艺

在科学技术飞速发展的当今社会，机器大生产在许多方面已经逐步取代了以手工劳动为基础的传统技艺制作活动。你的家乡有哪些传统技艺？有哪些正在逐步消亡？哪些已经被列为非物质文化遗产进行保护？记录下来，并在小组内分享。

_____

_____

_____

互动空间·自我评价

_____

_____

_____

_____

第三节　技术美与审美鉴赏

案例导入

　　1985年在日本茨城县举行的国际科学技术博览会,其入口是由五颜六色的膜材构成的拱形大门。2010年上海世博会园区的标志性建筑采用了由索膜顶棚结构和阳光谷钢结构组成的屋顶体系。膜结构的一个突出特点就是形状的多样性,曲面存在着无限的可能性。在历年各国举办的博览会上,大大小小的展览馆通过膜结构展现出新颖奇特的造型来吸引观众。当我们迈进这一索膜建筑的世界时,顿感眼界大开,并被那些千姿百态的优美建筑所震撼。这些由曲线、曲面塑造的形态比起常见的矩形建筑更加生动活泼,既飘逸自然又刚劲有力,真正体现了"柔中有刚"的美学理念。那么,它为什么会给人以如此之美感?其中的深层内涵在哪里?

上海世博会中国馆

　　【案例解析】　索膜结构与梁柱结构的不同之处在于,索膜结构是空间整体结构,它由骨架和覆盖在其上的膜体共同组成,整个结构都施加了预张力。可以说,"空间整体结构"与"预张力"是索膜结构的两大特点,而这两大特点赋予了索膜建筑独特的技术美。首先,索膜建筑之美建立在自然美与技术美的结合上,其结合点是"力"。辩证唯物主义美学认为美是客观事物本身的属性,自然美即存在于自然本身之中。索膜建筑的研究和形成过程借鉴了自然事物形态构成的力学规律,从而使索膜建筑的结构技术之美中蕴含着自然美。其次,索膜建筑之美体现在技术美与艺术美的结合上,其结合点在于"结构"作为一种造型艺术,建筑美的主要体现方式是造型。索膜建筑正是通过最轻、最省的预张力结构形态带给我们美感,以最科学的结构创造出最美的建筑形态,从而用技术美创造了艺术美。在这里,结构与建筑、技术与艺术得到了完美的结合和高度统一。

　　技术美具有功利性和审美性有机融合,物质性和情感性相互融通,技术与审美矛盾对立的特征;技术美学有着使产品更美,创造环境美,培养生产主体的美学素养等三方面任务。

一、技术美的内涵

　　技术美是技术领域所表现出来的美的形态,有狭义和广义之分:狭义的技术美是指在产品设计过程中,通过艺术手段对客体进行加工形成的审美形态。广义的技术美,即技术美学,是美学的一个分支,主要研究人类在生产劳动以及与此相关的一切技术领域里的美学问题,是技术与艺术的交叉学科。

技术美不同于自然美,它不是自然属性,而是人工创造的结果。它依赖于手工业特殊技能和大工业生产条件下机器制造的有实用价值的具体实物,并区别于一般的艺术美。科学家钱学森积极倡导"技术美学",在其倡议下,中国曾兴起一场关于"技术美学"的社会大讨论。钱学森认为,"'技术美学'是一门把美学运用到技术领域中去的新兴科学。"①李泽厚对技术美学特别感兴趣,他专门主持编写了一套技术美学丛书,并在序言中表示研究技术美学"远比文艺美学等重要多了"②。

作为一门独立的现代美学应用学科,技术美学诞生于20世纪30年代,又称"工业美学""生产美学"或"劳动美学"。50年代,捷克设计师和艺术家佩特尔·图奇内正式提出"技术美学"这一名称并为国际组织所承认。1957年,国际技术美学协会在瑞士日内瓦成立,此后,在全球不同国家召开了数十次"国际技术美学大会"。在中国,"技术美学"这一术语也约定俗成地包含了工业美学、劳动美学、商品美学、建筑美学、设计美学等内容。它不仅探讨审美观念、审美理想等主观因素如何作用于劳动者以提高劳动质量和效率,还研究如何运用美学原则改善生产环境、生产条件等客观因素如何使劳动者产生审美情感,以提升劳动热情和效率,并关注劳动生产中与美学问题密切相关的艺术设计。

二、技术美的类型

技术美是技术领域所表现的美的形态。其类型主要有作为劳动生产实践的技术美、作为前沿科技创新的技术美、作为产品成果形态的技术美三种类型。

(一)作为劳动生产实践的技术美

技术是人类在劳动生产过程中改造世界的手段。人类发明技术是为了满足自身生存和发展的需要。最初,技术被用于自我保护,如使用斧头、木棍等工具自卫、狩猎或切割,这些技术保障了人类的生存和发展。随着时代的进步,人类不断发明先进技术,使得生活更加便利,实现了更大程度的解放和社会的进步和发展。

技术不仅保障了人类更好地生存与发展,还深刻、全面地改变了生活方式,使人逐渐从生物的奴役中解放出来,获得了自由。李泽厚认为,"美是自由的形式"。技术可以引领人走向自由之境,因为它掌握了普遍性的客观规律,并用这些规律处理具体个别对象,这样就能充分主宰、支配和控制对象,从而实现自由和美。

庄子《庖丁解牛》的故事中,庖丁说:"臣之所好者道也,进乎技矣。"又言:"以神遇而不以目视,官知止而神欲行。"庖丁在解牛过程中能够"以神遇",这超越了一般的感官支

---

① 钱学森.钱学森讲谈录[M].北京:九州出版社,2009:70.

② 李泽厚.走我自己的路[M].上海:生活·读书·新知三联书店,1986:115.

配，将解牛这种技术活动做到出神入化，展现了客观规律，并最终达到自由的精神境界。这个故事表明，掌握普遍规律后，处理特殊对象能达到自由状态。对于技术主体来说，对技术越纯熟，越能接近自由形式，达到技术美的境界。

（二）作为前沿科技创新的技术美

技术创新是以劳动生产为中心的社会实践的一部分，只不过以"劳动生产"为中心的社会实践，侧重于技术对人类日常生活层面生存发展的影响，而以"技术创新"为中心的社会实践，则体现为掌握高精尖知识技能的科研团队在技术前沿领域的科技创新和突破，这样的技术美不仅对社会发展具有独领风骚的引领作用，而且对于建构技术创新的主体实力和主体形象有强大的作用。如果说劳动生产层面的技术美具有日常性、普遍性和渗透性，那么前沿科技创新层面的技术美则具有前沿性、高端性和引领性。

技术创新所体现的技术美不仅表现在技术所赖以依存的物质上，还表现为一种追求发展与更新的精神力量之美，这是人类勃勃不息的生命力的体现。柏拉图将现实世界和理式世界对立起来，认为理式世界才拥有美的本质，这就是"美在理式"。科技创新所体现的技术美与"美在理式"有一定的相似性，即不满足于过去所取得的科技成就，不满足于现有世界中的舒适，而勇于将设想变为现实，敢于推陈出新，追求科技创新，永不止息。

技术创新所体现的技术美，还表现在技术创新主体的形象之美上。2003年10月15日，神五升空，杨利伟成为中国进入太空的第一人，中华民族飞天梦圆；2005年10月12日神六出征，费俊龙、聂海胜进入太空，我国实现多人多天载人航天飞行；2008年9月27日，神舟七号，翟志刚完成出舱活动，五星红旗在太空飘扬；2022年4月16日，搭载翟志刚、王亚平、叶光富3名中国航天员的神舟十三号载人飞船返回舱在东风着陆场成功着陆。3名航天员在空间站驻留了183天，刷新了中国航天员连续在轨飞行时长纪录……中国航天事业每前进一步，都伴随着无数重大的技术突破。中国航天科技的创新，不仅充分展现了中国的航天自信和综合实力，也极大增强了海内外中华儿女的爱国热情和民族自豪感，而且展示了中国一直坚持和平探索宇宙的良好国家形象，展现了不断为人类了解外太空贡献智慧和力量的大国担当。中国航天的技术创新和辉煌成就，让世界看到了一个迎难而上、探索未知、追求真理、永远前进的美丽中国。

（三）作为产品成果形态的技术美

技术产品之美，也表现在形式之美上。例如举世瞩目的港珠澳大桥，从2009年动工建设到2018年10月开通，历经近十年建设，融合了"机器人焊接桥梁钢组件技术""钢塔空中转体90度高精度安装技术""信息遥控技术""外海大直径深插钢圆筒快速筑岛技术"等高精尖技术。港珠澳大桥全长55千米，宛如一条蛟龙横卧在伶仃洋的碧波之上，龙身从珠海洪湾端起，穿行30多千米后消失于海中，经过海底6.7公里的穿行后再次跃出水面，直达香港。以港珠澳大桥为代表的现代技术成果，为美的形式增添了无穷无尽或壮美或新奇的元素。

技术产品之美还表现在情感愉悦上。当我们欣赏横跨大海的港珠澳大桥、飞速奔驰的高速列车和运行在浩瀚星空中的中国空间站时,不仅感受到它们外在形式的美,还会由衷地赞叹社会巨大的前进力量及中华民族伟大复兴的势不可挡。我们感叹这些工程的伟大,高铁的先进以及空间站的唯美,心潮澎湃,民族自信心和自豪感油然而生。这些技术将合目的性与合规律性和谐统一,将人类推向自由与美的境界。

三、技术美的特征与鉴赏

技术美将物质与精神、功能与审美有机地统一了起来,具有功利性和审美性有机融合、物质性和情感性相互融通、技术与审美矛盾对立的特征。

(一)功利性和审美性的有机融合

技术是在人类劳动生产过程中为了满足生存与发展需求而产生的,因此功利性是技术的基本属性。然而,技术美则是功利性与审美性的完美结合。人类对技术功能的需求与审美性的需求是交织在一起的。

从宏观的技术实践来看,随着机器化大生产技术覆盖到各个产业领域,技术产品的生产时间成本大大降低,生产效率大大提高,人类能够生产出满足现代人多元审美需求的技术产品。例如,建造住宅是为了满足基本居住需求,这是建筑技术美的功利性一面;而符合人们审美需求的建筑技术和风格则可以将一个普通的住宅打造成理想的审美家园,这是建筑技术美的审美性的一面。如果选择了前沿的智能家居技术,不仅可以提高住宅的功能便利性,还能增强其审美上的现代感。从微观的技术产品来看,人们更倾向于选择同时具备功能性与审美性的产品,且同时符合功能性与审美性的技术产品,才被认为是具备技术美的产品。一把椅子如果不符合功能性需求,如不够结实或坐着非常别扭,即使外观精致华丽,也不能完全体现技术美带来的愉悦;反之,如果椅子符合功能性需求但毫无美感,则只能说是一个日常生活用品,难以达到技术美的层面。

实际上,技术美功利性和审美性的融合使得生活变得更加有品质。一个仅满足功利性需求的杯子,如钧瓷茶缸,我们可能会夸赞它的质量好;而一个同时满足功利性需求和审美性需求的杯子,如钧瓷作品,我们会称赞它有品质。所谓品质化的生活,就是兼具功能的实用性和审美的愉悦性。在"日常生活审美化"的时代,艺术与生活的界限变得模糊不清,选择兼具功利性与审美性的技术产品的主体,往往会通过技术产品的审美性表现自己的主体风格或主体文化品位,以展示自己的独特个性与形象。

(二)物质性和情感性的相互融通

技术美,无论是宏观的技术实践还是微观的技术产品,都是物质性和情感性的融通。

物质性是技术美的基本特征。技术美必须依赖于物质美,然而技术美中的物质美不是纯粹客观的自在之物,而是经过人类改造的人化之物,打上了人类实践的烙印,体现了人的力量。无论外观形式还是内在性能都发生了质的变化。技术可以使自然界的物质形态发生转化，如太阳能发电技术使太阳能转化为电能；技术还可以创造出自然界中并不存在的产品。许多技术产品中的物质是人工合成的，自然界只有它们的原料，没有现实的存在物。当人们意识到自己的创造力时，会产生创造的欢欣和满足。这样，技术美的物质性和情感性就统一在一起了。

可见，技术美的物质性并非冷冰冰的存在，而是人类智慧、意志、力量和情感的结晶。技术美充满了人文因素，饱含着人类勤劳和汗水，是人类创造潜能的证明，能激起人们对自身本质力量的无限性确认，从而给人以巨大的鼓舞。同时，技术美的物质载体是人类体力和智力的延伸，人们在对物质的关注过程中产生喜爱、满意、亲切等肯定性情感，这种情感不仅能引发新的创造活动的热情，还能激发强烈的民族自豪感。更重要的是，技术美的物质载体记录了人类发展的历史，尤其是技术创新与突破的成就，显示了人类伟大的创造力，这能激起人们对民族国家或整个人类群体的强烈自豪感。由此可见，技术推动着人类物质文明与精神文明的共同进步，从而同时闪耀着物质性和情感性的美的光彩。

（三）技术与审美的矛盾对立

不断涌现的各种新科学、新技术，极大地拓展了人类的能力，感官得到了延伸，从而在人们面前展现了一个全新的世界。这种剧变使得人们的审美意识、审美理想、审美活动的内容与方式等发生了相应的变化，显现出某种与现代科学技术一致性的一面。同时，现代科学技术在深化和促进人们审美的同时，也存在某些反审美性的矛盾对立。

1.现代科技与人性发展之间的矛盾

随着现代科学技术的发展，它与人性发展之间某种程度的紧张和冲突越来越明显，成为现代科技与审美的矛盾性根源。科学技术本身具有模式化的标准、程序与规则，虽然为物质文明的进步提供了强大动力，但与个体生命的丰富性、差异性和多样性还存在着许多不协调之处。因此，随着科学技术在生活中的快速全面渗透，人性发展中出现了许多不和谐的现象，导致人类文化发展面临沦为机械系统的危机。

人的审美想象力和美的创造方面受到了现代科技与人性发展之间矛盾的影响，造成了一定程度上某种对美和审美的抑制现象。例如，在电影、电视和画册中所看到的各种夸张、奇特、唯美的艺术形象虽然表面上光怪陆离、异彩纷呈，但这些形象往往是由人按照电脑预先编制的程序制作而成，实际上只是一种工业化的生产、复制方式。一些形象原本需要通过个人理解并借助自由想象去补充和完善的部分，却通过先进的技术手段简单、直白地呈现出来，大大削弱了个性化、自由而独立的审美想象力。我们曾经引以为傲的美的创造性特征正在被技术性的"复制"或制作特性所取代。当我们面对许多现代导演翻拍古典名著所展现出的人物形象及时代场景，发现与自己阅读时揣摩想象的景物大相径庭，深感失落时，这表明：这种技术性的"复制"或制作取消了美的创造的原始内涵，艺术家更多地成了当代审美领域的"技术魔术师"。可以说,艺术想象力活跃的审美创造被多元的技术手段、材料和方式的制作所代替,最终可能导致社会整体审美力的衰退。

2.现代科技与艺术文化之间的矛盾

现代科学技术在促进审美艺术大众化的同时,也日益突出了人们对美和艺术文化的享乐主义消费特征。过去,人们只有坐进音乐厅或剧院才能看到或听到动人的旋律、蹁跹的舞姿,现在坐在家里通过电视、广播、影碟、录像带等就能实现,不必进美术馆就能通过报刊、画册、互联网目睹作品原件。这是一种社会进步,但它的代价是科学技术在与审美艺术联姻的同时,催生并强化了人们心理上固有的享乐主义欲望,并在当代生活乃至艺术层面造成了特定的"影像"迷恋。虽然艺术来源于生活而又高于生活,但通过电脑技术制作的电视节目和影片却并非简单的"高于生活"的现实本身,而是现实之物的"影像",它可以激起人们无限的消费欲望和感官满足。就像影视艺术广告将人性最深层的"物"的消费欲望通过广告中物的"影像"引入消费一样,科学技术的力量通过制造艺术美的"影像"来调动大众对"影像"文化的迷恋,进一步激化了艺术创造与享乐、文化真实与虚拟的矛盾。

此外,在当代生活中,现代科学技术为人们创造出无限的物质财富与奇迹的同时,又极力给人们呈现出一个超神话的、奇异的虚拟世界。一些人以这样的虚拟世界为精神寄托,甚至沉溺其中,用它来躲避现实生活中的各种烦恼。许多人终日沉迷于互联网,得了所谓的"网络综合症"。由此,用虚拟的生活代替现实生活,以现实生活为真实源泉的艺术创造和审美体验因此失落,导致人又一次被自己的创造物所异化。

3.现代科技与人文环境之间的矛盾

现代科学技术的发展虽然让人们享受到生活的便捷性,但也越来越多地感受到科技对人与环境和谐关系的破坏。例如古人"登山则情满于山,观海则意溢于海"的自然审美情趣,在今天却常被直达山顶的缆车、高速飞驰的游艇以及满眼的工业污染所打消;在繁华的都市中,人们虽享受着快速方便的轨道交通服务,却常被噪声污染弄得心烦意乱;穿梭于鳞次栉比的摩天大楼间,玻璃幕墙的反射造成的"光污染"也令人不适。"高峡出平湖"的水库保障了生活和生产用水,但也无可避免地改变了自然原有的地貌构造和植被;基因研究、"克隆"技术虽给人们提供了日益丰富的生物产品,但破坏了生态平衡,导致自然界的动物种类逐渐减少……所有这一切,无疑破坏了人与环境共存的和谐关系,并给人们的审美活动造成了一定的负面影响。

现代科学技术的发展与人们审美之间的矛盾是现实存在的,这也是人们从自然王国迈向自由王国历程中无法回避的现象。只有正确认识到这种矛盾的存在,才能尽可能地减少或消除其对人们审美活动及人的全面发展带来的负面影响,从而使现代科学技术与人们的审美之间呈现出一种健康的互动发展。

科学美和技术美的区别

科学美和技术美二者都是基于理性的实践活动,都服务于人类认识世界、改造世界的共同目的。然而,严格说来,科学和技术是两个不同的概念,因此科学美和技术美也是两个不同的概念。科学主要指人类对自然规律的认识,属于知识形态,是一种潜在的生产力;而技术则是指自然科学知识在生产实践中的具体应用,最终成为物化形态,是直接的生产力。科学和技术对审美活动的影响有相同之处,但它们之间也存在明显的区别。

科学美主要研究自然科学中的美学问题,它包括自然科学研究中科学家对美的追求、对科学理论的美学评价和科学研究中的形象思维等,它偏重于人类的理智美。而技术美则主要研究人类生产劳动以及与此相关的一切技术领域里的美学问题,它包括生产环境、生产过程的美化以及产品的艺术设计等,它偏重于功能美。具体而言,科学美与技术美有以下一些基本区别:

一、科学美具有抽象性,技术美则具有可感性

自然科学是人在长期生产实践和科学实验中对自然界本质及其规律性的认识和把握,科学美体现在这种认识和把握的成果之中。就其内容来说,它体现自然界的本质和规律;而就存在形态来说,则属于人类的意识形态,它缺乏一般的美的事物的可感性特点。科学家可以发现和揭示自然本质及其规律,却不能创造出具有可感性的形象和生动的美。而技术美则在很大程度上依赖于人的自由创造,它体现于人类的生产劳动,包括技术活动之中,体现于具体的劳动的产品之中,因此,它具有鲜明的可感性特点。

二、科学美一般表现为理论形态,技术美则一般表现为物化形态

科学美突出科学上的“真”,美的形式是为表现科学真服务的,而技术美的形式必须服务于产品的功能。因此,科学美更注重内容的美,而技术美则偏重于形式的美。

三、科学美是一种理智的美,技术美则偏重于功能美

科学美表现出明显的个体性,科学家的劳动具有很强的个体性特点。科学家在进行科学研究时,充满了对科学真理的执着追求和献身精神。因此,科学美是一种较高层次的美,唯有科学家和具有一定科学修养的人才能真正理解和欣赏这种抽象的理智美。技术美与科学美不同,技术美以物质材料为加工对象,其产品一般是通过机器成批生产,因而不易体现出个体性的特点,设计师、工程师、工艺师的创造个性必须服从产品设计和生产的标准化、通用化等要求。因此,技术美更强调功能美。

四、科学美具有稳定性,技术美则具有变易性

科学美通常不会随时代、民族、阶级的变化而变化,如自然科学中的各种定律、公式等,能被不同时代、不同民族、不同阶级的人们所普遍接受。例如,我国南北朝时期祖冲

之的"割圆术"和古希腊欧几里得的几何所显示出来的美,至今仍闪烁着人类智慧的光辉。技术美是人们运用先进技艺对材料进行加工而创造出来的美,受到当时社会生产力发展水平的制约,其审美价值有时也会受到时代、民族和阶级的影响,所以技术美存在着一定的变易性。

审美实践

技术美案例分享

    基于所学专业或生活中技术美的案例,结合技术美的特征,尝试着对该案例中的技术美进行分析,并在小组内分享。

_____

_____

_____

_____

在线检测

练一练,更优秀

互动空间·自我评价

模块六　与时俱进——传媒美

推动媒体融合发展，要统筹处理好传统媒体和新兴媒体、中央媒体和地方媒体、主流媒体和商业平台、大众化媒体和专业性媒体的关系，不能搞"一刀切""一个样"。要形成资源集约、结构合理、差异发展、协同高效的全媒体传播体系。

——习近平

我们既然已经无法逃避技术的进步，那我们唯有提升自己对技术的理解与驾驭能力，才能免于在未来成为机器的奴隶。

——彭兰

营销的核心就是洞察冲突。

——叶茂中

在 AI 时代，所有的品牌和 IP 都值得重做一遍。

——王宏伟

在这个世界里，人们对真实世界失去兴趣，却沉溺在"拟像"之中。

——让·鲍德里亚

专题十四
解析视听之潮：传媒美

知识目标：

- 了解媒介融合的历史发展、主要特征和典型案例分析。
- 了解广告美学的内涵和作用，不同媒介广告的特性。
- 了解短视频的发展历史和在媒介融合中的地位，掌握短视频的基本特征，包括其形式、风格和叙事技巧。

能力目标：

- 理解媒介融合对艺术美的影响及其在现代审美中的作用，运用审美心理学原理分析和评价媒介融合艺术作品。
- 能够分析广告中的视觉设计，运用创新思维分析和评估广告作品的创意、效果和社会影响。
- 运用审美心理学原理分析和评价短视频艺术作品的美学价值。

素质目标：

- 引导学生了解媒介融合在不同文化背景下的美学表现，增强跨文化审美意识。
- 树立正确的职业道德观念，诚实守信，尊重知识产权，避免夸大、误导宣传。
- 增强对短视频艺术的审美意识，提升审美素养和审美品位。

要点一览

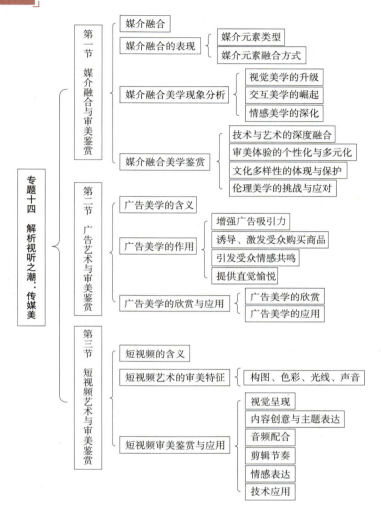

专题十四　解析视听之潮：传媒美

第一节　媒介融合与审美鉴赏
- 媒介融合
- 媒介融合的表现
  - 媒介元素类型
  - 媒介元素融合方式
- 媒介融合美学现象分析
  - 视觉美学的升级
  - 交互美学的崛起
  - 情感美学的深化
- 媒介融合美学鉴赏
  - 技术与艺术的深度融合
  - 审美体验的个性化与多元化
  - 文化多样性的体现与保护
  - 伦理美学的挑战与应对

第二节　广告艺术与审美鉴赏
- 广告美学的含义
- 广告美学的作用
  - 增强广告吸引力
  - 诱导、激发受众购买商品
  - 引发受众情感共鸣
  - 提供直觉愉悦
- 广告美学的欣赏与应用
  - 广告美学的欣赏
  - 广告美学的应用

第三节　短视频艺术与审美鉴赏
- 短视频的含义
- 短视频艺术的审美特征
  - 构图、色彩、光线、声音
- 短视频审美鉴赏与应用
  - 视觉呈现
  - 内容创意与主题表达
  - 音频配合
  - 剪辑节奏
  - 情感表达
  - 技术应用

内容导航

　　随着数字技术、互联网技术等传播技术的快速发展，广播、报纸、电视等传统媒体与新媒体之间的界限被打破，在媒介业务实践层面不断交叉合作。媒介融合经历了从单一到多元，从独立到交互的发展过程，改变了内容生产与传播模式。采用多媒体、多渠道方式的"融合新闻"传播应运而生。点开手机上的一条新闻作品，你会感受到文字、图片、视频、直播、H5等媒介元素汇聚的集成体验。在5G时代，人人都可以成为自媒体，全民参与内容生产的全民写作成为可能。全民参与内容生产，改变了传统新闻传播与文化生产的模式。

　　在媒介融合的背景下，广告集功利价值和审美价值于一身。通过广告载体，广告主不仅实现了品牌推广和销量提升的目的，也为包括消费者在内的诸多受众带来了愉悦和美感。同时，随着移动互联网和社交媒体的兴起，短视频已成为最受欢迎的媒介形式之一。短视频艺术以其独特的叙事方式、紧凑的结构和强烈的视觉冲击力，为观众提供了全新的审美体验。那么，在媒介融合的背景下，我们应该如何鉴赏媒体艺术美呢？让我们从了解媒介融合的表现开始，对广告及短视频进行审美鉴赏，从而去发现、感受传媒之美。

第一节 媒介融合与审美鉴赏

案例导入

2023年7月20日，中央广播电视总台联合上海人工智能实验室推出了首个专注于视听媒体内容生产的AI大模型——"央视听媒体大模型"（CMG Media GPT）。该模型结合了中央广播电视总台的海量视听数据与上海AI实验室的原创先进算法和大模型训练基础设施优势，提供节目创作、短视频生成、节目剪辑、超写实AI数字人、AIGC动画、AI换脸等多方面的应用，提升了视听媒体制作的质量和效率。

【**案例解析**】"央视听媒体大模型"是首个专注于视听媒体内容生产的AI大模型，集合了中央广播电视总台的海量视听数据与上海AI实验室的原创先进算法、大模型训练基础设施优势，这标志着媒体融合创新的又一进展。它在提高生产效率、优化内容创作、拓展创意空间上，提供了更加高效的智能创作工具，显著提升了视听媒体制作的质量和效率。

自党的十八大以来，以习近平同志为核心的党中央高度重视传统媒体和新兴媒体的融合发展。2014年8月，经中央深化改革领导小组审议通过的《关于推动传统媒体和新兴媒体融合发展的指导意见》的出台，标志着媒体融合上升为国家战略。这在我国新闻政策史和传媒业发展史上具有里程碑式意义，媒介融合未来已来。

一、媒介融合

当我们关注世界正在发生什么时，已经能够近距离真切地感受到媒介融合带来的变化：2G时代，我们主要通过文字来获取新闻、知识和社交信息等；3G和4G的普及使得我们可以更方便地通过图片、视频、音频等多媒体形式获取信息；到了5G时代，超高速的传输速度使我们可以实时获取信息，如在线直播和高清视频等。新的一天，我们大多会打开手机，看看世界在我们休息时又有哪些新鲜的事情发生。迎面而来的就是采用多种媒介元素呈现的融合新闻，这是媒介融合发展的产物。

媒介融合是指随着媒体技术的迅速发展和信息传播方式的变革，不同的媒介形态（如报纸、电视、广播、互联网等）在内容、技术、渠道、平台等方面实现深度融合，形成一个多元化、互动化的信息传播体系。各大媒介组织先后建立了全媒体报道平台，将所有的媒介形式整合到统一的采编平台，"中央厨房"成为媒介融合的重要模式。2016年2月19日，人民日报社全媒体平台"中央厨房"正式上线，实现了"一次采集、多种生成、多元传播"的一体化流程。"中央厨房"不仅仅是一个采编发一体化的稿库，更是一个完整地体现媒介融合的全媒体体系。

当前,我国的媒体融合发展已经进入深水区,"中央厨房"作为传媒领域最热门的关键词,成为媒体融合的标配与龙头工程,各大媒体纷纷发力建设。例如新华社全媒体报道平台、央视融媒体编辑部、中国广播云平台、经济日报"中央厨房"全媒体中心、《光明日报》融媒体中心、中国青年报"融媒小厨"、解放军报"中央厨房"、津云"中央厨房"、湖北广电集团"长江云"、重庆日报报业集团两级"中央厨房"等。尽管各地的"中央厨房"实践不尽相同,但"新旧融合、一次采集、多种生成、多元发布、全天滚动、多元覆盖"是基本共识。

二、媒介融合的表现

在庆祝建军90周年之际,互动H5《快看呐!这是我的军装照》(简称"军装照"H5)是《人民日报》客户端借助人脸识别、融合成像等技术制作而成的,吸引了各个年龄段、区域和行业的用户积极晒出自己的"军装照"。截至2017年8月7日,"军装照"H5的浏览次数累计突破10亿,独立访客累计达到1.55亿,真正成为一款"现象级融媒体产品"。2018年5月,中国新闻奖增设了媒体融合奖项,设立6个评选项目,分别为短视频新闻、移动直播、新媒体创意互动、新媒体品牌栏目、新媒体报道界面和融合创新。《快看呐!这是我的军装照》荣获中国新闻奖新媒体创意互动一等奖。它不仅拥有绝佳的创意和精准的内容,还得到了强大的技术融合支持,并综合运用了多种媒介元素进行呈现。每一种媒介元素都有其特性及不同的功能。

(一)媒介元素类型

1.文字

文字是最基础的媒介元素,也是最核心的叙事要素。在新闻传播中,文字承载着信息的主要内容,具有一目了然的优势,能够详细描述并发挥联系其他媒介元素的作用,辅助用户提高阅读效率。无论是对报道主题内容的叙述,还是对视频内容的解说,都离不开逻辑清晰的文字。

2.图片

图片作为一种直观的视觉媒介,一张生动的新闻图片往往能直观地展现新闻现场,帮助受众更真实地感受到新闻事件。同时,图片还能传递丰富的情感和信息,增强新闻报道的感染力和说服力。随着科技的发展,图片拍摄和编辑技术也在不断进步,通过图像编辑软件,还可以对图片进行裁剪、调色等后期处理,进一步突出新闻主题和视觉效果。

3.音频

音频媒介通过声音传递信息,可以是现场采访录音、新闻播报、评论分析,也可以是音乐、音效等。通过声音的变化、节奏的快慢、音量的高低,音频能够营造不同的氛围和情感,让听众更加深入地了解新闻事件。随着科技的发展,音频媒介不断创新和进化,用户可以根据个人喜好和需求选择收听内容。

4.视频

视频媒介结合图像、声音和文字向受众传递更为生动、直观的信息。视频媒介具有表现力强、传播效果好、受众接受度高等特点。短视频对其内容进行了"碎片化"的有机梳理，能反映现场的真实场景，信息量大，尤其在突出现场新闻的场景性这一点上，视频元素比文字、图片更具优势。

5.直播

直播媒介是近年来兴起的媒介形式，直播媒介通过实时传输图像、声音和文字，使受众第一时间了解新闻事件的发生和进展。VR直播能让用户仿佛置身于现场，提供沉浸式体验；在直播视频下方还有文字实录同步记录现场，以及评论、留言、点赞、观看、转发等互动设置，满足用户观看直播的不同需求，增强用户的参与性和黏性。

6.H5

H5媒介是近年来在移动互联网上广泛应用的媒介形式。通过H5媒介技术，H5将文字、图像、音频、视频等多媒体元素融合在一起，创造出丰富多样的互动体验。在新闻传播中，H5可以通过制作新闻互动页面、新闻小游戏等形式吸引受众的注意力和兴趣，提高新闻传播的效果和影响力。

7.超链接

超链接是在电子文档中，通过点击某个词语、图片或其他媒体元素跳转到另一个位置或资源的链接。超链接发挥着参考文献的功能，使新闻报道更加立体、开放，提供更加丰富的补充和延伸信息，让相关的信息不再孤立存在，而是在一个事件背景中形成整体。

(二)媒介元素融合方式

在新闻传播中，并不是所有媒介元素组合在一起就能实现功能最大化，而是要根据媒介元素的特性，将媒介元素的优势充分发挥出来，并借助媒介组合的方式实现优势互补。在新闻传播中，常见的媒介元素组合方式主要有优选组合形式和深耕组合形式。

优选组合形式类似于制作一道精致拼盘，我们将不同的媒介元素——文字、图片、音频、视频等按照最优的配比和布局组合在一起，以呈现出最佳的传播效果，如"文字+图片""文字+音频+视频""直播+互动设置"等。深耕组合形式则更像是制作一道精心烹饪的佳肴，不仅要选择优质的食材（媒介元素），还要通过精心的"烹饪"（组合方式），将它们的味道和营养充分释放出来，如"文字+图片+视频+超链接+互动设置""H5+互动设置"等。

无论是优选组合形式还是深耕组合形式，在新闻传播中都有其独特的优势和价值。我们需要根据新闻的内容和特点，选择最合适的组合方式，以达到最佳的传播效果。

三、媒介融合美学现象分析

当我们深入探索媒介融合的美学现象时，会发现这是一个充满生机与活力的研究领域。媒介融合时代的美学现象，不仅仅是技术进步的产物，更是媒体对用户需求深入理解和积极响应的结果。在媒介融合的背景下，视觉美学、交互美学和情感美学的升级与崛起，确实为新闻传播和艺术创作带来了深远的影响。在未来，随着技术的进一步发展和用户需求的不断变化，媒介融合中的美学现象将更加多元化和个性化，为人们提供更加丰富和深入的审美体验。

（一）视觉美学的升级

在媒介融合的背景下，视觉美学得到了极大的提升。媒体通过运用先进的视觉技术，如高清摄像、虚拟现实（VR）、增强现实（AR）等，创造出更加逼真、生动的视觉效果。同时，媒体也更加注重版面设计、色彩搭配等视觉元素的运用，提升信息的可读性和吸引力。

高清摄像、虚拟现实和增强现实等技术的应用，为观众提供了沉浸式体验，使得视觉内容更加引人入胜；媒体在版面设计上采用动态元素、信息图表和多媒体融合，提升了视觉信息的传递效率和审美体验。

视觉美学的升级还体现在对用户视觉习惯的深入研究，通过科学合理的布局和色彩运用，增强信息的吸引力和易读性。

（二）交互美学的崛起

随着新媒体的发展，交互美学逐渐成为媒介融合中的重要元素。媒体通过引入社交元素、游戏机制等方式，增强用户与信息的互动体验。这种交互美学的崛起不仅改变了媒体与用户的关系，也丰富了媒体的表现形式和传播渠道。在新媒体环境下，用户不再是被动接收信息的对象，而可以主动参与内容的创造和传播。

交互设计使用户可以通过点击、滑动等操作与媒体内容互动，这种参与感和控制感提升了用户的满意度和忠诚度；社交媒体平台的兴起，使得用户生成内容（UGC）成为可能，用户不仅是信息的接收者，也是信息的创造者和传播者。

（三）情感美学的深化

在媒介融合的背景下，媒体开始更加注重情感元素的运用。在报道手法上，媒体更多采用叙述性、故事化的表达方式，通过人物的命运、情感的变化来展现事件的全貌。通过讲述感人至深的故事、呈现真实感人的场景等方式，引发观众的情感共鸣和认同。这种情感美学的深化不仅增强了信息的感染力和传播效果，也体现了媒体的人文关怀和社会责任。情感美学的深化也体现在对社会责任的承担上，媒体通过关注弱势群体、社会问题等，传递正能量，引导公众思考。

四、媒介融合美学鉴赏

媒介融合的美学鉴赏是一个复杂而多维的研究领域。它涉及技术、艺术、文化、社会等多个层面，需要我们从多个角度进行深入地分析和探讨。通过媒介融合的美学鉴赏，我们可以更好地理解和把握媒介融合的趋势和特点，推动艺术创作和审美体验的创新性发展。

（一）技术与艺术的深度融合

媒介融合使技术与艺术实现了前所未有的深度融合。这种融合不仅在于技术工具的应用，更在于技术如何塑造和变革艺术的本质。例如，虚拟现实（VR）技术的引入使得艺术作品能够创造出一个全新的、沉浸式的三维空间,观众仿佛置身于作品之中,与作品进行直接互动。例如,新华社《高精度复刻IVR全景看新时代之美》,运用"数字孪生"技术,对"超级工程"场景高精度建模复刻,将新时代标志性场景在数字世界重建,以沉浸式360°全景漫游技术,让受众沉浸式体验新时代之美。

此外,人工智能(AI)技术的运用也为艺术创作带来了革命性的变化。AI可以通过学习大量数据,创作出具有独特风格和情感表达的艺术作品。例如,GAN(生成对抗网络)技术的运用已经能够生成与真实画作难以区分的绘画作品,这些作品不仅具有高度的艺术价值,更引发了关于艺术本质和创造力的深刻讨论。

(二)审美体验的个性化与多元化

媒介融合推动了审美体验的个性化与多元化。在数字媒体时代,观众可以随时随地访问和选择自己喜欢的媒介内容。这种个性化的选择不仅体现在内容的多样性上,更体现在观众与艺术作品之间的互动方式上。例如,网络视频平台允许观众通过弹幕、评论等方式与其他观众进行实时交流,这种社交化的互动方式使得观众的审美体验更加丰富和多元。

同时,媒介融合也促进了不同艺术形式之间的融合和创新。例如,音乐与舞蹈、视觉艺术与戏剧等艺术门类可以相互借鉴和融合,创造出全新的艺术形式。这种跨界的艺术创新不仅丰富了艺术表现手法,也为观众带来了全新的审美体验。例如,现代舞剧《千手观音》就是将舞蹈、音乐、视觉艺术等多种艺术形式融为一体,呈现出一种独特的艺术美感。

(三)文化多样性的体现与保护

媒介融合为文化多样性的体现与保护提供了有力支持。通过数字媒体平台,世界各地的文化可以迅速传播到全球各地,使得不同文化之间的交流和融合成为可能。例如,中国的传统文化通过社交媒体、网络视频等平台传播到世界各地,让更多人了解和欣赏到了中国文化的独特魅力。

然而,媒介融合也带来了文化同质化的风险。在全球化的背景下,一些强势文化可能会通过媒介平台传播到世界各地,对其他文化造成冲击和压制。因此,在媒介融合的背景下,我们需要更加关注对文化多样性的保护。这包括通过法律和政策手段保护本土文化的传承和发展,同时也需要鼓励和支持不同文化之间的交流和对话,促进文化多样性的繁荣和发展。

(四)伦理美学的挑战与应对

媒介融合带来了伦理美学的挑战。在数字媒体时代,信息的传播速度和范围都得到了极大的提升,但同时也带来了信息失真、隐私泄露、网络暴力等问题。这些问题不仅影响了信息的真实性和可信度,也对人们的道德和伦理观念产生了冲击。

面对这些挑战,我们需要从多个方面入手进行应对。首先,我们需要加强法律法规建设,规范信息的传播和使用行为,保护人们的隐私和权益。其次,我们需要增强公众的道德素质和伦理意识。通过教育和宣传等手段,引导人们树立正确的价值观和行为准则,自觉维护网络空间的秩序和公正。最后,我们还需要加强国际合作和交流。通过加强国际合作和交流,共同应对全球性的伦理美学挑战,推动媒介融合向着更加健康、积极的方向发展。

拓展链接

1. 习近平:推动传统媒体和新兴媒体融合发展

人民网北京8月18日电　据新华网消息,中共中央总书记、国家主席、中央军委主席、中央全面深化改革委员会组长习近平于8月18日上午主持召开中央全面深化改革领导小组第四次会议并发表重要讲话。会议审议通过了《关于推动传统媒体和新兴媒体融合发展的指导意见》。

习近平强调,推动传统媒体和新兴媒体融合发展,要遵循新闻传播规律和新兴媒体发展规律,强化互联网思维,坚持传统媒体和新兴媒体优势互补、一体发展,坚持先进技术为支撑、内容建设为根本,推动传统媒体和新兴媒体在内容、渠道、平台、经营、管理等方面的深度融合,着力打造一批形态多样、手段先进、具有竞争力的新型主流媒体,建成几家拥有强大实力和传播力、公信力、影响力的新型媒体集团,形成立体多样、融合发展的现代传播体系。要一手抓融合,一手抓管理,确保融合发展沿着正确方向推进。

2. 中共中央办公厅 国务院办公厅印发《关于加快推进媒体深度融合发展的意见》

新华社北京9月26日电 近日,中共中央办公厅、国务院办公厅印发了《关于加快推进媒体深度融合发展的意见》,并发出通知,要求各地各部门结合实际认真贯彻落实。

审美实践

《三星堆新发现丨古蜀国的青铜时代》是中央广播电视总台系列融媒体直播特别节目《三星堆新发现》第三季的第一集。节目围绕三星堆7、8号坑进入大规模文物提取阶段,报道考古最新发现,特别是以青铜器为线索讲述古蜀国的青铜文明。公众通过扫描大屏直播挂出的二维码即可登录《三星堆奇幻之旅》大型数字交互空间,穿越3000多年进入古蜀王国,感受以青铜器物为主的祭祀场景和古蜀人艺术与技术的辉煌成就。

请登录CCTV节目官网观看《三星堆新发现丨古蜀国的青铜时代》节目内容,并分析这次全网关注的现象级传播中运用了哪些媒介元素,这些媒介元素是如何融合的?

互动空间·自我评价

第二节　广告艺术与审美鉴赏

近年来，广告受众对广告存在两种不同的态度倾向：一方面，越来越厌烦枯燥无味的叫卖式、告知式、轰炸式广告，并对其投诉不断；另一方面，却热衷于优美真实的广告。如2020年最出圈的一则广告《后浪》。该视频通过演讲的形式，表达了对年轻一代的赞美与认可，让很多B站用户由衷地感到自豪和骄傲。更巧妙的是，它向不了解或不使用B站的人完成了一次价值观的输出。

广告行业中，策划人员不断推陈出新。从2019年的"智慧新春，年年有为"，到2020年的"智慧相连，年年有为"，再到2021年的"年年有为"以及2022年的"红运连连，年年有为"，体现了广告创意的变化。近年来，国潮话题热度居高不下，非遗也逐渐进入大众视野，利用非遗文化的精神内涵和呈现形式表达对现代产品的创意性和设计实践。

【案例解析】　广告活动的"美的追求"并不以审美为唯一目标，而是以信息的有效传播、促销功能的实现为导向。因此，广告美学既不是社会美，也不是自然美，更不仅是技术美，而是属于实用艺术美之一。它是人类创造性产品的形象之美，介于产品和受众之间的中介之美。

在满足人的审美需要方面，广告美学起着重要作用。它们以美的外形、结构和色彩向大众传播审美信息，满足、激发和发展人们的审美需求，并促使审美需求转化为消费需要。随着消费者对新产品的需求增长，购买动机不仅出于功能属性，更包含审美需求。产品的外观主要包括形态、色彩、材质这三个方面，如果一个产品具有夺人眼球的外观，必然会吸引更多消费者的购买兴趣。

广告美学从属于实用美学的范畴，将美学的理论与方法应用于广告学，是实用美学中的技术美学在广告领域的延伸与发展。广告美学研究商品广告的独特审美性质与规律，指导广告设计者依据美学的理论和方法来创造美的广告形象，同时也培养着消费者的审美意识和审美追求。

一、广告美学的含义

广告是美的创造性反映形态，作为审美对象，它一方面渗透着时代的审美观念、趣味与理想，凝聚着广告人的构思和独创性的精神劳动。从这种意义上说，它是广告人审美心理结构的物质化表现；另一方面，广告又是具有一定审美能力、审美意识的人们的欣赏对象，是物质美、精神美的能动反映，是一种社会意识形态。它通过大众对广告的认知、感受和理解,向社会传播着某种美学观念:道德观、价值观、幸福观、消费观等,从而潜移默化地影响着人们的价值观念和生活方式。

广告美学是研究广告艺术表现的美学规律和广告审美心理特征的应用美学学科。

二、广告美学的作用

广告是一种独具特质的信息传播活动,信息传递是广告的最基本功能;同时,广告作为营销的工具和手段,营销功能又是广告与生俱来的本质功能。广告美学能够强化广告的这两重功能。

(一)增强广告吸引力

对企业来说,在竞争中取胜的最佳方法就是使自己的产品与众不同。企业通过广告活动,宣传自己商品的信息,如名称、规格、性能、用途等,并告诉人们,如何利用这些产品去改善自己的生活。在众多同类产品中,如何凸显自己产品的特征,给受众留下深刻的印象,就需要用美学的原理对广告制作进行指导。

(二)诱导、激发受众购买商品

指导消费者合理地采购物品以改善个人或家庭的生活条件和工作条件,这是广告最起码的功能。广告还有一项重要的功能,这就是刺激消费者的个人消费。广告的连续出现,就是对消费者的消费兴趣与物质欲求进行不断的刺激,从而引起消费者的购买欲望,进而促成其产生购买行为。

广告美学要在诱导、激发受众购买产品上发挥作用,要注意两个方面的内容:一方面是在产品刚上市时刺激其初级需求。即着重于介绍新商品的特点和用途,从而激发消费者的初级需求欲望,使之认为拥有这种新的"高档"消费品是一种荣耀,因而产生购买欲望,进而促进购买行为,实现对产品的购买和消费。同时,广告还将尽可能地给消费者不断的信息刺激,使产品成为消费者生活中必不可少的东西。另一方面是在市场成熟时刺激选择性需求。企业通过广告美学不断地宣传和突出自己不同于其他品牌的同类产品的优异之处,从而刺激消费者产生"既然要买,就要买最好的"的购货心理,刺激消费者产生对本产品的购买欲望,进而促成其产生"指牌认购"行为。

广告形象总是把自己包装成一种超前的文化形象。这些超前的文化形象从内容的角度,总是向人们展示一个新世界,并且是一个可以通过购买获得的新世界。

(三)引发受众情感共鸣

广告美学把握住人类对艺术欣赏的联想和想象,利用联想和想象的神奇作用,使人们通过某个画面的艺术象征联想下去,同时加上色彩引起人们的情感变化,而起到热烈的抒情效果,由广告的氛围所产生的效果使人们产生感情移入,造成情绪感染。

心理学研究表明,移情较之理性、直觉要迅速得多,更容易让人们在无意识的情况下接受,这样移情所携带的信息就会产生巨大的感染力和影响力。事实上,在广告运营中,创造积极、合适的情感体验,会使消费者对产品产生较好的联想和积极的感受,而广告通过对画面的唯美化制作及其生活理念的宣传,将这种情感体验引向了产品本身。

(四)提供直觉愉悦

广告以艺术目的和变现手段的特殊性,构成广告艺术形式,美化生活环境,给消费者带来美的文化艺术享受。特别是商业广告,具有通俗性、大众性的特点,它以大众为对象,以通俗易懂,雅俗共赏为原则,引起消费者视觉器官的高度兴奋,使其对广告有高度的敏感。这类广告用其新奇、幽默、饶有趣味的艺术手段给人以很深的印象,迅速抓住消费者的视觉,给人以美的感受。传播高尚观念,培养人们正确的生活方式和美好情操。

三、广告美学的欣赏与应用

广告美学的欣赏可以从色彩、效果、信息内容、品牌形象、创意等方面入手。视觉元素、听觉元素以及视听综合元素的应用都属于广告美学的范畴。商品外在美与内在美的统一,鉴赏美与实用美的统一,以及流行美与个体美的统一都是商品美学的重要欣赏要素。商品的装饰艺术则是商品美学应用的一个重要方面。

(一)广告美学的欣赏

奥美创始人奥格威倡导的观点是:广告应该着重为品牌塑造良好形象,令其显得高级或富有独特个性。

1.广告色彩的欣赏

商品广告的审美形式可以充分应用光、色、电、力学和建筑学上的科学技术成就。商品广告的彩色摄影作品,并不是用来推销美术技巧,而是为了介绍商品,让人们认识它,并能很快地作出取舍的决定。因此,色彩的运用应创造一种商品的氛围并体现主题,不可将彩色及运用彩色的技巧作为商品广告的目的。广告彩色摄影既是一种现代化的技术,也是一种具有传情魅力的艺术。在一幅广告摄影中,色彩设计与主题设计、构图设计都是广告作品成败的关键因素。应当利用颜色对称和色调处理,来配合广告设计的实际需要。

例如,冷暖调及高、中、低调有时可选择运用于非商品推销性质的广告,但如果用于商品推销的话,则必须根据所表现的题材性质作出决定。冷冻的东西应以冷调处理,暖的或热的东西要用暖色调,轻柔的和淡色的东西要配高调,粗重强烈的东西则要将调子处理得低沉深浓一些。儿童日用品广告大都以高调表现,而男子用的化妆品大多数采用深沉的调子。

2.广告所具有的冲击力

从视觉表现的角度来衡量,视觉效果是吸引读者并用他们自己的语言来传达产品的利益点。一则成功的平面广告在画面上应该有非常强的吸引力,包括科学运用和合理搭配的颜色、准确且有吸引力的图片。如铅笔广告通过巧妙的构图被称为"妙笔生花"。但要避免滥用视觉效果来吸引读者的注意力,视觉效果的运用一定要让广告画面与广告诉求内容紧密有机地结合在一起。

标题也是获取读者注意力并传递利益信息的关键武器。标题一定要简单清晰,让忙碌一天的读者能够迅速理解和明白;隐晦的标题将会失去大量读者的注意;没有标题的广告会直接影响其回忆率和说服力。

3.广告信息内容的欣赏

一则成功的平面广告应通过简单、清晰且明了的信息内容准确传递利益要点。广告信息内容要能够系统化地融合消费者的需求点、利益点和支持点等沟通要素,无须让读者辛苦地寻找内容。平面广告不应包含多余的内容,以免分散读者注意力。如果广告堆砌了过多无关信息,读者不会主动去发掘产品的功效,因为他们不习惯做太多额外的思考。

正文的作用是通过生动化的描述来支持标题所提到的利益要点,并通过利益支持信息来加深读者对广告产品的印象。它是补充性的内容。广告正文应该通篇明晰易读,过于紧凑和难以阅读的正文会导致读者流失。小插图、子标题在一定程度上可以增强说服力,但并非越多越好。正文周围的空白有助于回忆,但不利于说服读者。幽默的表达方式可以增强广告的新鲜感和娱乐性,从而提升回忆率,但不能滥用,更不能作为平面广告的主要创作目标。

例如,运用各种修辞手法可以使广告内容更加富有文采和美感。如"不喝董酒不懂酒,喝了董酒回味久"(押韵)、"万家乐,乐万家"(回环),"人类失去联想,世界将会怎样"(双关)、"'咳'不容缓"(桂龙咳喘宁,仿词)、"北京晚报,反对晚报"(双饰)等,这些都强化了广告的吸引力。

4.品牌形象的欣赏

从品牌的定位策略高度来衡量,一则成功的平面广告画面应该符合稳定、统一的品牌个性,并与品牌定位策略相一致。在同一宣传主题下的不同广告版本,其创作表现风格和整体表现风格应保持一致性和连贯性。

5.广告创意的欣赏

广告创意是表现广告主题并能有效地与受众沟通的艺术构想。创意是现代广告效果的重要审美因素之一。广告创意需遵循真实性原则、和谐性原则、适应性原则、形象性原则等。"真"是善与美的基础和前提。海尔集团的"真诚到永远"的创意和承诺就蕴含着真的要素。广告创意寻求老少皆宜、有口皆碑、喜闻乐见、恰到好处的表现形式。例如白沙集团的"鹤舞白沙,我心飞翔",巧妙地将奥运精神与企业奋进精神结合起来,引起了受众的共鸣和赞许,体现了广告审美中的和谐原则。联想将标志改为"Lenovo",在英语世界中较好地采用了广告审美的适应性原则。

（二）广告美学的应用

1.视觉元素

比如色彩的搭配、应用场合的氛围、页面版式的合理性、透视空间是否平衡、一些国家或民族的风俗忌讳，以及我们的"视觉语言"能否真正传达出需要表现的艺术信息等。

视觉元素的设计要求通常包括以下几个方面：一是在外观表现上，要吸引受众的注意力。例如，字体和图形本身的大小、强烈的对比、夸张的色彩等，都能产生强烈的视觉效果。现代广告作品的构思要超越现实，构图要概括集中，形象要简练夸张，以强烈鲜明的色彩为手法，突出醒目地表达所要宣传的事物，赋予画面更广泛的含义，使人们能在有限的画面中联想到更广阔的生活，感受到新的意义。二是在效果上，要创造令人难忘的视觉印象。例如利用单一的色彩、明暗搭配、黑白色彩，或是运用意想不到的色彩组合，都可以产生令人难忘的印象。三是能够传达某种信息（客户产品、商家地址、电话等）。

2.听觉元素

广告的听觉元素构成包括语言、音响、音乐三种基本要素。这三种要素相互配合，共同为表现广告主题服务。由于声音转瞬即逝，为了实现广告目的，必须通过声音符号在人们头脑中建立起视觉形象，以激发情感体验，加强记忆效果。

（1）语言

广告中的语言是有声语言，是三要素中最重要的部分，在实际制作过程中主要依靠人声（或模拟人声）来表现。人的声音由音高、音量、音长及音色四个声音要素构成，声音的高低不同，音量的大小不同，音速快慢不同，以及音色的不同能反映人的不同性别、性格、气质等。因此，根据创意的不同，可以采用不同的声音来增强广告的效果。例如，使用典型的声音塑造产品形象，赋予产品某种象征意义；利用真实人物的声音，提高广告的可信度；用与目标消费者相似的声音来推荐产品，增强亲和力；或者采用独特的声音给听众留下深刻印象，使声音符号与其他视觉符号一起形成某个产品或品牌的识别。

（2）音响

音响即效果声，是用于增强广告效果的声音。由于音响可以用来说明时代、地区、时间、环境，还可以表现人物的动作或物体的运动、人物的内心情感、产品的品质和形象，因此广告中恰当地运用音响更容易引起听众注意，增强广告的形象性、感染力和记忆度，使广告信息传播更为有效。反之，则可能会干扰广告信息的传达。

音响包括自然音响、人工音响和无声三种类型。自然音响是自然界本身存在的声音，如风声、雨声、动物鸣叫声等；人工音响是由人工制造的声音，如汽车刹车声、跑步声等；而无声也属于音响的范畴，是一种特殊的音响形式。三者都可运用到广告中。在使用音响时，需考虑受众的接受心理，避免一味地制造奇特声音以免引起反感或分散听众对产品或品牌信息的关注。

（3）音乐

音乐在广告中的应用历史悠久。最古老的民间叫卖已经开始运用音乐元素促进销售。广播广告中，如果音乐运用得当，可以极大增强广告的吸引力、感染力和记忆度。广告音乐有两种类型：背景音乐和广告歌曲。

3.视听觉元素

电视广告和网络广告综合运用了视听觉元素——画面与声音，制造出更加生动和真实的广告效果。画面的构图、设计与布局可以借鉴印刷广告在视觉元素安排上的技巧和原则。然而，由于电视广告的画面具有动态特性，因此多了一个评判维度——时间。具体到时间概念体现在两个方面：第一，除悬念广告外，广告片中的主要信息应尽早出现。以30秒的广告为例，主信息通常在5秒钟左右必须出现，否则观众可能会失去兴趣和耐心，而印刷广告不存在这种问题。第二，不同片长的电视广告所传达的信息内容含量有异，效果有别。例如，5秒电视广告只能出现口号与产品或品牌的名称与标志；15秒广告可以对产品进行简单说明；30秒广告能够叙述一个故事、表达一个主题；45秒和60秒的广告则可以提供更多关于产品和品牌的信息；超过60秒的广告除非有特殊情况或特别大的预算，通常很少使用。

但在电视广告中，要特别注意声音元素与视觉元素的配合。电视广告中的声音表现形式分为写实音和写意音两种。写实音是指可以直接从广告画面中找到声源的声音，它包括台词、音响和音乐，通过写实音可以使广告信息传达得更加清楚明白、通俗易懂，但也有过于写实不能提供更多信息，缺乏想象空间的不足。写意音则是完全脱离写实意义的声音，主要用于创造一种形象、一种情趣或一种意境，从而引发人们丰富的联想和美好的情感。无论选择哪种声音表现形式，都要确保声音元素与视觉元素之间的和谐统一。

拓展链接

1.消费者行为研究

消费者行为研究，就是研究各种各样的因素（包括促进条件和阻碍条件）如何影响人们的购买行动。广告在这些因素中起着重要作用。日本经济心理学家户川等人提出了六种主要的动机：①需求；②喜好；③态度；④推测；⑤社会承认；⑥偶然因素。

特别值得注意的是喜好动机。喜好本身很难成为购买行为的直接动机，只有与需求相结合时，才能间接地成为购买行为的动机。喜好又可分为"形态喜好"和"机能喜好"两种。

形态喜好是对商品形态美的感受，如颜色、形状、大小、重量、触觉、材料的感觉、味道的喜好等，形成总体的商品美感印象。

机能喜好是对商品功能美，诸如用途、方法等的兴趣。这种购买动机可以通过广告的形式和直接观看的形式来实现。

2.广告人常用的网站推荐

顶尖文案　TOPYS | 创意内容平台 OPEN YOUR MIND

梅花网　梅花网-营销作品宝库

新片场　新片场-发现全球优质视频与创作人,与百万创作人一起成长

审美实践

　　在人类社会发展的早期阶段,广告的形式主要是口口相传。人们通过口口相传的方式,传递商品的信息和好处,这是最原始的广告形式之一。回顾广告发展历程,广告经历了不同的形态,从最早的口头宣传、印刷广告、多媒体广告到最新的数字化时代精准广告,整个过程充满了创新和变革。请小组讨论口头广告、电视广告、精准广告带给消费者的体验有何不同。

互动空间·自我评价

第三节 ┃ **短视频艺术与审美鉴赏**

案例导入

　　一部短视频剧集《逃出大英博物馆》火热"出圈"。该剧通过"文物拟人"的方式,讲述了小玉壶逃离大英博物馆后,偶遇一位在海外工作的中国记者并在他的帮助下返回家乡的故事。独特的立意、精心的制作以及深厚的文化情怀引发了观众的强烈共鸣。目前该剧已推出预告片及3集正片,在B站平台上的播放量累计超过2000万次,并登顶多个短视频平台的热榜。

　　【案例解析】　《逃出大英博物馆》的成功并非偶然,它是故事创意、精细制作与社会热点相结合的结果。更重要的是,《逃出大英博物馆》充分发挥了短视频的潜力。分析爆款短视频可以发现:超爆款短视频通常在标题上直抒胸臆,采用情绪化的语言表达;配乐偏好情绪激昂的音乐,以渲染气氛,营造情感传播环境;内容方面则注重引发情感共鸣等。

　　当今,短视频已经成为主流传播形式之一,在构建家国情怀的集体记忆方面发挥着积极作用。无论是宣传企业或个人价值,还是进行带货直播,短视频都具有渠道优势和效果优势,更容易引起全网关注和热议。

一、短视频的含义

　　短视频是一种视频内容形式,内容融合了技能分享、幽默搞怪、时尚潮流、社会热点、街头采访、公益教育、广告创意、商业定制等多种主题的视频内容形式,视频长度通常为几秒到几分钟不等。相比传统的图文信息,短视频不仅同样具备轻量化的特点,而且信息量更大、表现力更强、直观性更好。人们利用碎片化时间浏览短视频,并且通过弹幕、评论、分享等方式进行社交互动,使得短视频具备了病毒式传播的潜力,大大提升了其影响力。

　　随着网红经济的兴起,视频行业逐渐崛起了一批优质的UGC(用户生成内容)制作者,微博、秒拍、快手、今日头条等平台纷纷涉足短视频领域,招募优秀的内容创作团队入驻。到了2017年,短视频行业的竞争进入白热化阶段,内容创作者也逐渐向PGC(专业生成内容)的专业运作方向转变。

二、短视频艺术的审美特征

(一)构图

　　构图是指在拍摄过程中对画面内元素进行有意识的安排和组织,以创造美观、有意义且富有情感表达的视觉效果。构图是视觉艺术的基础,其好坏直接影响到画面的视觉享受。

摄影构图的方法有很多,如中心构图法、对称式构图法、三分法构图法等。中心构图是最常见的构图方式,它将拍摄主体置于画面中心。这种构图方式的最大优点在于主体突出明确,且画面容易达到左右平衡的效果。对称构图法则按照一定的对称轴或对称中心,使画面中的景物形成轴对称或中心对称,常用于拍摄建筑、隧道等场景。

短视频拍摄中,构图常采用三分构图法。三分构图法也称作九宫格构图法或井字构图法,将场景用两条竖线和两条横线分割,这样可以得到4个交叉点,将画面重点放置在4个交叉点中的一个即可。

三分构图法中蕴含黄金比例,是简易版的黄金分割。将拍摄主体放置在视觉中心,可以让拍摄画面更符合美学的客观规律。

(二)色彩

色彩在短视频创作中扮演着至关重要的角色,不仅能够增强视觉冲击力,还能够传达情感、营造氛围,甚至影响观众的心理反应。例如,红色、黄色等鲜艳的颜色能够迅速吸引观众的目光,在众多内容中脱颖而出。色彩的冷暖、明暗等变化,可以营造出不同的情感氛围。暖色调(如红色、橙色)可以传达出温馨、浪漫、愉悦等情感;而冷色调(如蓝色、绿色)则可能带来冷静、严肃、神秘等感受。在旅游视频中使用鲜艳的色彩可以突出景点的美丽和特色;在美食视频中采用诱人的色彩可以激发观众的食欲。

(三)光线

在短视频拍摄中,光线是摄影的灵魂,决定了照片的质感和情绪表达,直接关系到摄影作品的质量与效果。根据光线来源位置的不同,光线主要分为正面光(顺光)、侧面光(侧光)、背面光(逆光、轮廓光)、顶光、底光、顶侧光等。侧光能够产生强烈的明暗对比,赋予画面立体感;顶光可能导致人物脸部出现不必要的阴影,影响美观;顺光有利于表现拍摄主体的环境细节,使得视频更贴近事物本真;顶光通常不适合拍摄人物主体,但在特定情况下可以创造出强烈的穿透力视觉效果。

(四)声音

不同的声音在视频制作中各自承担着不同的角色和功能,它们共同为视频增添情感深度,帮助观众更好地理解和感受视频所要表达的内容。例如,人声作为短视频中最常见的声音类型,主要包括对白、独白、旁白和解说词等,可以直接传达信息,帮助观众更好地理解视频内容。人声也可以用来表达情感,使观众与视频内容产生共鸣。音乐在短视频中同样起着至关重要的作用,它可以设定基调、营造氛围,甚至推动剧情发展。音乐可分为有声源音乐(即画面中自然发出的声音)和无声源音乐(如外部提供的背景音乐)。选择合适的音乐可以让短视频更具吸引力。除人声和音乐外的所有声音都称为音响,如自然界的声音(风声、雨声、雷声等)、动物的声音、机械的声音等。音响可以增强视频的真实感,让观众仿佛身临其境。

三、短视频审美鉴赏与应用

短视频作为一种新兴的媒体形式,以其快速传播、易于消费的特点迅速占领了社交媒体的高地。不同的观众对短视频鉴赏可能会有不同的感受和解读,这也是艺术作品魅力的一部分。在美学层面,我们对短视频进行审美鉴赏,主要包括视觉艺术、内容价值、情感表达等多个维度。

(一)视觉呈现

在短视频拍摄中,构图艺术是视觉呈现的基础,色彩运用是视觉呈现的关键,光影效果则是提升画面质感和氛围的重要手段。合理的构图能够使画面更加美观和富有层次;通过色彩对比和象征意义,可以强化视频的情感表达;恰当的光影处理可以使画面更加生动和立体。张艺谋导演的《一秒钟》电影预告片,在视觉呈现上堪称经典。预告片通过精美的画面构图、色彩运用和细腻的光影效果,成功营造了一种怀旧而感人的氛围。特别是通过鲜明的色彩对比和光影处理,突出了电影中的情感冲突和人物的内心变化,让观众在短短几十秒内就能感受到电影的魅力和深度。

(二)内容创意与主题表达

短视频的内容应追求原创性和新颖性,融入有价值的文化元素,传承和弘扬传统文化,避免简单模仿或重复。爆款短视频选题在内容上,紧跟当前热点话题,迅速吸引观众的注意力,引发观众的情感共鸣,或者从独特的视角出发,给观众带来新鲜感,激发他们的好奇心。李子柒的短视频在内容创意和主题表达方面非常出色。她以独特的视角展示了中华传统文化、田园生活和手工艺等,让观众在欣赏美景和美食的同时,也能深入了解中华文化的博大精深。她的短视频主题多样,如《蜀绣》《桂花酿酒》等,每个视频都围绕一个特定的主题展开,内容丰富且深入,能引起观众的思考和共鸣。

(三)音频配合

音乐是短视频的灵魂,能够增强视频的感染力和情绪表达。音乐的选择应该与视频内容和情感基调相匹配。声效的运用能够增强特定场景的氛围或强调特定动作,使观众更加身临其境。Nike的短视频广告在音频配合上做得非常出色。广告中的背景音乐节奏明快、动感十足,与视频中的运动画面相得益彰。同时,广告中的声效处理也非常到位,如球鞋与地面的摩擦声、运动员的喘息声等,增强了广告的真实感和现场感。这种音频与视频的完美结合让观众在观看广告时仿佛身临其境,感受到了运动的激情和力量。

(四)剪辑节奏

剪辑流畅性是视频质量的重要体现,流畅的剪辑能够引导观众的注意力,增强观看体验。节奏控制是剪辑的核心,通过控制剪辑节奏,可以创造不同的观影体验,如紧张、放松或激动等。Apple 的 iPhone 14 Pro 产品介绍视频在剪辑节奏上控制得恰到好处。视频通过快速切换的画面和紧凑的剪辑节奏展示了 iPhone 14 Pro 的多个功能和特点。特别是在展示产品细节和性能时,视频通过放大、缩小、旋转等手法突出了产品的特点和优势。这种紧凑而流畅的剪辑节奏让观众在短时间内就能全面了解 iPhone 14 Pro 的特点和优势。

(五)情感表达

情感共鸣是短视频成功的关键,视频应能够触动人心,与观众建立情感联系。人物表现是情感表达的重要载体,人物的表演应自然真实,能够真实传达角色的情感和性格。可口可乐的"回家"系列短视频在情感表达上非常成功。视频通过展示不同人物在回家路上的情感变化和内心独白,传递了"家"的温暖和重要性。视频中的背景音乐温馨感人,与画面中的情感表达相得益彰,让观众在观看过程中产生了强烈的共鸣和感动。

(六)技术应用

拍摄技术是短视频制作的基础,专业的拍摄技术能够提升视频的画面质量和观赏性。后期制作是提升视频艺术效果的关键环节,包括特效、调色、音效处理等,都能够增强视频的艺术感染力。"梨重庆"对于现场拍摄的视频非常注重细节的呈现。他们使用高清摄像机和专业的后期处理技术来捕捉和展现重庆的美丽风景和人文特色。例如,在一条关于重庆夜景的短视频中,"梨重庆"通过无人机航拍和地面拍摄相结合的方式,展现了重庆夜景的壮丽和璀璨。这种技术的应用让观众能够更加直观地感受到重庆的美丽和魅力。

李子柒《雕漆隐花,
雕出紫气东来》
短视频鉴赏

拓展链接

1.讲文化故事,李子柒是个参考答案。
2.关于开展"清朗·整治网络直播、短视频领域乱象"专项行动的通知。
3.中央网信办部署开展 2024 年"清朗"系列专项行动。

审美实践

短视频创作者李子柒自 2015 年开始拍摄美食短视频,并于 2021 年 2 月 2 日以 1410 万 YouTube 订阅量刷新由其创下的"YouTube 中文频道最多订阅量"的吉尼斯世界纪录;同年 2 月 28 日获微博年度热点人物。她以展示中国传统文化和生活方式而闻名。请小组观看"盐:一百多年不曾停歇的盐井,仍在续写名为'味道'的故事"视频,并从视觉艺术、内容价值、情感表达等角度对其进行艺术美鉴赏。

在线检测

练一练,更优秀

互动空间·自我评价

参考文献

[1] 赖廷谦,宋方信.美学修养[M].成都:电子科技大学出版社,1995.

[2] 朱狄.当代西方美学[M].北京:人民出版社,1984.

[3] 蔡仪.美学论著初编[M].上海:上海文艺出版社,1982.

[4] 李醒尘.西方美学史教程[M].北京:北京大学出版社,1994.

[5] 吕荧.吕荧文艺与美学论集[M].上海:上海人民出版社,1984.

[6] 朱光潜.朱光潜美学文集:第三卷[M].上海:上海文艺出版社,1983.

[7] 李泽厚.美学四讲[M].2版.北京:生活·读书·新知三联书店,1999.

[8] 宗白华.美学散步[M].上海:上海人民出版社,1981.

[9] 马克思.1844年经济学-哲学手稿[M].刘丕坤,译.北京:人民出版社,1979.

[10] 鲁道夫·阿恩海姆.艺术与视知觉:视觉艺术心理 学[M].北京:中国社会科学出版社,1984.

[11] 鲍山葵.美学三讲[M].周煦良,译.上海:上海译文出版社,1983.

[12] 罗丹.罗丹艺术论[M].沈琪,译.北京:人民美术出版社,1978.

[13] 北京大学哲学系美学教研室.中国美学史资料选编(上册)[M].北京:中华书局,1980.

[14] 王明居.通俗美学[M].合肥:安徽教育出版社,1985.

[15] 杜·舒尔兹,西德尼·埃伦·舒尔兹.现代心理学史[M].8版.叶浩生,译.南京:江苏教育出版社,2005.

[16] 普列汉诺夫.美学论文集[M].曹葆华,译.北京:人民出版社,1983.

[17] 曹廷华,许自强.美学与美育[M].北京:高等教育出版社,1997.

[18] 舒乡,陈秋玲.好形象·酷天下[M].北京:石油工业出版社,2005.

[19] 刘思宇.你的形象就是你的价值[M].北京:中国时代经济出版社,2006.

[20] 刘慧民.实用插花装饰艺术[M].北京:化学工业出版社,2007.

[21] 乔修业.旅游美学[M].天津:南开大学出版社,2000.

[22] 中国建筑工业出版社.中国美术全集·建筑艺术篇(袖珍本)·园林建筑[M].北京:中国建筑工业出版社,2004.

[23] 徐缉熙,凌珑,等.旅游美学[M].上海:上海人民出版社,1997.

［24］郑奇,陈孝信.烹饪美学［M］.昆明:云南人民出版社,1989.

［25］夏禹龙,刘吉,冯之俊,等.科学学基础［M］.北京:科学出版社,1983.

［26］赵惠霞.广告美学［M］.北京:人民出版社,2007.

［27］祁聿民,等.广告美学原理与案例［M］.北京:中国人民大学出版社,2003.

［28］彭吉象.艺术学概论［M］.北京:北京大学出版社,1994.

［29］欧阳周,顾建华,宋凡圣.美学新编［M］.杭州:浙江大学出版社,1993.

［30］杨辛.艺术赏析概要［M］.北京:中央广播电视大学出版社,1994.

［31］蔡元培.美育人生［M］.北京:中国画报出版社,2022.

［32］周保平,沈洁霞.高职美育教程［M］.北京:高等教育出版社,2023.

［33］田恩铭.向美人生:大学生美育书目导读［M］.哈尔滨:黑龙江大学出版社,2023.

［34］何齐宗.改革开放以来中国美育学术发展研究［M］.北京:人民出版社,2023.

［35］杜卫.美育学概论［M］.北京:高等教育出版社,2023.

［36］王一川.大学美育［M］.2版.北京:北京师范大学出版社,2022.

［37］红尘.融媒体新闻报道实务:选题、采拍、创作和发布的核心技能［M］.北京:中国人民大学出版社,2023.

［38］刘子健,曾璠君.唐三彩马的人文背景及马的简介［J］.美与时代(上半月),2010(2).

［39］王清荣.酒文化审美谈［J］.桂林师范高等专科学校学报,2002(3).

［40］涂途.商品的美学形象［J］.文艺研究,1995(5).

［41］赵雅妮.广告中的"青春"镜像［J］.美与时代(上半月),2010(2).

后　记

　　《实用美学与审美鉴赏》自初版问世以来,已历经多次修订与完善,本次是完成第4版的修订工作。教材从入选高职高专文秘教指委"十二五"规划系列教材,到荣膺四川省"十四五"职业教育省级规划教材立项建设项目,每一次蜕变既是编者匠心的凝聚,更是新时代美育发展的生动注脚。

　　本次修订工作的圆满完成,凝聚着历版编写团队的精神传承与智慧结晶。特别要铭记的是第3版编写团队的卓越贡献:在彭明福教授(四川职业技术学院)、朱云才教授(黎明职业大学)的统领下,副主编钱才芙(四川文化产业职业学院)、罗莹(四川职业技术学院)、杨靖(苏州市职业大学)、蒋理(湖南大众传媒职业技术学院),以及参编尹友(黄河水利职业技术大学)、罗亚玲(四川省遂宁中学校)等学者,以跨地域协同创新的学术品格,为教材奠定了坚实的理论基础。虽部分前辈因退休或工作调整未能参与本次修订,但他们昔日的心血已然融入这本教材的学术基因,在此谨致以崇高的敬意。

　　为适应新时代美育发展需求,本次修订构建了多维立体的编写团队:承蒙前第一主编彭明福教授的引领和重托,罗莹教授领衔担任第一主编,汇聚泸州职业技术学院王少军副教授、廊坊职业技术学院马春瑛副教授、南京艺术学院任华龙博士,以及四川职业技术学院袁小春、李玉琦、张国露等中青年骨干教师组成修订团队。这支融合学界梯队传承与教学实践智慧的团队,历时两年精心打磨,完成了教材从模块重构、课程思政融合到数字资源建设的系统性革新。

　　本次修订坚守三大核心理念:其一,坚持以党的二十大精神为引领,构建"传统文化浸润+中国审美表达"的课程思政体系;其二,坚持理实一体,首创"基础理论+审美实践"的模块化架构,通过"五维教学链"实现知行合一;其三,践行"教材即学材"的理念,打造"纸质教材+数字课程"的立体化教学体系,配套建设以在线开放课程为核心的"五位一体"数字资源包,切实增强教学互动性与学习自主性。

　　这部已累计修订3版、印刷13次、发行逾30000册的教材,见证了我国高校的美育实践。在此特别感谢长期使用本教材的兄弟院校同仁,正是你们的支持和反馈铸就了教材持续改进的动力。本次修订我们虽倾力以求完美,然学海无涯,书中难免存有疏漏,恳请学界同仁与广大读者不吝指正。让我们共同以美为媒,润泽心灵,为新时代美育事业谱写新的华章。

《实用美学与审美鉴赏》编写组

2025年5月